网络时代
高校思政教育教学创新实践探索

张雪霞 李 娟 崔冬雪◎著

中国纺织出版社有限公司

内 容 提 要

本书立足于思想政治教育的基本理论和作者多年从事高校思政课教育教学研究的实践经验积累，通过分析网络时代高校思想政治教育的特点、主要内容，以及网络时代对高校思政教育的新要求，阐述了网络时代对高校思政教育教学产生的影响。进而在网络时代高校思政教育教学理论研究的基础上，从教学内容、教学资源、教学平台、教育队伍等层面探索了网络时代高校思政教育教学创新的方法与路径。本书适合从事高校思政教育教学工作的教师、辅导员以及相关工作者、研究者参考借鉴。

图书在版编目（CIP）数据

网络时代高校思政教育教学创新实践探索 / 张雪霞，李娟，崔冬雪著. -- 北京：中国纺织出版社有限公司，2023.4

ISBN 978-7-5229-0424-5

Ⅰ．①网… Ⅱ．①张… ②李… ③崔… Ⅲ．①高等学校－思想政治教育－教学研究－中国 Ⅳ．① G641

中国国家版本馆 CIP 数据核字（2023）第 050613 号

责任编辑：王 慧　　责任校对：高 涵　　责任印制：储志伟

中国纺织出版社有限公司出版发行
地址：北京市朝阳区百子湾东里 A407 号楼　邮政编码：100124
销售电话：010—67004422　传真：010—87155801
http://www.c-textilep.com
中国纺织出版社天猫旗舰店
官方微博 http://weibo.com/2119887771
三河市延风印装有限公司印刷　各地新华书店经销
2023 年 4 月第 1 版第 1 次印刷
开本：710×1000　1/16　印张：16
字数：272 千字　定价：98.00 元

凡购本书，如有缺页、倒页、脱页，由本社图书营销中心调换

前　言

随着新媒体的发展，网络走进人们学习、生活的各个方面。网络犹如一把"双刃剑"，在带来新思想、新知识的同时，也带来了各种各样的负面信息，所以对高校思想政治教育工作提出了更高的要求，做好大学生的网络教育工作变得更为重要。习近平总书记高度重视网络思想政治教育，提出"新媒体思想舆论工作的正道，在于化解负效应，激发正能量，成为治国理政、凝聚共识的助手"，在发挥网络效应的同时，更要充分做好高校大学生思想政治教育工作，将网络教育与思想政治教育有机融合，做好大学生的网络思政教育工作。

高校思政教育是非常重要的，但是在以往的教学中，思政教育实施的主要阵地是课堂，再加上部分教师教学方式不够灵活，因此有的学生逐渐形成了对思政课堂的刻板印象，认为思政知识非常枯燥，没有太多实用价值，甚至对思政课堂产生了排斥心理。但是在网络多媒体的支持下，思政知识的呈现形式发生了转变，而且很多知识和观点以案例和故事的方式展示出来，逐渐破除了学生的认知局限，让学生感知到了鲜活的知识内容，逐渐认可思政知识，真正成长为有健康价值观和思想意识的人。

习近平总书记在全国高校思想政治工作会议上强调，高校思想政治工作关系高校培养什么样的人、如何培养人以及为谁培养人这个根本问题。要把立德树人作为中心环节。高校思想政治教育对于"立德树人"这一根本任务的实现有着重大作用，必须长期不懈地抓紧抓好。同时，习近平总书记也指出要运用新媒体、新技术使工作活起来，推动思想政治工作传统优势同信息技术高度融合，增强时代感和吸引力。

以互联网为代表的新媒体已深入社会各个层面、各个角落，也深入各高校，渗透到每位大学生的日常学习和生活中，给高校思想政治教育工作提供了新的载体和条件。面对新媒体给思想政治教育工作带来的深刻变革和巨大挑战，作为一名高校思想政治教育工作者，在长期的工作实践中，深刻地认识到自己的责任和使命，端正思想，摆正位置，正确认识到新媒体在思想政治教育工作中的影响和作用，既要利用好新媒体、发挥好新媒体的作用，又要努力提升自己利用新媒体的专业素养，在使用中不断探索新方法，找到新途径，使新媒体更好地服务于思想政治教育全过程，更好地实现全方位、全面育人。

本书前半部分为理论分析，主要分析了网络时代高校思想政治教育的主要内容、新要求，网络时代对高校思想政治教育的影响，以及网络时代高校思政教育教学的理论等内容；后半部分为实践研究，主要从教学内容、教学资源、教学平台、思政教育队伍的建设等几个方面论述了网络时代高校思政教育的创新发展。

由于笔者时间和水平有限，书中还存在许多不足之处，敬请广大读者批评指正。

张雪霞

2022年11月

目 录

第一章　网络时代高校思政教育概述 …………………………………… 1
　　第一节　网络时代高校思政教育的地位 ………………………………… 1
　　第二节　网络时代高校思政教育的主要内容 …………………………… 6
　　第三节　网络时代对高校思政教育的新要求 …………………………… 19
　　第四节　大学生思想政治教育系统 ……………………………………… 22

第二章　网络时代对高校思政教育教学的影响分析 …………………… 27
　　第一节　网络时代对高校思政教育教学环境的影响 …………………… 27
　　第二节　网络时代对大学生思政教育的影响及原因分析 ……………… 39
　　第三节　网络时代为高校思政教育教学带来的机遇与挑战 …………… 46

第三章　网络时代高校思政教育教学的理论研究 ……………………… 53
　　第一节　高校思政教育教学网络化转型与创新研究 …………………… 53
　　第二节　网络时代高校思政教育教学的目标构建 ……………………… 60
　　第三节　网络时代高校思政教育教学的主要原则 ……………………… 80
　　第四节　网络时代高校思政教育教学的重要理念 ……………………… 93

第四章　网络时代高校思政教育教学内容的优化与创新 ……………… 108
　　第一节　高校思政教育教学内容优化与创新的相关依据 ……………… 108

第二节　高校思政教育教学内容优化与创新的原则与要求 …… 113
　　第三节　高校思政教育教学内容优化与创新的设计层面 …… 119
　　第四节　高校思政教育教学内容优化与创新的路径选择 …… 131

第五章　网络时代高校思政教育教学资源的整合与创新 …… 138
　　第一节　高校思政教育信息化教学资源的内涵与特征 …… 138
　　第二节　高校思政教育教学资源整合与创新的基本依据 …… 142
　　第三节　高校思政教育教学资源整合与创新的现状分析 …… 148
　　第四节　高校思政教育教学资源整合与创新的路径选择 …… 153
　　第五节　高校思政教育中引入优质视频教学资源的对策 …… 164

第六章　网络时代高校思政教育教学平台的创新研究 …… 176
　　第一节　高校思政教育教学中教室空间的创设研究 …… 176
　　第二节　高校思政教育教学中智能手机载体的建设与运用 …… 181
　　第三节　高校思政教育教学中社交沟通平台的搭建与运用 …… 198
　　第四节　高校思政教育教学中主题网站的建设与运用 …… 205
　　第五节　高校思政教育教学中微博平台的运用 …… 212

第七章　网络时代高校思政教育队伍的建设研究 …… 218
　　第一节　网络时代高校思政教育队伍建设的必要性 …… 218
　　第二节　网络时代高校思政教育队伍建设的总思路 …… 220
　　第三节　网络时代高校思政教育工作者的媒介素养建设 …… 224
　　第四节　网络时代高校思政教育工作者的心理素质建设 …… 229
　　第五节　网络时代高校思政教育队伍建设的重要途径 …… 236

参考文献 …… 245

后　　记 …… 248

第一章 网络时代高校思政教育概述

网络时代，国内外各种各样的文化、思维观念通过互联网的形式涌入我国。高校大学生接受新鲜事物快，同时在网络的前沿阵地，会不断地接触到不同的网络文化冲击，容易被鱼龙混杂的网络信息误导，从而产生厌学心理，失去其最初的目标，甚至走向极端。高校思想政治教育工作是立德树人的根本，是统一学生思想、保障学生思想稳定的关键。

第一节 网络时代高校思政教育的地位

网络时代，高校思政教育的地位主要体现在以下几个方面。

一、是马克思主义理论教育的基本途径

马克思主义是马克思、恩格斯所创立的关于自然、社会和思维发展的普遍规律的学说，是关于资本主义发展以及社会主义和共产主义发展普遍规律的学说。马克思主义是无产阶级争取自身解放和整个人类解放的科学理论，是关于无产阶级斗争的性质、目的和解放条件的学说，为无产阶级认识世界和改造世界提供了强大的思想武器。马克思主义以及中国化的马克思主义，为中国特色社会主义建设提供了理论指导。要充分发挥其指导作用，就必须对广大人民群众进行马克思主义理论教育，使人民群众深刻理解和完整把握马克思主义的科学世界观和方法论。而思政教育是马克思主义理论教育的主要渠道，是马克思

主义理论实现其价值的必经途径。

马克思主义和中国化的马克思主义只有被广大人民群众所掌握，才能变为改造世界的物质力量，才具有现实意义。马克思指出："批判的武器当然不能代替武器的批判，物质力量只能用物质力量来摧毁。但是理论一经群众掌握，也会变成物质力量。理论只要说服人，就能掌握群众；而理论只要彻底，就能说服人。所谓彻底，就是抓住事物的根本。"值得注意的是，理论转化为物质力量要通过一个中介——人，也就是说，理论要"掌握群众"才能转化为物质力量。而理论要"掌握群众"，除了理论本身要彻底即具有科学性外，毫无疑问要靠宣传教育来实现。思政教育是将马克思主义理论变为物质力量的重要途径。我们可以通过系统的思政教育帮助人民群众深入理解和把握马克思主义理论，使其树立正确的世界观，掌握科学的方法论，提高其认识世界和改造世界的能力，使其积极投入中国特色社会主义的建设中，从而将马克思主义理论变为巨大的物质力量。实践表明，我国思政教育在这方面发挥着重要作用。在新民主主义革命时期和社会主义革命与建设时期，在改革开放的新时期，正是因为我国坚持对广大人民群众进行马克思主义理论教育，使马克思主义成为广大人民群众改造社会的强大武器，中国社会才发生了翻天覆地的变化，才获得了巨大的发展。

在21世纪，要继续推进中国特色社会主义事业，使马克思主义理论的价值得到充分体现，就必须进一步加强对广大人民群众的马克思主义理论教育。在21世纪，多媒体已经深入社会经济、文化、政治、生活等诸多方面，成为信息化浪潮中与国家前途息息相关的重要因素。多媒体克服了传统媒体信息传递速度慢的弱点，使马克思主义经典著作、马克思主义中国化成果可以在短时间内通过互联网传播到世界各地，让更多的人了解并逐步认同这一科学理论。多媒体的不断发展，使马克思主义价值体系的认知方式从静态变为动态，从现实走向网络。和传统方式相比，多媒体扩大了马克思主义思想传播的覆盖面，人们可以更容易地通过多媒体手段获得马克思主义理论知识，从而提高马克思主义的影响力。运用多媒体传播方式传播马克思主义思想，可以使以往受众被动接受、没有信息反馈的局面转变为传者与受者相互交流的局面，可以使传者与受者之间的互动更广泛、更直接、更深入。受众不再单向度地被动接受信息或观点，而是通过微博、微信等方式随时表达自我。多媒体的运用也增强了不同主体间的互动性，不同的参与者都能够表现出自身的主体性。

二、是社会主义精神文明建设的基础工程

《中共中央关于加强社会主义精神文明建设若干重要问题的决议》指出，思政教育"是精神文明建设一项基础性工作和搞好两个文明建设的基本保证"。这是对思政教育在社会主义精神文明建设中的地位和作用的科学说明。据此，我们可以认为，高校思政教育是社会主义精神文明建设的基础工程和中心环节。

（一）是社会主义精神文明建设的核心内容

社会主义精神文明建设包括思想道德建设和教育科学文化建设两个方面，两方面内容相互渗透、相互促进，思想道德建设是精神文明建设的核心内容，集中体现着精神文明建设的性质和方向。从这个意义上讲，没有思想道德建设，就没有社会主义精神文明建设。高校思想道德建设的首要任务是用马克思列宁主义和中国特色社会主义理论教育学生，不断提高学生的思想政治素质；思想道德建设的过程就是对学生进行思政教育的过程。

（二）是完成社会主义精神文明建设根本任务的基本途径

思政教育以培养人为己任，这一任务理所当然地成为高校思政教育的根本任务。坚持对学生进行思政教育，大力倡导社会主义核心价值观，帮助学生树立以马克思主义为指导的正确的世界观、人生观、价值观和建设中国特色社会主义的共同理想，形成以爱国主义为核心的民族精神和以改革创新为核心的时代精神，确立社会主义荣辱观等，就能较好地培养"四有"新人。可见，只有大力加强思政教育，才能为完成精神文明建设的根本任务创造条件，才能顺利完成这一历史任务。

（三）是保证教育科学文化建设的社会主义性质和方向的根本措施

社会主义精神文明建设的实践表明，教育科学文化建设离不开马克思主义理论指导，必须坚持正确的政治方向。但是，教育科学文化建设自身并不能决定自己的性质和方向，只有使教育科学文化部门的党组织开展强有力的思政教育，才能保证党的路线、方针、政策的贯彻执行，从而实现党的思想政治领导，使教育科学文化建设保持社会主义的性质和方向，使其更好地为社会主义现代化服务。例如，教育部门要通过加强思政教育，保证党的教育方针的贯彻执行，保证教育工作沿着社会主义方向前进；科学研究部门要通过加强思政教育，使科学研究为现代化建设服务；文艺部门要通过加强思政教育，保证文艺

为人民服务、为社会主义事业服务的方向；新闻出版部门要通过加强思政教育，生产更多更健康的精神产品，引导人们积极向上，达到较高的精神境界。可见，加强思政教育是坚持教育科学文化建设的社会主义性质和方向的根本保证。事实上，由于教育科学文化建设的核心问题是培养适应社会主义现代化建设要求的"四有"新人，文化建设的方方面面最终都必须围绕着人来展开。教育有一个培养什么人的问题，科学和文学艺术有一个为什么人服务的问题，新闻出版、广播电视网络等有一个如何引导人的问题。而培养"四有"新人是思政教育的根本任务，因此，我国教育科学文化建设内在地包含着思政教育，离不开思政教育的作用。教育科学文化建设是我国思政教育的重要载体，要靠思政教育来保障其发展方向。

（四）思政教育工作必须要在精神文明建设目标的指导下才能具体展开

当前我国精神文明建设的目标是，使人们树立建设中国特色社会主义的共同理想，坚持党的基本路线不动摇，提高人们的政治素养、法制意识与道德水平，丰富人们的精神文化生活，最终实现社会物质文明与精神文明的协调发展。在精神文明建设目标的指导下，当前我国高校思政教育就需要加强马克思主义教育，加强思想道德素质教育，加强科学文化教育，最终为社会主义精神文明建设提供有力的精神支持。

三、是完成建设中国特色社会主义各项任务的中心环节

早在新民主主义革命时期，思想教育就是团结全党进行伟大政治斗争的中心环节。如果这个任务不解决，党的一切政治任务是无法完成的。在社会主义建设时期，政治工作是一切经济工作的生命线。在社会经济制度发生根本变革的时期，尤其是这样。在社会主义现代化建设新时期，党中央进一步强调"思想政治工作是经济工作和其他一切工作的生命线"。可见，中国共产党一贯高度重视思政教育，不仅将其视为党和国家事业的重要组成部分，而且将其看作完成党和国家各项任务的中心环节。"中心环节"是对新时期思政教育战略地位的高度概括。在21世纪，思政教育的这一地位更加突出。要将中国特色社会主义伟大事业向前推进，就必须坚持不懈、深入持久地对广大人民群众进行思政教育，为完成中国特色社会主义事业各项任务提供思想保证和精神动力。

中国特色社会主义事业包括政治、经济、文化、教育、科技等多方面内

容，思政教育是其中一个不可缺少的重要部分，是推动中国特色社会主义建设的重要力量。从某种意义上讲，思政教育与中国特色社会主义事业的其他方面处于同等重要的地位，因为所有这些方面都是中国特色社会主义建设所需要的，都从特定方面推动着中国特色社会主义建设的发展。思政教育特殊的功能性地位表现为，它是通过直接作用于人的思想道德素质，通过提高人的积极性、主动性、创造性，使人们更好地参与社会各方面的活动而推进中国特色社会主义建设的进程的。这一功能地位是思政教育所特有的，是中国特色社会主义事业的其他方面所不可取代的。正是在这个意义上，我们说思政教育是完成中国特色社会主义各项任务的中心环节，因为任何一项工作都需要人去做，要做好工作，就需要提高人们的思想道德素质，提高人们认识世界和改造世界的能力，提高人们的工作积极性，否则就可能出现干扰中国特色社会主义建设的问题，思政教育必须与经济工作紧密结合起来。在做业务工作时，要加强思政教育，充分发挥先进思想和革命精神的巨大能动作用；在开展思政教育时，要将思政教育渗透到业务工作中，结合业务工作去做思政教育工作。思政教育不能脱离经济、技术等业务工作而孤立地进行，否则就易陷入空头政治的境地；经济、技术等业务工作更不能脱离思政教育，否则就会迷失方向。

由此可见，只有做好思政教育工作，才能保证经济、技术工作沿着中国特色社会主义的方向前进，才能真正调动广大干部、群众的积极性、主动性和创造性，从而圆满完成中国特色社会主义事业的各项任务。

四、是高校隐性德育

网络时代高校思想政治教育在教育内容、教育过程和教育方式上，突破了思想政治教育显性德育的边际，在总体上呈现出隐性德育的德育特征。在教育内容上，网络时代高校思想政治教育不仅保留了思想政治教育显性德育的精华，而且增添了隐性德育教育的内容（如校园文化、历史文化和地方特色文化等），并使之构成一个比较直观的整体，从而使思想政治教育工作更加丰满和大众化，使思想政治教育内容更加"有根"和通俗化，在多样化隐性德育教育中弘扬显性思想政治教育德育的主旋律。在教育过程上，网络时代高校思想政治教育突破了思想政治教育显性德育人与人、面对面的教育形式，是建立在网络隐蔽性技术支持基础上的人—机—人、背对背的网络教育形式。教育者与受教育者通过网络联系起来，显性德育条件下的教育主体与教育客体界限分明，逐步演化为隐性德育条件下的教育主体客体化与教育客体主体化的不断变换，

网络时代高校思政教育教学创新实践探索

即教育者同时又是受教育者，受教育者同时又是教育者。这种思想政治教育过程是思想政治教育显性德育达不到的，只有在网络隐性环境中才能实现。在教育方式上，网络时代高校思想政治教育突破了思想政治教育显性德育简单的、直接的灌输方式，通过网络联结的人—机—人具有隐蔽性空间的间接式教育方式，实现教育者与受教育者在网络虚拟空间上平等对话与交流，网络联结的教育者和受教育者可以避免灌输之下必须接受的尴尬或抵触心理，而是在道德人文性氛围中获得选择或放弃的自由权利，从而使思想政治教育显性德育的灌输方式顷刻间荡然无存。网络时代高校思想政治教育突破了思想政治教育显性德育的边界，拓展和深化了隐性思想政治教育德育的内容，最大限度地展现了高校隐性德育的优势，因此，网络时代高校思想政治教育是属于高校隐性德育的。

第二节　网络时代高校思政教育的主要内容

网络时代高校思想政治教育，是结合大学生个体特点，综合了现代管理学、传播学、信息科学、思想政治理论，来实施的思想政治教育活动，是思想政治教育在互联网络环境下的体现。网络时代高校思想政治教育的内容包含了大学生日常学习生活的方方面面，可以分为思想教育、政治教育、道德教育等部分。

一、思想教育内容

思想教育，旨在帮助大学生树立正确的世界观和方法论，为大学生科学地认识世界、改造世界提供根本的思想方法，为政治教育和道德教育锻造坚实的思想基础。通过思想教育，有意识而系统地对大学生进行世界观和方法论的教育，培养大学生科学地认识世界和改造世界的能力，是我国思想政治教育的独特之处和创造性之所在。

（一）马克思主义的辩证唯物主义和历史唯物主义教育

马克思主义的辩证唯物主义和历史唯物主义教育的主要目的是培养大学生认同、掌握人类认识世界和改造世界的强大思想武器，为大学生提供科学的世界观和方法论。马克思主义的辩证唯物主义和历史唯物主义教育是思想教育的灵魂，决定了思想教育乃至整个思想政治教育的方向，是思想政治教育内容的最高层面。马克思主义的辩证唯物主义和历史唯物主义是一个博大精深、逻辑严密的科学体系，是迄今为止最为深刻地揭示人类社会规律的科学理论。从来没有哪一种理论能像马克思主义那样持久保持生机勃勃，不断推动人类社会进步。马克思主义的辩证唯物主义和历史唯物主义作为党和国家的根本指导思想，是大学生的共同思想基础。在第一届全国人民代表大会第一次会议开幕词中，毛泽东即指出："领导我们事业的核心力量是中国共产党。指导我们思想的理论基础是马克思列宁主义。"任何社会的统治思想必然是占统治地位的阶级的思想，都是统治阶级的统治向思想领域的展开，是反映统治阶级利益的思想体系。共产党人从不讳言意识形态领域鲜明的阶级性。意识形态领域鲜明的阶级性决定了我国作为社会主义国家必须把马克思主义作为自己的立党立国之本。用马克思主义武装全党、教育人民，才能牢牢掌握意识形态领域的主导权。我国是人民民主专政的社会主义国家，中国共产党是我国社会主义现代化建设事业的领导核心，这就决定了我们必须把马克思主义作为党和国家的根本指导思想和行动指南，作为教育大学生的共同思想基础。

马克思主义的辩证唯物主义和历史唯物主义的立场、观点和方法是大学生坚定社会主义信仰的出发点。科学社会主义是建立在马克思主义的辩证唯物主义和历史唯物主义基础之上的对人类社会发展规律的深刻认识，具有不可抗拒的历史必然性。这是科学社会主义区别于形形色色的社会主义的本质特征。思想教育必须建立在科学的理论基础上，才具有彻底的科学性和历史的合理性，才能说明问题，才能说服人，才有力量。大学生只有从辩证唯物主义和历史唯物主义的立场、观点和方法出发，才能正确认识社会主义不仅具有道义必然性，更具有深刻的历史必然性，从而坚定社会主义信仰。

马克思主义的辩证唯物主义和历史唯物主义是抵制西方西化分化、凝聚大学生思想共识的旗帜。在市场经济和改革开放条件下，利益关系越来越复杂，价值观趋向多元化，大学生的思想个性鲜明、差异明显。同时，西方并未放弃冷战思维和意识形态渗透，各种反马克思主义的思潮在国际国内时有滋长。高校思想政治教育者必须始终高举马克思主义的旗帜，坚持用马克思主义教育大学生，武装大学生的头脑，才能不断巩固和发展社会主义意识形态。在最大限度地凝聚思想共识这个前提下，大学生的差异性、主体性和创造性所蕴含的积极向上的精神，才能得到更好的引领、包容和鼓励，并建设性地发挥出潜在的

作用。❶

（二）毛泽东思想和中国特色社会主义理论体系教育

毛泽东思想和中国特色社会主义理论体系既坚持了马克思主义的辩证唯物主义和历史唯物主义，又具有鲜明的中国特色和时代特征，是继承和发展马克思主义的典范。马克思主义是不断发展的科学，思想政治教育的一个重点是要使大学生认识到要把坚持马克思主义的基本原理与解决中国的实际问题相结合。在当代中国，对大学生进行马克思主义教育，核心是必须坚持毛泽东思想和中国特色社会主义理论体系教育，尤其是用马克思主义中国化的最新理论成果武装大学生的头脑。"理论创新每前进一步，理论武装就跟进一步"，这是我们党的一条重要经验。

毛泽东思想和中国特色社会主义理论体系教育是培养大学生对待马克思主义的科学态度和理论联系实际的优良学风的关键。革命、建设和改革的实践表明，只有在马克思主义中国化的理论成果指引下，才能不断推进我们的事业向前发展。离开了马克思主义中国化的不懈探索，党的事业就会遭受挫折。毛泽东思想和中国特色社会主义理论体系，体现了理论与实践、坚持与发展的辩证统一，既是马克思主义在中国的传承，又是其在中国的发展。发展了马克思主义的中国形态，展示了马克思主义本身的强大生命力，体现了马克思主义是一个开放的、不断发展的科学理论体系。毛泽东思想和中国特色社会主义理论体系的形成是一个过程，是在革命、建设和改革实践中，马克思主义与中国不同历史时期的具体实际相结合的产物。大学生只有认识到中国化的马克思主义是在曲折中发展形成的，是在反对背离马克思主义与反对教条马克思主义的斗争中，经过实践反复锤炼形成的客观真理，不仅为马克思主义理论宝库增添了许多新内容，更是符合中国社会发展规律的科学理论，才会倍加珍惜，形成对待马克思主义的科学态度，用发展着的马克思主义指导实践，从实际出发，实事求是，克服各种不良学风。大学生必须认识到我国社会主义的自我完善和发展还有许多重大课题需要进一步探索和回答，我们必须坚持解放思想、实事求是、与时俱进，从理论和实践结合上不断研究新情况、解决新问题，做到自觉地把思想认识从对马克思主义的错误的和教条式的理解中解放出来，从主观主义和形而上学的桎梏中解放出来，不断有所发现、有所创造、有所前进。

---

❶ 陈虹，孟梦，李艺炜.新媒体视角下的高校思想政治教育创新研究[M].天津：天津社会科学院出版社，2017：22.

毛泽东思想和中国特色社会主义理论体系教育就是以中国文化、中国形式深入浅出地阐述马克思主义，使大学生将对马克思主义的理解深深植根于中国的优秀文化之中。马克思主义作为产生于欧洲的科学理论体系，在中国传播，要使它能更好地为中国人民所接受，就需要和我国的民族特点相结合，"以新鲜活泼的、为中国老百姓所喜闻乐见的中国作风和中国气派"表现出来。通过转换形式，中国化的马克思主义，用中国优秀文化的表达方式，以中国老百姓能理解和接受的民族形式、民族语言传播开来。在此过程中，以马克思主义为指导，融入中国文化中的优秀成分，不是对中国文化和马克思主义进行简单的拼凑，而是通过去粗取精植根于中国优秀文化的土壤中，生长、繁荣起来。

（三）科学精神教育

科学精神最基本的是解放思想、实事求是的探索精神、开拓精神、反思精神。科学精神与马克思主义在中国的传播密不可分，是马克思主义传播的前提和基础。进行马克思主义唯物论教育、无神论教育，是一项系统工程，与科学精神的教育密不可分。

马克思主义作为一种外来的科学理论，能深深扎根于中国，指导中国的革命、建设和改革取得辉煌的成就，焕发出强大生命力，就在于马克思主义自身的科学性。马克思主义的科学性体现在其创立、传播、发展的全过程。马克思主义是在批判吸收人类社会优秀文化成果基础上形成的科学理论，能够为各国工人阶级认识世界、改造世界提供强大的思想武器。在马克思主义中国化的发展过程中，"解放思想、实事求是、与时俱进"的科学精神更是贯穿始终，成为中国化的马克思主义的精髓。事实上，科学精神是与马克思主义相辅相成的，科学精神在群众中的广泛传播，是马克思主义发展的重要条件。一种科学理论要在实践中生存发展，除了本身的科学性，还需要有相应的社会历史条件，特别是崇尚科学、探索真理的社会氛围。马克思主义的发展史充分证明了这一点，正是五四运动大力倡导科学精神，打破了封建迷信思想对人们的束缚，引导中国人以科学的眼光看世界，马克思主义才得以迅速传播开来。对大学生进行科学精神教育，就是要教育大学生坚持解放思想、实事求是，勇于面对科技发展和各项工作中的新情况、新问题，通过研究和反复实践，不断创新，不断前进；热爱科学、崇尚真理，依据科学原理和科学方法进行决策，按照科学规律办事；勤于学习，善于思考，努力用科学理论、科学知识以及人类创造的一切优秀文明成果武装自己。马克思主义是由一系列科学原理构成的，科学精神是马克思主义的理论品质所在,对大学生进行科学精神教育,是教育大学生全面理解马克思主义,不受落后腐朽思想迷惑的重要基础。

二、政治教育内容

政治教育的内容,决定了思想政治教育内容体系的性质和方向,是网络时代高校思想政治教育的核心内容。重点要解决的是对阶级关系、国家结构、社会制度等重大政治问题的根本立场、根本态度和根本看法问题,主要包括政治理想、政治情感、政治纪律等方面的教育。

(一)理想信念教育

理想,是人类所特有的一种精神追求现象,是人生的奋斗目标,是对客观现实的一种反映,亦是人们对未来的追求。信念,是人们认识和情感的统一,是人们认为正确并坚信不疑的一种思想观念,是人们内心世界的精神支柱。理想信念是人们世界观、人生观和价值观的集中体现,构成了人们对未来社会和生活系统化的向往和追求,是人生的精神动力源泉。理想信念对大学生个体乃至整个大学生群体都具有重大的导向作用。崇高的理想和科学的信念是大学生的精神支柱,将为大学生矢志不渝地为现代化事业奉献提供强大的精神动力。

理想信念教育是网络时代高校思想政治教育的关键和核心所在,是衡量大学生思想政治教育效果的准绳。在大学生中进行理想信念教育,就是要在这一群体中树立中国特色社会主义共同理想,最突出的是进行"四信"教育,即马克思主义信仰教育、共产主义信念教育、社会主义信心教育和对共产党领导的信任教育。首先,要坚定大学生对马克思主义的信仰。马克思主义是社会主义理想信念在世界观和方法论层面的体现,是最高层次的理想信念。坚定了马克思主义信仰,就坚信马克思主义关于人类社会必然走向共产主义的规律性、必然性认识,就为中国特色社会主义理想信念的树立提供了坚实的思想指南和理论基础。其次,要坚定大学生共产主义信念。共产主义信念集中体现了马克思主义信仰的价值取向和实践追求。正因如此,它成为共产党人的最崇高的理想,每个人入党时都要宣誓为共产主义奋斗终生。实践证明,要实现这种美好的社会,必须经过曲折斗争,甚至流血牺牲,大学生必须树立百折不挠的坚定信念作为强大的精神武器。再次,坚定大学生对社会主义的信心。社会主义道路是中国人民的庄严选择,革命、建设、改革的实践充分表明了中国特色社会主义道路的正确性。在新的历史起点上,更要坚定社会主义道路的信心。信心

第一章 网络时代高校思政教育概述

坚定了就有了前进的精神动力，就能打好改革攻坚战，坚定不移地推进社会主义建设事业。最后，坚定大学生对共产党领导的信任。中国共产党是我国社会主义事业的领导核心，只有中国共产党才能肩负起中华民族伟大复兴的重担，充分信任党，全国各族人民才能在党的领导下团结一致。对党的信任是大学生自觉接受党的领导的前提，是拥护党的路线、方针和政策的基础。

（二）革命、建设和改革历史教育

近代中国，饱经沧桑，历经磨难，中国革命、建设和改革的历史就是一部艰苦卓绝、动人心弦的奋斗历史。无数革命先烈、革命前辈云集于党旗之下，苦苦探索救国救民的道路，前赴后继，本身就是对大学生最生动的教材。历史是不能割裂的，大学生只有深刻地了解历史，才能透彻地剖析现在，清晰地展望未来。革命、建设和改革历史教育，是对大学生进行政治教育的基础和前提。

大学生未亲历历史，不能够深刻地了解革命、建设和改革的艰苦卓绝，不能深深体会幸福生活的来之不易，这就需要加强历史教育，使大学生了解近代中国的发展脉络和历史使命。中国共产党领导中国人民，为求民族独立和民族富强，经过了新民主主义革命、社会主义革命和改革开放的考验，其间涌现出了无数为共产主义理想而终生奋斗不息甚至献身的可歌可泣的杰出人物。他们的事迹将永远成为后人的模范，他们的精神将永远激励后人前进，他们未竟的事业将注定由后人完成。大学生经过历史教育，将深刻把握我国社会发展的曲折历程，深刻认识我国改革开放的历史必然性，传承先辈抛头颅、洒热血的奉献精神，踏过先辈开辟的社会主义道路，接过社会主义现代化建设的历史重任，不懈奋斗，百折不回。

（三）民主法制教育

民主法制教育，是为了使大学生更好地了解我国社会主义民主的本质，及其与社会主义法制的辩证关系。首先，要使大学生懂得我国民主法制的本质内涵，及其相互之间的辩证关系。党的领导是根本保证，人民当家做主是本质要求，依法治国是基本方略。发展社会主义民主政治，最根本的就是要把坚持党的领导、人民当家做主和依法治国有机统一起来。

世界上没有绝对的民主，社会主义民主的本质就是人民当家做主。我国是人民民主专政的社会主义国家，社会主义的民主是广泛而真实的，人民当家做主，享有广泛的政治权利、经济权利、社会权利等。社会主义民主决定了社会主义法制的性质和内容，社会主义法制是社会主义民主的保障。其次，要使大学生做懂法、守法、护法的好公民。我国的民主权利是人民赋予的，大学生应该珍惜自己的权利，怀着一种神圣感，正确行使民主权利。在日常学习、工作和生活中，大学生要自觉做到懂法、守法、护法，积极投身到社会主义民主法制建设中去，从而能够在日常生活中自觉行使民主权利，遵守法律法规，为促进社会主义民主、落实依法治国方略做出积极贡献。

（四）基本国情和形势政策教育

通过思想政治教育，做好基本国情与形势政策教育，是我们党一贯的优良传统和政治优势。早在民主革命时期，毛泽东就指出："认清中国的国情，乃是认清一切革命问题的基本的依据。"认清国情，就是要弄清楚中国社会在特定历史阶段的社会性质、发展阶段和主要矛盾。中华人民共和国成立以来，直到十一届三中全会，党总的来说并未完全认识清楚我国社会主义社会的基本国情和社会主义发展阶段，导致我们的事业受到了挫折。邓小平对当代中国做出了我国处于社会主义初级阶段的科学判断，是我国最基本的国情和最大的"实际"，从这个实际出发，才有了"一个中心、两个基本点"的基本路线，有了社会主义中国的生机勃勃和辉煌成就。对大学生进行基本国情教育，可以帮助大学生认清我国的实际，明确奋斗目标，不急于求成，不甘于落后，正确理解和自觉执行党的路线、方针和政策，一心一意谋发展，聚精会神搞建设。

形势政策教育，就是通过对大学生进行社会发展状况和态势教育，党和国家基本路线、方针、政策教育，使大学生能够认清我国社会的发展形势和国际大环境的变化发展。大学生将自觉以党和国家的政策为自己的行动指南，提高贯彻落实党和国家的路线、方针和政策的自觉性和坚定性。路线、方针和政策是党和国家实现特定历史时期历史任务的途径、措施和手段。大学生只有通过对国际国内形势、党和国家政策的了解和学习，才能及时、准确把握党和国家的重要决策和重大部署的基本精神。以此为基础，大学生才能进一步紧紧围绕这些决策和部署调整自己的努力方向和指导自己的行为，自觉维护好改革、发展、稳定的大局，积极投身于推进社会主义建设的伟大事业中去。

三、道德教育内容

道德教育是关键性教育，不仅涉及个人与他人的关系，而且涉及个人与社会、个人与国家、个人与自然环境的关系。培养道德素质，加强对大学生的思想政治教育，是社会主义精神文明建设的基础工程，直接关系国家未来的面貌。自改革开放以来，社会生活各领域都发生了深刻的变化。利益关系、文化思想、价值观念呈现多元化，这些对大学生的道德品质形成影响很大；拜金主义、实用主义、自我本位、极端个人主义、享乐主义对大学生有较大的影响。面对网络时代的挑战，既要加强主旋律教育，又要更新内容，力求收到实效。网络时代高校道德教育的主要内容如下。

（一）社会主义公民道德教育

面对社会经济成分、组织形式和利益关系的多样化趋势，中共中央《公民道德建设实施纲要》提出，要"从我国历史和现实的国情出发，社会主义道德建设要坚持以为人民服务为核心，以集体主义为原则，以爱祖国、爱人民、爱劳动、爱科学、爱社会主义为基本要求，以社会公德、职业道德、家庭美德为着力点"。

为人民服务，是社会主义道德要求的集中体现，也是社会主义道德区别于其他道德的显著标志。这是一种为他人、为社会奉献的精神。事实上，大学生在社会主义社会，要成为一个有道德的人，有社会奉献精神的人，就一定要全心全意为人民服务。这是因为，一个人只有在为人民服务、献身社会的过程中才能实现个人价值与社会价值的统一，才能促使自身道德觉悟不断提高，思想境界不断提升。因此，大学生越是自觉地、经常地为人民服务，为社会奉献，他的道德觉悟和思想境界就越能得到砥砺，就越崇高。

集体主义，是社会主义的基本道德原则，是符合人类社会本质的必然选择。人类的本质在于社会的规定性，确立以社会为本位的集体主义作为社会主义的价值追求，是符合人类社会本质规定的必然要求。集体主义，也是社会主义社会经济基础在道德领域的必然反映。社会主义社会的经济基础是公有制，维护、巩固和发展公有制，维护全体劳动人民的根本利益，必然要求在调节个人利益与集体利益的时候，以集体主义为原则，才能正确处理好个人利益、集体利益与国家利益的辩证统一关系。

"五爱"，即爱祖国、爱人民、爱劳动、爱科学、爱社会主义是社会主义道德的基本要求。"五爱"是中国特色社会主义现代化建设事业的必然要求，是把我国建设成为富强、民主、文明的现代化国家的必然条件，是全国各族人民的共同愿望在道德领域的反映和集中体现，是评价人们行为是否符合社会规范的道德标准。"五爱"教育，是培养大学生爱国主义精神、为人民服务精神、勤俭敬业精神、科学精神、社会主义理想信念的基石，是引导大学生积极投身中国特色社会主义建设事业的行动指南和精神支柱。

社会公德、职业道德、家庭美德，是社会主义道德建设的着力点。社会公德是社会道德的基石，是维护社会公共秩序和社会生活环境的最起码和最基本的要求，是人们维持社会生活有序、稳定和发展的基本前提。遵守社会公德是对大学生最基本的道德要求。职业道德，是大学生未来职业生涯中所应遵循的道德准则，是提高大学生作为一名社会主义劳动者的素质的重要途径，是大学生成为一名合格的社会主义事业建设者的基本道德要求。家庭美德，是家庭幸福的根本保障。家庭是社会共同体的基本细胞，只有家庭生活质量获得保障，我国社会才能稳定发展。尊老爱幼、男女平等、夫妻和睦、邻里团结，是人们正确处理家庭问题的基本原则，有利于促进家庭幸福，有利于促进社会安定和谐。

（二）社会主义荣辱观教育

荣辱观是人们对荣誉和耻辱的根本看法和态度，是世界观、人生观、价值观的重要内容。树立正确的荣辱观，是形成良好社会风气的重要基础。一个人只有分清是非荣辱，明辨善恶美丑，才能形成正确的价值判断，一个社会才能形成良好的道德风尚。

不同的时代、不同的阶级，有不同的荣辱观。比如，在奴隶社会，奴隶主以出身的贵贱、特权的大小和占有奴隶的多少为荣辱标准；在封建社会，地主阶级更是把特权和等级作为划分荣誉高低的标志。恩格斯曾经精辟地指出：每个社会集团，都有它自己的荣辱观。

在社会主义社会中，树立荣辱观是社会主义道德规范的本质要求。社会主义荣辱观通过对社会主义道德规范和人的思想道德品质的评价，告诉人们什么是真善美、什么是假恶丑，以何为荣、以何为耻，从而起着引领社会风尚、提高道德素质、引导人们行为的重要作用。

"八荣八耻"，是对社会主义荣辱观的系统阐述。它概括精辟、内涵深刻，把与社会主义市场经济相适应、与社会主义法律规范相协调、与中华民族传统美德相承接的社会主义思想道德观念有机地融合在一起，为人们在社会主义市场经济条件下判断行为得失、确定价值取向、做出道德选择提供了基本规范。"八荣八耻"涵盖了个人、集体、国家三者之间的关系，涉及人生态度、社会风尚等方方面面，体现了爱国主义、集体主义、社会主义思想，体现了依法治国与以德治国相统一的治国方略，对当前推进精神文明建设具有十分重要的指导作用。

社会主义荣辱观，是对中华民族传统美德的自觉弘扬。中华民族是富于道德追求的民族，对荣辱问题历来给予高度关注。从孔子以"仁"为核心的道德学说，到孟子"无羞恶之心，非人也"的论述，以及荀子的《荣辱》篇等，中华民族在数千年历史长河中形成了关于荣辱问题的丰富思考，铸就了明荣辱、知礼义、尊德性等宝贵的民族性格。"八荣八耻"继承、发扬了中华传统荣辱观的优秀成分和传统民族精神，使社会主义荣辱观具有了深厚的传统文化底蕴。

社会主义荣辱观，是对我们党优秀革命道德传统和社会主义道德建设思想的继承发展。我们党自诞生之日起，就以实现中华民族之荣、雪洗中华民族之辱为己任，在领导革命和建设的奋斗历程中，形成了为人民服务、艰苦奋斗等宝贵的革命道德传统。中华人民共和国成立后，党和国家高度重视社会主义思想道德建设。从对"爱祖国、爱人民、爱劳动、爱科学、爱护公共财物"道德规范的倡导，到"学习雷锋"活动的广泛展开；从"五讲四美三热爱"的号召，到"四有"新人的提出；从公民"二十字"基本道德规范的践行，到未成年人思想道德建设和大学生思想政治教育的部署……无不记述着社会主义道德建设的优良传统和实践历程。"八荣八耻"在继承这些优良传统和思想的同时，又立足于实践的发展，进行了新的概括和提炼。

社会主义荣辱观，是对改革开放以来形成的时代精神的集中体现，是时代文明的精神成果。在改革开放新时期，我们党带领人民开拓创新，与时俱进，在建设中国特色社会主义道路上奋力拼搏，铸就了带有时代烙印的优秀精神品质，培育和形成了立足国情、面向世界、锐意改革、致力发展、发扬民主、依法办事等时代新风。"八荣八耻"充分吸收了时代精神的内涵，使社会主义荣辱观具有了鲜明的时代特征。

因此，以"八荣八耻"为主要内容的社会主义荣辱观，吸收、继承和发展了人类历史上各种荣辱思想的精华，有着丰富的内涵和鲜明的时代特征，具有重大的现实意义和深远的历史意义。

（三）社会主义核心价值观教育

中共中央办公厅印发的《关于培育和践行社会主义核心价值观的意见》明确指出："富强、民主、文明、和谐是国家层面的价值目标，自由、平等、公正、法治是社会层面的价值取向，爱国、敬业、诚信、友善是公民个人层面的价值准则,这24个字是社会主义核心价值观的基本内容。"

社会主义核心价值观教育关乎中国特色社会主义大学的性质、办学方向与办学目标。高校肩负着培养中国特色社会主义事业建设者和接班人的重大任务,坚持弘扬和践行社会主义核心价值观,贯彻落实其基本精神和内在要求,是高等教育坚持中国特色社会主义共同理想和共产主义崇高理想,体现国家教育意志、教育理念和教育方针的根本要求。因此,必须把核心价值观作为根本性内容贯穿于高校教育教学的全过程和各方面,切实深化高校核心价值观教育。

2014年5月4日,习近平总书记在北京大学师生座谈会上的讲话中,深刻阐述了社会主义核心价值观与德的关系:"核心价值观,其实就是一种德,既是个人的德,也是一种大德,就是国家的德、社会的德。国无德不兴,人无德不立。""国家的德""社会的德""个人的德",从三个层面回答了我们要建设什么样的国家、建设什么样的社会、培养什么样的人的重大问题。坚持"德育为先,育人为本"的高等教育办学理念,内在要求就是要把社会主义核心价值观教育作为第一位教育贯彻高校教育教学始终。

始终坚持"德育为先,育人为本"的高等教育办学理念,要求高校坚持用社会主义核心价值观引领知识教育,把核心价值观融入教育教学全过程,引导广大青年学生勤学、修德、明辨、笃实,使核心价值观成为他们的基本遵循,形成优良的校风和学风。把核心价值观教育贯彻到高校教育教学的各个环节、各个方面,必须落实好高校党委书记和校长的政治责任和领导责任。首先,要从思想上认识到核心价值观教育是关系高校社会主义意识形态领导权、管理权和话语权掌握在谁手中的大事,是确保国家政治安全和意识形态安全的重要部分,是落实"四个全面"战略布局的精神动力。在这方面的失职是事关政治方向、办学方向的过错。其次,要建立长效机制,定期研究,有效指导,具体部署,督导检查,确保核心价值观教育在组织领导、学科建设、课程设置、科学研究、人才培养、队伍建设、后勤保障、综合管理、社会服务等各方面持续进行。再次,要密切关注高校教学,特别是哲学社会科学学科教学与研究领域的思想动向。对于在思想观念上崇尚西方思想理论,在价值取向上追名逐利,在教育教学上弱化淡化马克思主义指导地位,在科学研究上以学术探索为名宣扬错误思潮等倾向,都要及时给予引导和批评。对于个别一贯抵制四项基本原

---

❶ 习近平.习近平谈治国理政[M].北京:外文出版社,2014:166-176.

则，经多次教育而坚持不改者，应果断采取组织措施，决不能听之任之。

推进核心价值观教育，学校所有院系、所有职能部门都肩负使命和责任，区别只是在于实施和体现这种教育的方式、内容、途径有所差别。一所高校对弘扬和践行核心价值观的认识深度和自觉程度，决定着它在核心价值观教育方面所取得的实际成效。真正发挥好高校所有职能部门与全体教职员工在核心价值观教育中的重要作用，首先，在思想上，要树立"教书育人、管理育人、服务育人"的全方位育人观念。高校的核心价值观教育，不仅体现在教书一个环节上，还体现在管理与服务等环节上。观念是行动的先导，只有高校各职能部门、所有教职员工在观念上真正确立起"教书育人、管理育人、服务育人"的全方位教育观念，才能真正消除核心价值观教育只是思想政治理论课教师（或马克思主义学院、思想政治理论课部）的责任的偏见，才能在实践中形成各职能部门相互支持、所有教职员工相互配合的全方位育人格局，进而形成推进核心价值观教育的强劲合力。其次，在实践中，要真正发挥各职能部门的优势和全体教职员工的积极性、主动性与创造性，推动社会主义核心价值观教育走向深入。高校党委宣传部、学生工作部、团委等职能部门要联合马克思主义学院（或思想政治理论课部），以深入学习习近平总书记系列重要讲话精神为契机，采取师生喜闻乐见的方式，加强以核心价值观为主题的校园文化建设，把核心价值观的教育涵养在各种文化活动之中。

深化高校社会主义核心价值观教育，要将其内容和精神渗透于高校哲学社会科学专业教育之中。哲学社会科学专业教育在高校核心价值观教育中担负着重要任务，核心价值观"进教材、进课堂、进头脑"离不开高校哲学社会科学专业教育这一重要路径。要坚持思想政治理论课与哲学社会科学专业课相结合，注重发挥和落实哲学社会科学课程的育人功能与哲学社会科学教师的育人职责。

四、素质教育内容

素质教育以全面提高大学生的基本素质为目的，尊重大学生的主体性和主动精神，着重开发大学生的审美、智慧和创新潜能。这些内容相互衔接，共同构成网络时代高校思想政治教育的概念体系。

素质教育是指一种以提高受教育者诸方面素质为目标的教育模式，它重视人的思想道德素质、能力培养、个性发展、身体健康和心理健康教育。素质教育是育人中的基本教育，是培养人全面发展过程中的重要环节，具有基础性、全面性、发展性和全体性的特点。在素质教育范畴内的思想政治教育，同样与素质教育、能力培养密不可分。素质教育的有效功能是提高受教育者的科学文化素质，培养受教育者的科学思想。通过素质教育的间接功能，可以树立受教育者的科学、理性、创新精神，增强思想政治教育的科学性，提升其吸引力、说服力，引导学生在学习掌握知识的基础上，逐步形成科学的世界观。

高校大学生的基本素质包含三大方面：一是专业知识素质；二是个人成长素质；三是职业发展素质。

教育家赫尔巴特（Herbart）在教育性教学中指出，世界上没有"无教育的教学"，也没有"无教学的教育"。专业知识素质的提高离不开科学文化知识和专业素质教育的提高，在进行这类素质教育的过程中，应该加之以潜移默化的思想政治教育的因素，注意挖掘其思想政治教育资源，使学生在学习科学文化知识的同时，加强思想道德修养，提高思想政治觉悟。另一部分是思想政治理论方面的素质教育，其中包括马克思主义基本理论素质教育、形势政策与政治素质教育、网络思想素质教育等内容。目前，网络在部分青年大学生眼里仍只是一种娱乐休闲的工具，网络的知识功能并未得到充分利用，上网似乎就意味着聊天、交友、玩游戏等旁枝末节。即使上网浏览，也是以文化娱乐类信息为主，而科研学术类信息引不起他们的兴趣，部分大学生知道某歌星的生日、星座等，却很少关注网上思想政治教育和素质教育的题材。故此，倡导大学生通过网络获得知识，开阔视野，正确使用网络，形成正确的网络观，既是网络教育的主要内容，也是网络道德教育的重要内容。

个人成长素质包含在与自我发展和成长相关的专业教育、职业教育之中。高等教育的主要目标是培养具备专业技能的高级专业人才，使他们在毕业后能够胜任社会不同层次的岗位。但由于长期存在把专业理论、专业技能的学习同思想政治教育的学习人为地分裂开来的习惯，高校思想政治教育在高校不受大学生的欢迎和重视。与此同时，经常的、大量的与大学生专业学习相联系的思想问题和矛盾得不到解决。这一矛盾如果解决不好，危害将是相当严重的。因此，大学生思想政治教育的内容也要密切结合学生的专业选择、专业学习、专业素质的提高，从而培养全面发展的大学生。

职业发展素质教育内容主要包括诚信品质教育、敬业精神教育、合作精神教育、责任意识教育和法纪意识教育。人无信不立，诚实守信是中华民族千百年来传承的美德，是为人处事的基本准则和立足点。教育、培养和提高诚实守信、爱岗敬业、团结合作、遵纪守法、无私奉献的专业知识素质、个人成长素

第一章 网络时代高校思政教育概述

质和职业发展素质，是大学生步入社会从事某项职业的前提和基础。在大学生思想政治教育的过程中，思想政治教育工作者要注意因势利导，注重大学生综合素质的全面提高。

第三节 网络时代对高校思政教育的新要求

网络时代，"互联网＋"技术给我们带来了生活上的方便，同时也给一些国外反动势力传播腐化堕落思想和反动言论提供了平台。高校学生处于人生的转折期，对各种思想言论认识不够充分，辨识能力不够强，容易受到错误思想的蛊惑和误导。对此，网络时代对高校思政教育提出了新要求，具体体现在以下几个方面。

一、创新网络时代的教育指导思想

首先，需要对基础的思政教育观念进行创新，尤其是在"互联网＋"信息平台下，更加有必要创新基础的信息实践环境，避免影响到最终的高校思政教育结果。"互联网＋"为我们的生活提供了一个全新的实践平台，通过对互联网的应用，我们可以将一些思政信息内容完全地传播出去，进而使学生潜移默化地接受这些内容的熏陶，自身的价值观也会得到健康发展。

其次，高校思政教育需要跳出自身的地域认知，不能将高校思政教育集中在自己的学校或者区域范围内，而是需要涉及所有的地方。

二、针对思政教育内容进行科学的创新

高校思政教育应当考虑，如果可以充分利用现有网络中的优秀资源，必然能够实现良好的高校思政教育过程。在对高校思政教育进行"互联网＋"创新时，首先需要对网络信息内容保持密切的关注，将其中所涉及的思政教育内容补充到现有的思政教育内容中，并且采用视频、音频等方式直接生动地将其呈现在学生面前，便于学生深刻理解。

其次，高校思政教育还应当在新时期广泛涉及网络心理教育内容。网络平台本身较为开放，充斥着各种各样的信息，而我国现阶段的网络监管力度并不大，容易导致网络世界中充斥各种各样的文化内容。所以，应该引导大学生形

成正确的价值观,多方面影响大学生的行为和思考方式。

三、教育模式上的全面创新

传统的高校思政教育所采用的教育方式主要是填鸭式教育,这样的教育模式十分强调教师的主导性,注重纯粹的知识传授,而学生处于一种持续的被动学习状态,本身的学习积极性很难被调动起来。伴随着国内互联网技术的持续发展,高校学生已经具备了一定的网络认知,自身的眼界也得到了开阔,传统的教育模式很难产生巨大的教育效果,因而必然需要进行全面的优化和创新。

在网络时代,高校思政教育的开展需要以单向传输为基础,通过网络实现教育的双向拓展,针对当前学生的实际发展状况,采取一些针对性较强的实践方法,不断优化基础的教育方式。在进行教育创新时,一方面,可以对现有的教育资源进行合理的整合,努力以数字化的形式展现这些资源内容,并充分利用互联网中的教育资源呈现出良好的教育思路,对相关的教育内容进行综合实践。另一方面,可以在课堂上积极地采用网络环境下的不同信息内容,将这些思政教育内容直接展示给学生,提高高校思政教育质量。

四、坚定马克思主义信念,培育"四有"新人

理论的坚定是政治坚定的前提。马克思主义理论是科学的世界观和方法论,是我们认识世界和改造世界的指导思想。要把互联网作为思想政治教育的宣传站点和信息资源库,采用科学的理论去武装人,把马克思列宁主义、毛泽东思想和中国特色社会主义理论体系在网络上高调宣扬开来。引导青年学生注重自身世界观、人生观和价值观的改造,使自己成为面向现代化、面向世界、面向未来的"有理想、有道德、有文化、有纪律"的社会主义新人。

五、加强网络文化建设,引导学生科学运用网络

网络文化是网络社会中人的精神成果的积淀与凝结,它构成了我们时代的一个最为突出的社会意识形态,逐步演变成为一种全球的力量,它正引导一场文化的创新。在这一过程中,西方资本主义国家处于主导地位,向发展中国家和地区大量灌输它们的价值观和精神文化产品,实施着和平演变的图谋。它们

---

❶ 李梦青,李师.网络时代加强大学生思政教育工作的新思考[J].文存阅刊,2021(7):8.

最为快速有效的传播渠道是网络。因此中国必须加强网络文化建设,开展网络文化教育。

(一)增强自我教育能力

对于网络时代的大学生,要培养他们的自我教育能力和辨识力。正如联合国教科文组织所指出:"未来的学校一定把自我教育主体化为教育的对象。受教育的人一定要学会自我教育,能够自己教育自己,而他人教育一定要成为自我教育。在今后几十年的科学技术革命中,这种个人和他自己关系的转化变成了教育中面对的最艰巨的一个问题。"作为思想政治教育手段,以网络为媒介进行自我教育,与传统的自我反思和生硬的面对面交流有着巨大的差别,学生可以依托网络获取多种信息和进行多方面沟通交流,深化和完善对相关问题的认识,这对于青年学生经常持久地开展自我教育尤为有利。因此当下要加强对青年学生的自制力、自辨力、自控力等能力的培养,同时跟进做好网络文化的心理调适,强化网络道德文化教育。

(二)健全网络文化建设的维护机制

"网络文化"是个中性词汇,既能催人奋进,也能令人迷失,因此加强网络文化建设是信息社会文化建设的重中之重。为防止有害信息文化的侵蚀和冲击,要建立健全网络文化维护机制,增强网络文化技术监控系统,健全网络法规,加大网络文化监督。唯有如此,我们的文化才能在与各种文化的较量中抢占马克思主义阵地建设的制高点,保障在网络文化上的主流声音之地位。

六、网络时代对高校思政教育主体提出的新要求

(一)提高思政教育主体素养

把"立德树人"作为教育的根本任务,是思想政治教育主体进行教学工作的前提。思政课教师教育能力的培养,依赖于教师的思想政治教育意识。正确的教育意识可以使他们树立正确的育人理念。要使他们意识到在工作学习中不能只局限于形式,要将教育意识、学科知识素养、教育教学理论素养和能力培养机制整合起来,统筹兼顾,融会贯通,做到教育者先受教育,不断提高教育教学能力,通过能力的提高培养专业技巧。教师要能够合理地将不同种类的信息类化并整理出来,跨越网络思想界限形成一个整体的思路。这就要求教师必须有丰富的专业知识储备、灵活的思考能力和分析利用工具的能力。

（二）运用好网络智慧教学工具

对于客体来说，互联网可以被用来获取相应知识的同时，也产生了巨大的诱惑力。把二者更有效地结合起来，使思政教育主体在教学过程中既能引起学生兴趣，又可以传授思想政治教育相关知识，产生新颖的课堂方式，会使课堂效果的层次得到进一步提升。适当运用腾讯课堂、学习通、雨课堂等智慧教学工具全面改善课堂教学体验，增加师生间的互动，使学科教学更加便捷。智慧教学工具通过连接教师和学生的智能终端，将复杂的信息技术运用到学习和社交软件中，建立课外预习和课堂教学之间的沟通桥梁。课堂上的实时答疑和屏幕互动给课前、课上和课下的每个环节带来全新的体验，使课堂上的互动交流能够得到及时的反馈。这种网络教学软件可以通过最大限度释放教与学的能量来促进教学改革，同时也为传统课堂教学中的师生互动提供了很好的解决方案。

（三）占领网络中的思政教育平台

为了防止和克服思政教育客体对互联网的依赖性，同时使他们不受网络不良信息的恶劣影响，要高度重视网络的负面作用，加强网络安全工作规范。但这不是一朝一夕就能完成的，思政教育主体能做的就是创造并利用更多的网络教育平台，主动占领思政教育在网络平台上的制高点，对思政教育的网络载体进行创新，使思政教育在网络上对学生产生潜移默化的影响，引导学生深刻理解党关于政治理念和治国理念的新思想、新概念，使他们更具社会责任感和民族使命感。

第四节　大学生思想政治教育系统

大学生思想政治教育工作是一项复杂的、具有广泛社会性的系统工程。运用系统论的观点分析大学生思想政治教育各个要素之间的关系，对于加强大学生思想政治教育有重要的意义。

一、大学生思想政治教育系统的结构

（一）大学生思想政治教育的主体

列宁曾说："在任何学校里，最重要的是课程的思想政治方向。这个方向由什么来决定呢？完全由教学人员来决定。"大学生思想政治教育工作的主体是大学生思想政治教育的承担者、发动者和实施者，包括专职从事思想政治教育工作的教师、做学生工作的辅导员以及校团委、党委等机关，他们在思想政治教育中发挥着主导作用，教书育人，引导学生思想道德的转化。教育主体的范围是广泛的，对整个思想政治教育工作起着支配性的作用，影响思想政治教育工作总的进程。如高校党委、分管学生思想政治工作的宣传部、学工部、团委、党支部和群团组织等，在思想政治教育活动的具体实践上具有相对独立的自主权，既可在上级部门的目标要求的基础上，结合实际，自主决定本单位和部门思想政治教育活动的运转，也承担着大学生思想政治教育的职能。

（二）大学生思想政治教育的客体

大学生思想政治教育的客体与一般的物质客体不同，它是有思想、有情感、有判断力和主观能动性的社会的人，主要是不同年级、不同知识结构和心理特点的学生，是各层次的受教育对象。但他们在接受教育的过程中不完全处于被动的、受控制的状态。

（三）大学生思想政治教育的内容方法

大学生思想政治教育的内容，是把教育主体与教育客体联系在一起的桥梁和纽带，起到中介的作用。大学生思想政治教育内容，包括理想信念教育、爱国主义教育、公民道德教育、素质教育等，影响着思想政治教育系统的教育目的能否实现和实现的程度。

（四）大学生思想政治教育的环境

思想政治教育的环境，是指与思想政治教育有关的，对人的思想政治品德形成、发展产生影响的外部因素。它是大学生思想政治教育工作的一个重要组成要素。主要包括校园环境，如校园景观建筑、校风、学风、教风等，潜移默化地对学生进行思想政治教育；后勤服务环境，在学生公寓、食堂、生活卫生、心理健康等方面使大学生在优质服务中受到感染和教育。

二、大学生思想政治教育系统的特点

大学生思想政治教育工作作为一个系统，具有系统的基本原理和特点。

（一）整体性

系统的整体性，是指不能把系统割裂成要素孤立地去研究，应该注意研究要素及要素间的相互作用与相互影响。换句话说，系统整体性所具有的新的性质不是各个要素的线性相加，而是各个要素有机整合后的"矢量和"。大学生思想政治教育工作由四个子系统构成，它们之间也是相互作用、相互联系的有机整体。

（二）相关性

大学生思想政治教育工作系统不是一个孤立系统，它与其他系统也是相互关联、相互制约、相互合作的。如大学生思想政治教育工作系统与社会系统、经济系统是相互作用的。

（三）动态性

系统既有静态结构，也具有动态演化规律，社会环境、条件的变化深刻影响着大学生的思想政治教育，大学生的思想观念会随之而改变。大学生的思想观念会随着社会环境的变化而改变，因此大学生思想政治教育工作系统不是静止的结构，而是具有动态的特点。

（四）开放性

系统的存在和发展不能是自我封闭的，必须与周围环境进行物质、能量和信息的交换。开放性使大学生思想政治教育工作更科学化、民主化，随着社会经济发展与时俱进、不断创新。思想政治教育工作系统各个子系统之间是开放的，要做到学校教育与家庭教育、社会教育结合，变封闭式教育为开放式教育。

（五）层次性

由大学生思想政治教育工作系统的构成可知，它是具有多层次的一个复杂系统。因此，在思想政治教育工作中不能用同一种思想道德标准要求和规范所有的学生，而应该把思想政治教育的内容和要求分成各种层次，使思想政治教育工作保持在具有层次性的复杂阶段。

（六）主体性

系统个体的主体性是系统发展创新的基本原因和动力。大学生是受教育的主体，思想政治教育的教育目标、方法、实践过程、实际效果都要落实到大学生身上。大学生思想政治教育工作要充分发挥大学生的主体作用，努力发展学生的主观能动性，使大学生自觉地接受思想政治教育，积极实现自己的转化。

三、优化大学生思想政治教育系统

(一)各部门统一协调,齐抓共管,发挥整体效应

从系统的整体性原则出发,在一个系统内部,只有各子系统和要素相互配合,充分发挥其合力,才能发挥系统整体功能。因此,创建科学的组织管理系统是有效开展思想政治教育工作的关键性环节,是思想政治教育工作取得成效的前提条件。大学生思想政治教育的目的和目标是一致的,在具体工作上不是只涉及学生处、校团委等一两个部门,而是由许多人共同实施、由不同部门共同完成的,各级领导、部门、全校教职员工在大学生思想政治教育中都发挥着重要而又相互影响的作用。要在总体上使思想政治教育系统各个要素协调一致,形成思想政治工作的综合调控系统,明确个人和部门的任务、职责、权限,避免出现杂乱无章、各行其是,甚至互相制约的现象。只有建立和完善思想政治教育组织管理机制,发挥集体效应,形成强大合力,思想政治教育工作才会得到更好的发展。

(二)实现课堂教学中教师的主导作用与大学生受教育主体性的统一,提高思想政治教育的实效

课堂教学是对学生进行思想政治教育的主阵地,各门课程都具有育人功能,所有教师都有育人职责。因此,教师作为课堂的第一责任人,要以高度负责的态度,发挥思想政治教育的主导作用,率先垂范,言传身教,以良好的思想道德品质和人格给学生以潜移默化的影响,把思想政治教育融入大学生学习的各个环节,用科学理论武装大学生,用优秀文化培育大学生,在传播知识过程中加强思想政治教育,使学生在学习科学文化知识的过程中自觉加强思想政治修养,提高政治觉悟。同时,大学生作为思想政治教育系统的一个要素,又具有系统的主体性。学生在个体发展得到尊重的基础上,自觉能动地接受思想政治教育,成为德智体美劳全面发展的社会主义合格建设者和可靠接班人。在教育实践中,教师要根据学生主体性发展的状况,结合教育内容、目标、任务等因素设计教师与学生、主导与主体作用互动的最优化方案。随着社会环境的变化,大学生的思想观念也在不断地变化和发展,主体性作用有时会产生盲目性,所以必须加强教师在思想政治教育课堂教学中的主导作用,把教师的主导作用与大学生受教育主体性统一起来,提高思想政治教育的针对性和实效性。

（三）协调好大学生思想政治教育工作系统各要素的关系

大学生思想政治教育要处理好教育主客体之间的关系，使之协调发展，保持思想政治教育工作的有序性，及时掌握环境变化所引起的其他教育要素的系统变动。另外，大学生思想政治教育工作系统应处理好与外部环境的关系。外部环境对大学生思想政治教育工作和管理系统的影响很大，一方面，优良的社会风气、和谐的家庭氛围、良好的校风学风等因素对教育管理产生积极的作用，可以促进学生思想觉悟的提高、高尚情操的养成、学习动力的激发；另一方面，不良的外部环境如不良的社会风气、西方资产阶级自由化思潮、时弊流言等会对学生产生负面影响，造成大学生思想政治教育和管理系统的失控，甚至产生不良后果。

（四）利用系统的信息回馈原则

信息回馈系统是现代化管理的重要一环，在高校学生思想政治教育和管理系统中，它是不可缺少的基本要素。要使回馈的信息准确、及时、全面、有效，就必须建立纵横交错、主体交叉的信息回馈系统。首先，要建立各职能部门的信息回馈。职能部门包括执行系统，有党办、宣传部、组织部、学生工作部、院团委、教务处、后勤处、保卫处、社科部以及各党政系统。职能部门的信息回馈是职能部门在执行工作任务的同时所获得的信息回馈，如职能部门与学生谈心及来访接待中所得到的信息回馈。其次，要建立各部门以外的信息回馈。它包括来自学生会的信息回馈，来自各班学生骨干的信息回馈，来自教师在教学和平时接触学生过程中的信息回馈，来自社会、家庭对大学生个体的信息回馈等。❶

---

❶ 张雪霞.大学生思想政治教育系统性研究[J].河南科技学院学报，2010（3）：117-119.

第二章 网络时代对高校思政教育教学的影响分析

网络是一把"双刃剑",在带来新思想、新知识的同时,也会带来各种各样的负面信息,对高校的思想政治教育教学工作产生了重大影响。

第一节 网络时代对高校思政教育教学环境的影响

本节从高校思政教育教学环境的类型入手,分析网络时代对高校思政教育教学环境的影响。

一、教学环境的类型

高校思政教育教学环境主要包括两部分,即课堂教学环境和非课堂教学环境。

(一)课堂教学环境

课堂教学环境是指课堂教学中影响学生身心发展的一切因素,主要包括课堂教学活动的场所、各种教学设施、各科教学内容、课堂气氛、班风和师生关系等。在这里,我们侧重研究思想政治教育的课堂教学环境。课堂教学环境在学校实施思想政治教育中居重要地位,因为学生在学校的大部分时间里都处在课堂教学环境之中,而课堂教学又是依据一定的教育目的有组织、有计划地实施的，同时，课堂教学环境本身所具有的功能也决定了它在学生身心发展中所起的重要作用。课堂教学环境主要有以下功能。

第一，陶冶功能。课堂教学环境的陶冶功能，是指良好的课堂教学环境可以陶冶学生的情操，优化学生的心灵，形成学生的思想，养成学生良好的行为习惯。人的身心思想、理想信念、道德情操、行为习惯总是在一定的社会环境中形成的，课堂教学环境作为青少年学生长期生活于其中的、可知可感、具体生动的一种微观社会环境，在青少年学生的综合思想形成中有着其他环境不可代替的作用。实践表明，窗明几净、生机盎然的学习环境，积极向上的班风、校风，和谐友好的人际关系，各种有益的集体活动等，都是学校全面实施思想政治教育的有利的环境条件。

第二，激励功能。课堂教学环境的激励功能，是指良好的课堂教学环境可以有效地激励学生的学习动机，提高学生学习的积极性，从而使学生更为积极主动地接受教师所传授的知识。以课堂教学气氛来说，生动活泼、积极主动的课堂气氛具有很强的感染力，它易于造成一种催人向上的教育情境，使学生从中受到感化和熏陶，从而激发出学习的无限热情。在这种情境下，结合传授知识、培养能力、发展个性、形成思想，会收到预想不到的教育效果。

第三，美育功能。教学环境的美育功能，是指良好的课堂教学环境可以激发学生的美感，培养学生正确的审美观点和高尚的审美情趣。课堂教学环境中蕴含着极为丰富的审美内涵，教室里的装饰美，教学中的创造美，以及师生的仪表美、情感美、语言美等都将对学生正确审美观点的形成产生重要影响。

课堂教学环境既有积极影响，也有可能产生某种消极影响。课堂教学环境不是真空环境，它受各种环境因素的影响和制约。如学生的学习目的、愿望、需要、兴趣、态度、动机，教师的学识、能力、人格，还有来自校内外的各种干扰等，这些因素相互影响、相互制约。因此，课堂教学环境必然会带来一些消极影响，甚至有时某些不良的环境因素可能会抑制课堂教学环境积极作用的发挥。因此，教育工作者要充分地认识这一点，通过自己卓有成效的工作，将课堂教学环境的积极影响发挥到最大程度，将消极影响限制到最低程度。

1. 课堂教学的物质环境

课堂教学的物质环境主要是指课堂教学活动的场所——教室以及进行课堂教学活动所必备的教学设备等。

（1）教室

教室是进行课堂教学的场所，是学生在学校一切活动的中心环境。学生在

第二章 网络时代对高校思政教育教学的影响分析

学校的大部分时间是在教室里度过的，因而教室环境的好坏不仅直接影响着学生的学习效果，而且影响着学生的身心发展及个性品质的形成。因此，必须为学生创设优美的教室环境。

其一，教室的设计要标准，要利于采光、通风和保持适当的温度与湿度。

其二，教室的环境布置既要整齐悦目，又要具有知识性和思想性，使学生一踏入教室就有一种舒适感和兴奋感，产生一种美好的心境，引发灵感。教室的布置还要随着不同时期教育侧重点的不同，而不断地调整和变化。

其三，教室的卫生环境要保持清洁。教室的卫生环境影响着学生的学习情绪及良好习惯的培养。门窗完好、桌椅整洁、地面洁净，学生处在这样的环境中会赏心悦目；如果桌椅不整、痰迹遍地、墙壁装饰东倒西歪，势必导致学生心理浮躁，行为懒散，纪律松弛。

其四，座位的排列不仅要考虑学生的身高，照顾学生的视力等因素，还应考虑学生的性格、气质等心理因素。在某些情况下要照顾学生个性特征的类似性，在另外一些情况下，又要注意学生需求的互补性。对留级生、生理有缺陷学生的座位安排要有利于克服其自卑感等心理因素。

（2）教学设备

教学设备是构成课堂教学物质环境的主要因素，是课堂教学赖以进行的物质基础。如课桌椅、实验仪器、图书资料、多媒体教学设备、电子课件等，都是课堂教学所必需的基本设备。教学设备通过自身的完善程度影响和制约着教学活动的内容和水平，影响着教育教学效果。在对学生进行教育教学的过程中，应结合相应的教学内容，有效地利用电子课件、多媒体手段，使教学内容图文并茂、声像一体、动静结合，这样学生就会在感知具体形象的过程中受到深刻的教育。❶

（3）板书

板书是课堂教学物质环境的重要组成部分，是增强教学效果的有力手段。教师板书的好坏，不仅直接影响着教学效果，还影响学生的个性修养。精心设计的板书能把课堂教学内容的思想脉络形象地展现在学生的眼前，使学生细致观察，充分感知，掌握思路，领会要领，加深理解，引起美感，潜移默化地陶冶情操，形成思想。因此，教师在备课时必须精心设计教学板书。

上述是课堂教学物质环境的几个主要构成因素，这些因素对学生身心思想

---

❶ 赵晶.高校思想政治教育中的文化自信培育研究[M].长春：吉林出版集团股份有限公司，2019：38.

的形成与发展都具有潜移默化的影响和作用。

2. 课堂教学的精神环境

课堂教学的精神环境主要是指在课堂教学活动中教师所传授的教学内容，采用的教学方法、教学语言，师生关系，以及所创设的教学情境等。

（1）教学内容

教学内容在某种意义上也是一种环境，是一种信息环境。向学生传授系统的科学文化基础知识，是教学的一项重要任务。这些基础知识要求反映人类知识的全部成果，包括自然科学、社会科学和思维科学，以及哲学各个领域。这些基础知识对人的影响是多方面的，它可以使人彻底摆脱愚昧，促进主体的发展，可以提高一个人理想信念的层次水平，可以扩展人的视野和心胸，并用科学与人文完善人的精神世界。适应和推进社会变革的机智是人能力发展的最高层次，而合理的知识、能力和思想结构是这一机智发展的基础。知识、能力、思想是和一个人的文明行为水平一致的。完美的知识结构是形成人的思想的基础和前提。所有这些，都和教学内容及其传递过程有着直接的联系。因此，教师要善于通过各种教学活动和过程提升学生的思想，促进学生全面发展。

各科教学均为学校全面实施思想政治教育的主要途径或主要环境，学科性质和具体内容的不同，可以对学生起到不同方面的教育作用。如语言、历史、地理课程，通过教学可以让学生了解祖国的语言文字、优秀文化遗产、古今英雄伟人的高尚思想风格、几千年的文化发展史、丰富的物产、秀丽的山川，了解人类产生和发展的历史、世界的自然面貌等，不仅能培养学生热爱祖国、热爱人类文明、热爱生活的思想情感，培养学生的历史唯物主义观点，培养学生宽广的胸怀，而且对学生探求人生之路等都起着重要的作用。政治课和品德课能传授给学生马克思主义的基本理论知识和人生伦理道德的基本常识。数、理、化、生物等课程对学生辩证唯物主义世界观、逻辑思维方法的培养所起的作用，对学生实事求是精神的培养所起的作用，是任何其他学科所无法代替的。音乐和美术在提高人的文化艺术思想，培养热爱生活的情感，陶冶人的情操，提高欣赏美、表现美的能力等方面有着特殊的作用。体育的作用往往易于被人们忽略，事实上，体育不仅在培养良好的道德品质、勇敢、机智和意志力方面有重要的作用，而且通过对健康肌体的培养，使人对生命充满信心，保持积极向上的旺盛活力，在提高人的生活情趣方面也有着重要的作用。

（2）教学方法

教学方法是在教学过程中，教师和学生为实现教学目的、完成教学任务而采取的教与学相互作用的活动方式的总称。从思想政治教育环境学来说，教学方法也是构成课堂教学环境的一个重要因素。它不仅是实现教学目的、完成教学任务的关键，而且是培养学生创新精神和实践能力的重要手段。因此，它是直接关系到教育教学工作的成败，关系到教育教学效率的高低和把学生培养成什么样的人的大问题。教学方法在教学环境中的重要性是由它的功能所决定的，教学方法一般有教养功能、教育功能、发展功能和激励功能。

①教养功能

所谓教学方法的教养功能，是指教学方法体系对教学内容所具有的作用。教学方法在教学中对教学内容所能发挥的作用表现为：一是教学方法本身具有教养作用；二是传播信息的手段；三是教学内容的载体。

②教育功能

教学方法的教育功能，是指在教学过程中教学方法具有形成学生一定的思想政治观点、道德品质和人格的功效或作用。教学方法的教育功能是由教学的教育性规律决定的。德国教育家赫尔巴特说："我想不到有任何无教育的教学。"教学具有教育作用，教学过程中的各个要素，如教师和学生、教学内容、教学方法和教学组织形式等也都具有教育性。教学方法不仅能传递知识信息，还能培养学生正确的思想政治观点、良好的思想品德和习惯。它本身也是一种特殊的教育影响力量。

③发展功能

教学方法的发展功能，是指教学方法具有促进人的生理和心理由低级到高级、由不全面到全面、由不和谐到和谐、由不充分到充分发展的作用。教学实践告诉我们，教学方法是否得当，不仅对学生智能的发展关系重大，而且影响着学生的学习动机、道德意志、情感、意识、行为的发展，乃至世界观的形成等。如注入式的教学方法，它无视人类认识的规律和教学过程的特点，片面夸大教师的作用，忽视学生的主观能动性，教学采用"满堂灌""填鸭式"的方法，其结果是教学不仅压抑了学生的独立思考和创新精神，还使学生对学习产生了厌倦感，嫌老师腻烦，久而久之，涣散学习纪律，影响师生关系，影响自我教育能力的发展。而与此相反，启发式教学方法则强调教师的主导作用和学生的主观能动性的统一。它不仅承认学生是教育的对象，而且承认学生是学习的主人，相信学生有自己学习的能力，并让学生尽量发挥其能力，这样的方法不仅有助于培养学生的创新精神和实践能力，而且有助于创设生动活泼的教学氛围。

④激励功能

教学方法的激励功能,是指教学方法具有激发学生学习动机、学习兴趣、求知欲望、探索精神、健康情趣、坚强意志、奋斗精神等作用。激励是教学方法的一种基本功能。任何一种教学方法,只要使用得当,都可以起到指导和激发学生的作用,使学生的认识活动积极强化。例如,激发学生学习动机的方法,有自主学习、合作学习、研究性学习等;提出学习要求和表扬的方法;加强学习目的的教育,激发学习热情的方法;阐述知识的意义和价值,激发求知欲望的方法;组织学习竞赛,激发外在动机的方法;运用反馈原理,强化学习动机的方法;等等。这些方法本身都具有激励的作用,具有丰富的思想政治教育性。

如上所述,教师在教学过程中,应充分发挥教学方法的各种功能,融思想政治教育于学科教学过程之中,创设优良的教学环境。这就要求教师不仅要掌握一般教学方法、学科教学方法,而且要善于选择和优化教学方法。

(3)教学语言

努力提高教师的教学语言艺术,创设良好的教学语言环境,充分发挥教学语言的育人功能。教学语言是教师传递教学信息的载体,教学语言艺术是教师在教学过程中充分发挥个人的创造性,有效地把知识传递给学生,最大限度地调动学生学习的主动性、积极性的语言技巧。它在塑造人的思想的过程中具有无法估量的作用。因为教学内容主要是通过教师的语言传递给学生,对学生进行思想品德教育,塑造学生人格,培养学生思想,也主要是通过教师的语言活动来进行的。教学语言是进行教学的最主要的手段,尽管现代化教学手段或多媒体技术有很多的优越性,但离开教学语言会一事无成。大量实践表明:学生对教师所传递知识的接受程度在很大程度上取决于教学的语言艺术。

(4)教学情境

结合教材内容,创设各种教学情境,培养学生的全面思想。教学情境有益于学生良好思想的形成,是由以下几方面因素决定的。

①教学情境能刺激学生的接受倾向

思想政治教育的目的性很强,为了达到预期的教育目的,教育者必须千方百计地使受教育者接受教育,否则,目的就不能达到。教学情境创设的直接目的是通过特定的教学情境来刺激学生的接受倾向,使之愿意并有兴趣接受教育。

②教学情境能引发学生的积极情绪情感

心理学的研究告诉我们,当教育对象处于积极、肯定的情绪情感状态时,思想政治教育容易实施,容易见效,反之,则不易取得应有的效果。这就是说,思想政治教育要取得良好的效果,就必须使教育对象处于积极、肯定的情绪情感状态。各种教学情境的创设可以满足学生的某种需要,使之产生积极的情绪情感,形成愉悦的心境。在这种情境下实施思想政治教育,受教育者比较容易对教育内容产生共鸣,取得好的效果。

③教学情境能强化一定的教育内容

学生置身于特定的教学情境中,其心理状态通过自我调节发生变化。首先,在行为上顺应适从,进而在情感上产生共鸣,再到信念上自觉一致。在这种情况下,学生保持着良好的心境,教育内容被高度强化,教师可以充分地利用或借用情境的影响,有效地实施思想政治教育,进而达到预期的教育目的。

总之,教学情境的创设对于实施思想政治教育具有重要意义,起着积极的促进作用。要想充分发挥这种作用,在创设教学情境时必须遵循以下两条原则:一是与教育内容相关的原则,离开这一点,教学情境的创设也就失去了意义;二是与教育对象相宜的原则,创设的教学情境必须与教育对象的年龄特征、心理特点相适应,否则很难达到预期的教育效果。把握住这两条原则,根据特定的教育目的,结合相应的教材内容,创设各种适应学生身心发展特点的教学情境,不仅可以向学生传授基础知识和基本技能,而且可以培养学生的创新精神和实践能力,进而取得更好的思想政治教育效果。

(5)课堂教学气氛

课堂教学气氛主要指教师和学生在课堂教学过程中形成的一种情绪情感状态。它是在课堂教学情境的作用下,在师生需要的基础上产生的情绪情感状态,包括师生的心境、精神体验、情绪波动等,反映了课堂教学情境与学生集体之间的关系。和谐、愉快的教学气氛有利于师生间的情感交流和信息交流,可以使教师及时地掌握学生的学习情况,并根据得到的反馈信息,不断地调整教学内容和教学策略,取得理想的教育教学效果。

(6)师生关系

师生间的人际关系是构成课堂教学环境的重要因素,它不仅对学生的学习积极性有深刻的影响,而且对学生良好思想的形成起着非常重要的作用。

从课堂教学的物质环境与精神环境两方面来看,课堂教学环境在实施思想政治教育中有着十分重要的作用,只要正确地认识并充分地利用这些环境,就会对学生良好思想的形成起到积极的促进作用。

（二）非课堂教学环境

非课堂教学环境是指课堂教学环境以外对学生思想形成产生重要影响的各种因素。

课外、校园活动是指由学校、校外教育机构组织领导，在教学计划、教学大纲范围之外，在课余时间，为学生组织的各种各样的教育活动。它是学校思想政治教育环境的有机组成部分，是对学生实施思想政治教育的重要阵地，具有其自身的特点，对学生良好思想的形成与发展起着课堂教学所无法取代的作用。课堂教学可以提高学生的认知，激发学生的情感，但是要将认知、情感转化为信念、行为，仅靠课堂教学是不够的。因为教育问题既是一个理论问题，也是一个实践的问题。人的整体思想主要是在与别人的共同活动中形成和发展的，也要在实践活动中受到检验、评价和不断完善。因此，培养学生良好的思想，除了利用课堂教学环境以外，还必须组织各种各样的活动，对学生实施全面的思想政治教育。课外活动对学生来说带有社会实践的性质，尽管课外活动这种社会实践的范围、时间、社会效益具有很大的局限性，学生的全面思想也不可能完全在课外活动中形成，但丰富多彩的课外活动仍是对学生实施全面思想政治教育的重要环境。

与课堂教学环境相比，课外活动具有更广泛、更新鲜、更具体的教育因素，为学生政治思想的形成提供了良好的教育环境，主要包括宿舍、社团环境等。

1. 宿舍

宿舍是大学生生活成长的重要环境，是交流最活跃的"私人阵地"。高校宿舍思想政治教育的现存问题主要包括：教育者和管理者对高校宿舍的育人功能认识和实施不到位；高校宿舍的思想政治教育活动内容不切实际，形式比较单一等。大学生宿舍生活情境如同其思想状况的一面反射镜，创设宿舍场域和谐育人环境意义重大。

根据主体的不同进行划分，从宿舍成员、宿舍管理者、宿舍环境等方面对宿舍生活中的大学生思想政治教育进行探索。

（1）宿舍成员内部的日常生活

大学宿舍由学校按年级、学院、专业分配，每个宿舍4～8人，宿舍成员一般来自不同的地方，有着不同的地域文化、不同的成长经历、不同的思维方式和行为方法。宿舍如同大学生的"秘密花园",这里没有教师、家长的约束,他们的思想活动、天然情感和行为都得以最真实地展现。

①卧谈会

卧谈会是大学生活中不可或缺的精彩片段。卧谈会的话题广泛、内容丰富,交流时气氛轻松愉悦。在卧谈会中,大家敞开心扉,无所不谈,彼此间的了解越来越多,感情也就越来越深厚。在沟通交流中,宿舍成员的知识面得到扩展,同时可以学会尊重他人,学会包容,提升处理人际关系的能力,从而增强适应不同环境的能力。

②朋辈心理辅导

由于宿舍具有隐秘性、个人性、自主性的特点,在宿舍中大学生更容易显现出其隐藏于内心的心理压力、心理障碍和心理困扰。生活在同一个宿舍的成员之间日常接触较多,相处的时间较长,相互之间比较了解,感情密切,所以彼此间容易敞开心扉,倾诉自己内心的烦恼和郁闷。在舍友的悉心开导和帮助下,学生的郁闷心情可以得到显著改善,心理压力可以得到有效缓解,心理困扰可以得到一定程度的排除,有助于大学生心灵的健康成长。

(2)宿舍成员与宿舍管理者的日常生活

①宿舍管理员

大学的学生公寓管理属于后勤服务部门的管理范畴,宿舍管理员既是后勤服务工作的主体,又是学生宿舍服务的组织者和实施者,在宿舍生活中与学生接触最多。宿舍管理员大部分只有初高中文化水平,且很多都是退休返职人员,每天的工作是检查和评估学生宿舍的卫生情况、不定期检查学生的出勤情况、对学生公寓的公共物品进行管理等。通过调查可以发现,当前大学宿舍管理人员基本上是编外人员,政治素质和文化水平都不高,缺乏深层次管理和教育,他们只负责学生公寓的卫生、物品和安全等方面的物业管理,对广大学生在宿舍内的思想动态关注不多,同时他们的工作方法、服务态度都能在无形中影响着学生。此外,不少宿舍管理员认为开展教育是学校的事情,与他们关系不大。

要充分发挥宿舍管理的育人功能,首先,在选择宿舍后勤服务人员时要注重对他们政治素质和学历的考核;其次,要转变宿舍管理人员的观念认识,宿舍管理不仅仅是对物的管理,更重要的是做人的工作,特别要做好学生的思想政治教育工作;最后,要定期对宿舍管理员进行统一的业务培训和政治培训,一方面,使他们既有物业管理的专业知识,懂管理又积极为学生服务,另一方面，在管理过程中对学生进行潜移默化、言传身教的思想政治教育。

②辅导员

在大学，每位辅导员管理着至少200名学生，他们肩负着包括学生的考勤、评奖评优、入党等繁杂的日常事务，同时开展大学生的日常思想政治教育工作，由于时间和精力有限，难以深入宿舍与学生谈心；从方法上看，辅导员的宿舍思想政治教育方法单一，主要以单向灌输为主，缺乏双向交流，不能把解决学生的思想问题同解决实际学习、生活中的具体问题联系起来。

为了做好学生宿舍的思想政治教育工作，首先，每个学院选派政治素养高、责任心强、学生工作经验丰富的辅导员深入学生宿舍，深入学生当中；其次，要把辅导员在宿舍内进行思想政治教育作为对辅导员考核的一项指标，督促辅导员改变传统的仅在办公室办公或与学生谈话的方式，走到学生当中去了解学生；最后，辅导员进入宿舍与学生交流时，要讲究方式方法，动之以情、晓之以理、导之以行，这样学生才能敞开心扉、畅所欲言。辅导员只有及时了解学生的思想动态，发现学生在学习生活上的困难，并及时帮助解决，才能把思想政治教育工作真正落到实处。

2. 社团

高校学生社团越来越受到学生的欢迎，已经成为高校加强校园文化建设的重要阵地，做好社团活动与思想政治教育的有机结合，能切实提升思想政治教育的实效性。

在大学，大大小小的学生社团种类繁多，包括科技学术型、文体娱乐型和公益服务型等。社团活动更是多姿多彩，在一年当中不同的月份会有一些固定的活动，如雷锋月、文化节、心理健康月、社会实践月、迎新月、校庆月、科技节，当然，这中间也有许多无法并入该月主题的活动随时举办。据了解，大学近九成的学生都或多或少地参与过一些社团组织活动。由此可见，大学生的社团生活是大学生日常生活的重要组成部分。

（1）社团例会

在大学，不少社团都有例会制度。所谓例会，就是在固定时间开展的社团内部会议。例会的内容一般包括开展活动的讨论、社团成员间兴趣爱好的交流、学习经验的传授等。在社团例会这样一个宽松自由的环境中，成员可以畅所欲言，表露真实的想法。社团例会的召开一方面可以使成员间增进了解，增强归属感；另一方面，有利于推进社团活动的开展，增强沟通协作能力，增强集体荣誉感。

（2）社团活动

在大学，学生社团以大学生的兴趣爱好、社团自身的优势和特点为依据开展大量形式活泼、内容充实的学生自主活动。如文学爱好者协会，组织成员阅读经典文学作品，互相交流心得体会；演讲与辩论社，开展不同主题的演讲比赛和辩论比赛，明辨是非真伪，训练语言表达能力和逻辑思维能力；大学生艺术团，组织唱歌比赛和舞林大会；爱心协会，到孤儿院、敬老院、社区开展"献爱心、送温暖"活动等。大学生在社团活动的过程中扩大了朋友圈，提升了与人交际的能力，扩大了知识面，审美情趣与情操都得到了良好的熏陶，同时在参与中不断审视自己，提升思想境界，达到自我教育的目的。

二、高校思想政治教育教学环境的特征

一是广泛性。高校思想政治教育环境是一个大系统，是由方方面面的要素构成的。

二是开放性。环境在时间和空间上没有固定界限，因此很难确定高校思想政治教育环境的范围，不能进行完全封闭。特别是进入网络时代，环境影响因素更是突破了时空概念的限制。高校思想政治教育环境的影响因素在时间上没有严格的界限，高校思想政治教育不能强制性地把人们的思想固定在某一时间的界限内。

三是复杂性。由于高校思想政治教育环境是由千千万万环境因素构成的网络系统，这就决定了这一系统的复杂性。

四是动态性。高校思想政治教育环境从自然环境因素来看，随着人们改造世界、利用自然的生产活动的深入，自然环境与过去相比具有天壤之别；从社会环境因素来看，社会的经济、政治、文化要素也是不断发展变化的。

五是可变可创性。由于环境自身是可以改变的，从而造成了环境对高校思想政治教育的影响具有可变可创性。从环境与人的关系来看，环境制约人的社会活动，人也反作用于环境、利用环境、改造环境。

六是潜移默化性。高校思想政治教育环境对学生的思想政治品德、价值观的影响主要是靠潜移默化的感染、熏陶及渗透。环境的各种因素直接或间接地影响着人们，向人们发出各种各样的信息并熏陶、感染人的思想，使人们的情绪、思想及行为习惯在潜移默化中受到环境的影响而表现出来。

三、网络时代对高校思政教育教学环境的主要影响

网络时代对高校思政教育教学环境的影响主要体现在以下几个方面。

（一）信息量大，具有开放性

随着信息技术的快速发展，人类社会进入大数据时代，互联网环境信息数量急剧增长，人们的一切行为几乎都以数据的形式被互联网记录、储存和处理。因此，"互联网＋"思想政治教育环境打破了时空限制成为开放型环境，把学生的视野拓展到全球范围，也扩大了学生的交往领域。互联网社会场域打破了现实社会空间中的各种阻隔，改变了学生许多传统的观念。

（二）延伸和拓展现实社会环境，具有虚拟实在性

"互联网＋"思想政治教育环境不同于传统的思想政治教育环境，带有很大的虚拟性。一方面，虚拟容易使教育客体在网上传播真实信息，吐露真情实感，有利于消除学生社会交往的时空障碍，改变学生的认知方式和情感体验方式，扩大视野；另一方面，虚拟使教育往往在不可控制和无法预测的条件下进行，也可能引发道德失范行为，在一定程度上削弱了思想教育的效果。由此可见，"互联网＋"思想政治教育环境是互联网社会场域和现实空间的结合，其虚拟实在性也是客观存在的。

（三）信息的性质和类型多，具有多样性和复杂性

"互联网＋"思想政治教育环境信息的性质与种类也极其繁多，如真实信息、虚假信息、正面信息、负面信息、积极的信息、消极的信息、历史与现实的信息以及国内与国外的信息等。各种各样的思想政治观点、情感体验、道德生活方式在互联网上得以呈现和传播，扩大了社会公众的话语权。因此，大学生需要对这些不同性质的信息进行选择和甄别。

四、网络时代高校思想政治教育教学环境的优化

面对纷繁复杂的"互联网＋"思想政治教育环境，高校要充分发挥主观能动性，努力优化"互联网＋"思想政治教育环境，增强思想政治教育的实际效果。"互联网＋"思想政治教育环境的优化，可以从以下几方面进行。

一是加强校园"互联网＋"思想政治教育平台的建设。目前我国在网络覆盖、上网速度上都有了很大提升，人们的生活逐渐离不开网络，而校园网络建设作为整体网络建设的一部分，也有长足的进步。"互联网＋"思想政治教

育，必须以良好的网络设备为前提，完善互联网硬件，充分发挥QQ群、微信公众平台等的教育功能，促进思想政治教育的开展。

在新时代教育形势下，"互联网＋"思想政治教育环境的优化要从思想上认识到当今社会是一个互联网信息社会，促使学生运用网络搜集材料进行学习，促使教师发挥"互联网＋"思想政治教育的功能，通过互联网进行教育和教学，节约成本、提高效率，更好地为教学服务。

二是完善校园主题教育网站教育功能。"互联网＋"时代，高校"互联网＋"思想政治教育环境优化必须完善校园主题教育网站教育功能。高校要专门开辟校园主题教育网站。校园的每一个主题教育网站都应具有自己的特色，立场鲜明，以正确的政治思想理论为主要内容，教育和引导大学生的思想意识和行为举止。高校要坚持以科学的理论武装人，弘扬时代主旋律，提高网络思想政治教育环境的育人效果。

三是提高"互联网＋"思想政治教育环境的文明程度。互联网本身无所谓好坏，网上的伦理道德规范多是靠个人的内心信念来维系。因此，提升个人素养是净化"互联网＋"思想政治教育环境的必要途径。

四是提高高校网络思想工作者的职业道德素养。网络思想政治教育者要有较高的政治理论素养和网络技术水平，要从网络中获取思想政治信息并提取、吸收、存储。

五是健全法律法规，科学管理互联网信息资源。高校"互联网＋"思想政治教育环境的优化离不开法律的支持，强化依法治网可以实现对网上各种活动的严格监督和对不法行为进行有力制裁。要健全互联网法规，引导和约束人们依法使用互联网，发展和完善数字化互联网技术，提高互联网的管理水平，利用现代信息手段把思想政治教育与科学技术革命结合起来，发挥"互联网＋"思想政治教育环境的重大作用，不断地开创"互联网＋"思想政治教育的新局面。

第二节　网络时代对大学生思政教育的影响及原因分析

随着网络技术的迅猛发展，网络成为高校思想政治教育环境的重要因素，对大学生思想政治教育产生了重要的影响。这种影响既有积极的，也有消极的。正确地看待这种影响并积极予以应对,是目前高校思想政治教育的重要课题。

一、网络时代对大学生思政教育的积极影响

网络时代给大学生思想政治教育带来的积极影响是多方面的,概括起来,主要包括以下几方面。

(一)营造和谐学习环境,提高教学实效性

平等是民主和谐的前提和基础。教育者和受教育者只有处于平等的地位,才能打造一个轻松和谐的环境,受教育者才能够快乐接纳和积极思考所授问题,避免被动灌输。而网络具有这一优势,在这一平台上,思想活跃的大学生可以消除多种顾虑,放下对教师的恐惧,消除师生间的距离,平等进行全方位的交流。这样的环境有利于教育者进行全方位、针对性的教学,提高教学实效性。

(二)获取学生真实思想动态,提高教学针对性

网络给学生提供了获取各种信息和热点的有效途径,同时虚拟空间也带给学生前所未有的安全感,因此他们喜欢通过微博、微信、贴吧等各种途径畅谈自己的观点,表达自己的内心诉求。教育者可以通过这些平台便捷有效地了解大学生的思想动态,找出他们的问题所在,从而精准工作、对症解决。因此可以说,网络给高校思想政治教育者提供了一个获取大学生思想动态的有效平台。

(三)拓展教育时空,扩大思想政治教育工作的影响力

网络使思想政治教育不受空间和时间的限制,使大学生在获取各种社会信息的同时也受到思想的熏陶和引导,做到思想政治教育润物细无声。因此,思政工作者可以通过网络主动、广泛、快速地将正确的世界观、人生观和价值观传递出去,将先进的思想传播出去,拓展教育空间。同时,资源共享和叠加效应是网络的突出特点,每一个互联网用户在接收信息的同时也在传递信息,客观上将思想政治教育的覆盖面扩大开来,使得思想政治教育的影响力不断扩大。

(四)形成体系化的"智慧型"教育系统

在教育的过程中,每一个受教育客体的思维方式都不尽相同,一味地灌

输硬性理论知识，并不能很好地使思政教育客体接受。互联网带来的数据，则可以为客体提供多层次、智慧化、系统性的知识体系，这种体系具有开拓创新性，思政教育主体可以通过中介将其展现出来，让每一个受教育者可以直观地感受到整体导向的理论框架。同时，"互联网＋"为教育管理系统的分工与实施提供了良好的运行条件，在此基础上，思政教育主体在学生选课、成绩、实习、毕业的管理上可以构建条理清晰的模块。另外，"互联网＋"也为教育体系的维护提供了有效的技术保障。❶

二、网络时代高校思政教育存在的具体问题及其原因

（一）网络时代高校思政教育存在的具体问题

1.高校思政教育的时效性亟待进一步提高

在当前思政教育过程中，一些高校仍然存在教学模式或手段的单一化、教育内容滞后性等诸多问题，而这些问题严重影响了高校思政教育的时效性和科学性。诚然，我们不可否认：以往的思政教育内容、模式和手段都具有固有优势，比如它们有着较强的延续性、广泛性。然而，随着国际形势的不断变化以及我国的快速发展，传统的高校思政教育逐渐追不上时代的步伐。因此，高校思政教育必须在其内容、模式和手段等方面与时俱进，进而为思政教育的发展注入活力。现阶段，我国正处于新媒体时代、网络信息时代，高校学生作为一种特殊的青年群体，往往更易于接纳新信息，更易于利用新媒介或新平台，传统的思政教育内容以及落后的教学手段、模式都无法对高校学生形成巨大的吸引力，甚至还会使他们产生抵触心理。所以，若要彻底解决高校思政教育时效性不高这一问题，就必须不断丰富其教育内容，创新教育模式，充分运用现代化科技手段，建设更贴近社会发展需求的思政教育平台。

2.高校思政教育的话语系统亟待进一步完善

高校思政教育话语系统是极为复杂的、重要的，其在开展思政教育活动方面发挥着支撑作用。目前，高校思政教育话语系统不完善集中表现在如下方面。首先，传统话语依旧盛行，其系统管理方法陈旧、传播手段落后、转化体系存在漏洞等。其次，话语系统面临着国际社会的话语挑战。高校思政教育话

---

❶ 吉秦雁.网络时代话语变迁对大学生思政教育的影响与对策[J].教育观察，2020（10）：141-142.

语具有滞后性，所以很容易使其系统在国际话语界受到严重影响。国际话语有着较强的渗透性，因而会对区域性话语、民族性话语以及地方性话语等造成不利冲击，致使高校在开展思政教育活动中产生话语失效或失语现象。最后，随着当前高校学生对互联网的依赖性越发强烈，以及他们在日常生活和学习中频频运用网络用语，因此高校思政教育话语同学生语言之间很难达成共鸣。话语系统不完善导致高校思政教育话语失效，而教育话语的失效又会导致消极元素产生。由此可见，必须加快完善高校思政教育话语系统，不断创新话语传播方式，积极构建思政教育话语主动体系以及共生体系，这样才可以最大限度地推动高校思政教育话语系统的发展。

3.高校思政教育效果亟待进一步增强

从当前高校思政教育现状而言，其实际效果并不理想。就高校学生来说，他们中有很多对于思政教育的接纳程度不高，教育反馈结果也没有达到预期的水平。所以，高校学生在参与思政教育过程中，尽管会不可避免地产生各种顽劣问题，但他们未对这些问题给予重视并与当下教育模式进行平衡，而总是抱怨教育模式落后、教育内容滞后、教育手段单一等，这样会使高校思政教育发展弊超过利。因此，教育反馈是验证高校思政教育效果的重要方式，但结合相关调查研究，只有个别高校学生会对思政教育内容进行深入思考，所以部分学生无法将教育内容升华成内在修养。这就要求所有教育工作人员不断健全高校思政教育转化体系，引导大学生学习并掌握思政教育内容。就教育工作人员来说，他们在新媒体辅助教学过程中产生了诸多问题，进而造成教育效果不明显。有些思政教师不能灵活运用网络技术，忽视了其便捷性、互动性以及海量性等特征，而且未能及时、快速地将教育资源传递给学生；还有些教师存在显著的思维局限性，因为深受传统教育思维的影响，所以常常中断了一些核心资源的传递。上述两种情况均会对高校思政教育效果产生巨大的消极影响。

4.高校思政教育的整体效应发挥不佳

随着网络技术的发展与进步，多媒体教学逐渐在高校中得到普及。然而，高校网络安全建设存在诸多问题，造成了思政教育难以充分发挥整体效应。与此同时，思政教育主体在教育中也尚未体现出较强的创造性、积极性以及能动性，这些都严重影响了网络时代高校思政教育效果的提高。大部分高校思政教育工作人员存在教育模式与学生实际需求相脱节、教育内容不具吸引力等问题。这样一来，高校思政教师与学生之间的矛盾或隔阂将日益变深，导致整体效应不明显，继而教育内容、方式和结构无法在师生之间运用思政教育载体进行不断完善。相关调查显示，网络中的不良信息会对高校学生的价值观、行为、道德观、情感以及思想等诸多方面造成负面影响。究其根源，高校思政教育的整体效应很难得到充分发挥，导致新兴载体的消极影响波及大学生的教育实践。

5.高校思政教育模式亟待进一步革新

现阶段，高校学生正处于网络、新媒体等技术快速发展、创新的时代，往往要直面更为复杂多变的社会环境，并且面临着更多的发展机遇与挑战。多元信息的渗透性、个体发展的差异性等，致使高校学生对传统思政教育模式或手段感到极不适应。倘若各大高校依然固守"以理论教育为核心、以典型教育为导向、以实践经验为方式"的理念，不顺应时代发展趋势、与时俱进，那么就会增强学生的不适应性。大多数高校学生时常抱怨教师所采用的单向教育模式使整个思政教育课堂变得越发枯燥无聊，而他们也不能真正理解思政教育课程的内涵与精髓，其参与性、积极性和主体性无法得到充分彰显，仅仅限制于落后的、陈旧的高校思政教育模式中。除此之外，高校思政教育人员对现代化科学技术的掌握与运用不够，进而也使高校学生对思政教育模式感到十分不适应。因此，高校思政教师必须以大学生为本，灵活应用各种新媒体技术，不断强化高校思政教育，积极建立起符合时代发展要求的思政教育新模式。

（二）网络时代高校思政教育问题产生的具体原因

1.教育内容以及模式单一化制约高校思政教育时效性的提升

当前，高校思政教育普遍存在时效性不佳等问题，当然制约其时效性提升的原因有许多，但是主要原因则在于思政教育教学内容陈旧落后，教育模式及手段单一化。此外，客体对思政教育时效性的认识产生巨大的偏差，也会扩大其时效性的问题。高校思政教育工作人员采用的教学模式较为单一，并且在具体教学内容方面沿袭了以往的内容。另外，还具有较强的封闭性。所谓"封闭"，是指思政教师的思维逻辑、方式等存在保守性和片面性，广义上则是以一种保守的、传统的思维理念来看待问题。高校思政教师常常用固定化的思维模式来分析并处理新媒体背景下学生在思想价值观、行为方式等方面存在的各种问题，而且他们往往更偏袒于传统思政教育的稳定性，所以长期以来高校思政教育必定会受任课教师传统思维结构的影响和束缚，最终无法增强高校思政教育的时效性。

2. 高校思政教育创新力度不足导致话语系统不完善

高校思政教育话语系统不完善、不健全，通常是因为话语系统创新力度不足。所谓"创新力度不足"，就是指思政教育工作人员在实际研究过程中忽视了话语创新点、工作思路等，并且尚未对其产生的问题、情况或实践经验等进行综合概述与总结。从当前教育发展而言，高校思政教育工作未形成以创新意识为主导、以制度为保障、以原则为核心、以话语失效为切口、以具体内容为侧重点的创新系统。因此造成高校思政教育话语系统不完善。创新力度不足致使思政教育内容、方法、手段均处于传统滞后阶段，所以无法探索出进一步完善高校思政教育话语系统的有效办法，继而导致现行话语系统与思政教育发展现状无法同步，并且很难对思维话语系统进行必要的创新。倘若高校思政教育人员始终以这种传统而落后的传播手段来处理网络时代出现的各种问题，就会很容易因话语传播的落后性，使得高校思政教育工作人员的话语权力遭受巨大的威胁，同时也会造成话语无法传播到高校学生群体之中，进而降低话语时效性。所以，创新高校思政教育话语系统，不仅有利于充分发挥思政教育的功能和实效，而且有利于促进高校思政教育话语系统的不断完善与发展，同时对思政学科的发展也具有现实指导意义。

3. 忽视高校思政教育反馈导致教学效果不高

教育反馈是验证高校思政教育效果的重要渠道，但笔者通过调查发现，只有个别大学生会深入思考思政教育内容，多数学生都无法将教育内容升华成自我价值修养。我国学者一致认同，高校思政教育反馈应涵盖四大部分，即思想反馈、心理反馈、道德反馈以及政治反馈，而其中的思想反馈是检测高校思政教育效果的本质部分。正是它们的发展促使着高校思政教育结构发生突破性变化。高校思政教育效果集中体现在上述反馈中，但是在整个教学内容体系里却严重忽略了教育反馈的存在。鉴于此，高校思政教育内容必须与时俱进，贴近学生的日常生活，时刻关注主客体之间存在的差异性，强调教育反馈信息而非知识教育，不应以教育内容的规范性、标准性和统一性为判定学生的固定标准，而应以因材施教为教育理念，有区别地对待思政教育对象，并且有目的性地指导高校学生在心理、思想以及道德等诸多方面的内容学习。在网络时代，网络信息的千变万化促使高校思政教育工作人员不断丰富教学内容、拓宽教学方式，但是出现的高校思政教育内容不完善现象的确是造成其教育效果不佳的主要原因，同时也是产生这种不利局势的症结之所在。为此，作为高校思政教育工作人员，应不断增补教育内容，改进教育方式，增强高校思政教育效果。

4. 缺乏媒介致使高校思政教育载体乏力

高校思政教育载体作为其开展教育工作的重要因素之一，也是高校思政教育的特殊媒介。高校思政教育载体包括四大部分，即校园文化、社会实践、课程教学、日常管理载体。如果仅依赖于传统思政教育载体，那么就不可能充分发挥其整体实效，加之网络时代新的教育载体的出现，使得传统载体遭受严重的打击。新载体有着多样性、灵活性以及便捷性等诸多特征，不仅可以满足大学生的实际需求，而且可以顺应时代发展的需求，但是传统载体因其局限性，在应对高校学生日益增长的需求或者新潮的思想观念时，势必显得十分乏力。倘若高校思政教育载体出现乏力症状，那么它所承载的教育信息就无法传递给大学生，进而难以发挥思政教育整体效应。因此，高校思政教育工作人员应加快革新传统媒体，构建立体式教育模式，充分发挥载体在思政教育实践中的作用，把握好新载体的优势，从而创造出时效性较强、覆盖面较广以及承载信息较为全面的载体，同时也为高校思政教育工作搭建崭新的平台。

5. 高校思政教育工作者固守落后的教育模式

网络技术在高校思政教育中具有重要作用，不仅有利于改进思政教育模式，而且影响着高校学生的思想发展、群体特点。然而，有些高校思政教育工作者仍然固守传统教育模式，但这种教育模式如今正面临新媒体发起的挑战。落后的高校思政教育模式通常以单调的教育内容、单薄的教育主体以及单一的教育形式为导向，而这些只会使得高校学生对思政教育模式感到不适应，并且无法促使教育主客体的互动和交流。因此，目前最重要的是实现高校思政教育模式的全方位、多元化以及立体化。第一，就教育主体而言，要加快转变以思政教师或辅导员为主体的教育模式，建立起以学生为本体、以思政教师或辅导员为主导以及专业教育同思政教育结合、家校一体化的合作交流机制。第二，应当丰富思政教育形式，运用全新的媒介，从而更好地发挥网络时代高校思政教育载体的作用。第三，就教育内容而言，高校思政教育工作者需要结合大学生的实际情况，传递学生所感兴趣的信息内容，既包括课堂教学内容，也应持人文关怀思想，涉及一些课外学习内容，以此形成多元思政教学内容。

第三节　网络时代为高校思政教育教学带来的机遇与挑战

现阶段，信息技术的发展速度飞快，进而对高校思政教育工作造成了影响。同时，信息化内容的日益丰富对于其思政教育工作也同样带来了极大的考验。所以，要重视网络时代为高校思政教育工作带来的机遇和挑战，并采取具体的方式不断完善高校思政教育工作。

一、网络时代为高校思政教育教学带来的机遇

网络的平等性、交互性、开放性、便捷性和可选择性对大学生的思想观念产生了积极的影响，并为高校思想政治教育活动带来了难得的发展契机。

（一）网络变革着高校思想政治教育观念

1. 网络变革着思想政治教育方式，使其由单向灌输式向对话交流互动式转变

网络的平等性和交往的互动性，大大改变了单向灌输式的传统的思政教育模式，使思政教育工作者与受教育主体进行双向对话交流、即时互动，有利于双向了解，体现出受教育主体的主体性和主动性。

2. 网络变革着思想政治教育的类型，使其由"他育"型向"自育"型转变

网络的开放性和可选择性，使大学生拥有广泛的自由选择权，选择阅读什么信息、接受何种思想观念基本上取决于大学生的意愿和行为。在网络中，学生变被动接受为自主学习、自由学习，这一方面使学生的学习观念由"学会"向"会学"转变，另一方面使思想政治教育由传统的"他育"型向"自育"型转变。

(二）网络变革着高校思想政治教育手段，使其由传统向运用现代科学技术手段转变

1. 多媒体技术的使用提升了思想政治教育的吸引力

多媒体技术提供了色彩鲜艳的图片、悦耳音响、活泼的立体动画及仿真画面，可使大学生犹如身临其境，其德育知识的感知、德育情感的体验等都是传统的德育手段无法比拟的，使大学生成为真正意义上的德育主体，拓宽了思想政治教育工作的空间和渠道，提升了思想政治教育的吸引力。

2. QQ群、博客、微博等网络媒介的广泛运用增强了思想政治教育的针对性和有效性

网络传输的快捷性和交往的隐蔽性，有助于教师与学生的沟通和交流，可以使学生把一些平时不方便说或不愿意说的话吐露出来，避免面对面交流的尴尬，有助于教师迅速、准确地了解学生的思想情绪和他们关心的热点问题，从而加强了思想政治教育的针对性和有效性。[1]

（三）网络提供了丰富的共享思想政治教育资源

1. 网络可以提供丰富的思想政治教育资源

网络具有海量的信息且源源不断，可为大学生思想政治教育提供丰富而"鲜活"的教育资源。传统的思想政治教育一般是在特定场合、特定时间面对面进行的，其传播的信息有限，而网络的传播不受时间、空间的局限，借助网络，思想政治教育可以在同一时间向学生提供大量的信息，大学生可以在任何时间、任何地点对这些信息进行浏览、查阅。目前，网络信息以小时为周期乃至以分钟为周期更新，快捷而迅速。通过网络，思想政治教育就可迅速及时地为大学生提供多方面的教育信息，使其及时获得最新的教育信息，这无疑会大大增强大学生思想政治教育的时效性。

2. 网络可以实现思想政治教育资源共享

网络是开放的、自由的，它不再有地域上的界线，原来相对狭小的教育空间变成了全社会的开放性的立体式教育空间，不同学校乃至不同国家的学生均可通过网络共享教育资源。同时，网络拆掉了学校与社会之间的"围墙"，使

---

[1] 刘建敏.论网络时代高校思政教育工作的机遇与挑战[J].黑龙江教师发展学院学报，2022，41（8）：86-88.

大学生可以及时地了解当今社会的政治、经济、文化生活现状，与社会接轨，在比以往更广阔的社会环境中学习积累社会知识和经验，从而形成思想政治教育的良好氛围。

（四）网络提供了"多维"视角下的思政理论良性互动

如今的思想政治教育存在形式单一，脱离学生实际情况谈论人生观、世界观、价值观，教学手段传统等弊端。在这种日益明显的弊端下，互联网为主客体之间提供了一种良性的互动，这种互动具体表现在教学过程中。互联网带来的媒体技术可以用适当的图文结合的方式，运用思维导图、流程图、图表、视频等工具向受教育者提供清晰易懂的解释，课后也便于拷贝保存。心理学研究表明，当人们在认识某一事物时，如果只用听觉能够认识事物15%的特征，如果只用视觉能够认识事物20%的特征，而视觉、听觉并用可以认识事物65%的特征。这种媒体技术的特点能够充分调动人们的视觉和听觉来参与活动过程，提高思想政治教育客体对信息的接受程度。

二、网络时代为高校思政教育教学带来的挑战

网络是把"双刃剑"，在给高校思想政治教育提供了新的发展机遇的同时也提出了新的挑战。

（一）网络时代对大学生思想政治教育对象的挑战

1. 网络在一定意义上弱化了部分大学生的社会责任感和道德感

网络的虚拟性和隐蔽性对传统伦理道德规范造成很大冲击。道德约束有两个相辅相成的方面，即以信念、意志为代表的内在方面和以舆论、监督为主的外在方面。网络交往的虚拟性和隐蔽性在一定程度上削弱了其外在约束功能，同时也弱化了道德主体的内在的自我约束机制。在网络技术的帮助下，大学生可以匿名身份上网，因此有可能在网上充分暴露压抑在内心深处的需要和欲望，甚至通过敲击键盘和点击鼠标堂而皇之地实现在现实社会中难以实现或根本不可能实现的种种欲望。这种情况就容易诱发无政府主义和极端民主化，容易导致一些大学生弱化自己的道德责任感而滥用自己的自由。

2. 网络虚拟性和现实的矛盾导致部分大学生人格异常和人际交往障碍

网络使人同时生活在现实与虚拟之间，需要不断进行角色转换和行动协

调。如协调不适，造成现实与虚拟的混淆，将导致数字化人的出现，造成青年的非人性化倾向。互联网上人与人之间的交流是广泛、间接和安全的。广泛性是指人们通过网络可以在众多人中选择自己的交流对象，并可同时与其中的许多人交流；间接性是指不用直接面对面，也不用随时回应对方；安全性是指人们在交流中可以不用真实的身份，不必担心因泄露自己的真实身份而失去面子或危及自身利益。这些特点刚好符合青年渴望大放真情而又惧怕真情被骗的心理特征。对青年来说，在现实中其情感表露总要受到他人及社会的左右，但他们身上被压抑的诸多情感却可以在网络世界中肆意暴发。上网交友、网上聊天、在BBS中高谈阔论成了人们忘记权威压制、排解孤独、宣泄不满的畅通渠道。尽管互联网在一定程度上有助于青年缓解压力、平衡心理，但过多虚拟的网上情感交流无疑让许多青年在放飞情感的同时，总想试图将自己真实的情感深埋心底，疏于与活生生的人进行情感交流。生活中，这些人沉默寡言、不善言谈、不为世间情感所动，显出一副冷漠姿态。网络将各个地方的站点连在一起，形成虚拟空间，实际的社会存在和虚拟的社会存在之间的反差，造成许多青年逃避现实，不愿回到真实世界中来。

3.网络对大学生的心理健康造成负面影响

互联网所营造的虚拟化、数字化的生活、工作、娱乐、休闲的网络环境，对人们的心理造成了新的冲击与震荡。互联网作为第四媒体，具有极大的信息储蓄和传播量，丰富多彩的网上信息吸引了众多的大学生，他们一旦置身浩如烟海的网络时空，就为神奇的网上信息所"俘虏"，进入神奇幻想的迷宫。大学生长时间沉迷于网络，对周围其他事物的注意会大大减少，导致出现认知冲突、情感冲突、人格冲突，对大学生的身心健康产生巨大的影响，伴随着互联网的发展而不断蔓延的网络疾病正在吞噬着上网者的身心健康。

（二）网络的开放性和隐蔽性特征容易导致大学生道德约束的失控

美国国家信息基础设施顾问委员会成员埃瑟·戴森（Esther Dyson）曾指出："数字化世界是一片崭新的疆土，可以释放出难以形容的生产能量，但它也可能成为恐怖主义和江湖巨骗的工具，或者是弥天大谎和恶意中伤的大本营。它是虚弱的宣传工具，但却是一个施展阴谋的好地方。"网络作为人际传播、组织传播和大众传播的综合体，其开放性、虚拟性为现实中无法实现的思想行为提供可能，并增加行为的偶发因素和机会主义色彩，道德规范在网络中的自我约束和调控显得力不从心，不可避免地造成了大学生道德责任感的弱化。对于大学生群体而言，网络的开放性和隐蔽性为大学生张扬个性和发泄情绪等提供了最佳场所，容易滋生大学生的不道德行为和违法犯罪行为，导致部分大学生道德约束的失控。

比如，一些大学生在虚拟的网络世界中，以"反正没有人认识我"的心态，不断滋生出游戏人生的心态；有的恶意传播、制造不确切的信息；有的非法窃取和滥用信息，并陷入无休止的身份盗窃、网上诈骗和网络黑客之中。这些都严重地扭曲了大学生的人格，使其在虚拟世界中忘却社会责任，丧失道德感，极易造成大学生道德约束的失控。

（三）网络的虚拟化特征容易导致大学生心理问题的产生

网络的发展和繁荣使大学生的人际交往时间减少，人际关系淡漠，人际距离疏远，容易导致大学生孤独、焦虑、压抑和封闭等不良的心理状态，不利于大学生的健康成长和发展。大学生长期沉溺于网络之中，容易导致与现实脱节，无法进行正常的人际沟通，使情感逐渐萎缩淡化并产生非社会化倾向，逐渐弱化个人参与社会、与他人交往的热情，个人对社会环境的观察力、辨别力也会随之下降，进而难以实现网络世界和客观世界之间的角色转换，最终导致心理错位和行为失调。特别是当大学生在现实生活中遇到挫折时，他们会觉得在网络里进行交往更容易使人满足，进而产生逃避现实的心理倾向。

总之，他们将自己的思想或情感沉浸在网络中，必然造成心理封闭，产生人际交往障碍，严重的会产生各种心理疾病，并出现心理紧张、情绪焦虑、心理承受能力下降、逃避现实、悲观厌世、个性孤僻等特征，个别学生甚至产生轻生的思想和行为。

（四）网络的开放性对思想政治教育者的主导性产生了冲击，对其素质形成挑战

在传统的思想政治教育中，教育者在大学生心目中享有很高地位。而在网络时代，思想政治教育者唯我独尊的封闭模式被打破，教育工作者对大学生的信息控制和行为指导能力逐渐下降，在大学生思想成长过程中的主导优势地位受到强烈冲击。信息网络技术的发展，对思想政治教育者的知识素质提出了更高的要求，思想政治教育者的素质迫切需要提高。

（五）网络的不可控性使学生思想政治教育的环境更为复杂

传统的教育是在一个相对封闭和独立的环境中进行的，社会上各种不健康

的因素对学生的影响有限，因而正面教育就起着主导作用。而网络打破了这种相对封闭的环境，它不仅是一个信息宝库，还是一个"垃圾场"。互联网的开放性在一定程度上导致了信息的不可控制，学生接触各种不健康的信息的机会无限增大，对不同倾向的思想意识的接触频率也越来越大，使得学生面临的教育环境不再单纯。❶

（六）网络的发展增加了大学生思想政治教育的难度

机遇与挑战并存，互联网为大学生思想政治教育提供了无限机遇，同时也带来了各种挑战。互联网环境下学习资源丰富，教育者可以通过互联网大面积、快速地传播积极的和有利的思想信息，也可以利用互联网平台对大学生进行教育。但互联网的广泛应用为思想政治教育舆论导向工作带来了挑战，互联网环境下的大学校园，发布信息的环境更为自由，大学生常常通过互联网发布各式各样的信息，教育者进行规范引导的难度增加。一方面，教育者可以利用互联网传播马克思主义的世界观、人生观和价值观以及对大学生进行道德法制的教育；另一方面，一些落后、腐朽的思想和文化甚至有些反马克思主义、反社会主义的言论等也通过互联网途径向大学生大肆传播。这样思想政治教育者就很难准确把握大学生到底掌握了何种信息，对大学生的认知难以掌控，这些在不同程度上增加了思想政治教育工作的难度。再者，互联网对于思想政治理论课的教学模式形成挑战。在互联网技术广泛发展的今天，传统的教学模式已不适应学生的实际情况，很多高校改进了教学模式，但还有一些高校自身制度的变革远远跟不上互联网的发展速度。个别高校仍依赖旧的教育模式，大学生和教师已经适应了原有的教学制度，学校教学环境严重滞后，特别是在教育理念、教学工具、教育政策等方面缺乏对互联网环境的有效预测。部分高校思想政治工作缺乏前瞻性的认知，大学生思想政治教育模式如何选择是当下互联网环境中亟待解决的问题。另外，由于互联网技术的普及，大学生之间、大学生与教育者之间在现实生活中交往减少，人与人工智能的接触逐渐增多，大学生之间、师生之间常常用微信、QQ等联系，互联网在一定程度上变成人与人交流的障碍。互联网带来的新的交往方式虽然看起来将人与人的距离拉近，但实际上这种间接性和隐秘性带来了人际关系的伤害。应当看到，互联网是把双刃剑，其开放性、虚拟性容易使大学生摆脱现实社会诸多人伦、道德等约束，极

---

❶ 秦伟.大数据时代背景给高校网络思想政治教育带来的机遇与挑战[J].科技风，2020（26）：105-106.

易放纵自己的行为，忘却社会责任，呈现出道德弱化现象。此外，有些大学生热衷于虚拟交往而疏远了现实中的人际交往，造成了人际交往障碍，进而产生了逃避现实的心理倾向。大学生在互联网空间中进行匿名交流，有些言行无法进行规范，真实性与可靠性都无从得知，甚至公开发表虚假言论，教育者都无从下手。这些情况都增加了大学生思想政治教育工作的难度。

第三章 网络时代高校思政教育教学的理论研究

网络时代高校思想政治教育是指在传统思想政治教育理论基础上,以马克思主义理论为理论基础,运用心理学、行为学、传播学和现代信息技术等学科的相关知识,研究大学生的思想形成、发展和行为的规律及方法的学科。探讨网络时代高校思想政治教育的相关理论是形成和发展网络时代高校思想政治教育的必然要求,也是发挥网络资源优势、增强思想政治教育的吸引力和影响力、提高高校思想政治教育针对性和实效性的客观趋势。

第一节 高校思政教育教学网络化转型与创新研究

高校作为青年教育的前沿阵地,其互联网视角下的思想政治教育工作倍受理论界的关注,但目前研究多局限在微媒体教育载体构建或网络语言体系运用上。随着现代化进程的推进,高校思想政治教育工作必须直面网络时代对思想政治教育模式带来的影响和挑战,研究高校思想政治教育工作的网络化转型与创新。

一、高校思政教育教学网络化转型

(一)高校思想政治教育教学网络化转型是实现教育现代化的必然要求

1. 网络化转型是教育现代化发展的必然

教育现代化要求以国际教育最高水平、最先进状态为参照的目标体系和追求,反映阶段性教育发展的最高水平及其综合实力的最强状态。互联网时代信息传播的丰富性、及时性和趣味性,让传统的思想政治教育模式相形见绌,显得缺乏活力和吸引力。要想守住高校思想政治教育的阵地,需要思想教育工作者站在教育现代化发展的角度,顺应潮流发展,充分运用新技术、新载体,加强对大学生的理想信念、民族精神和时代精神的教育。可见,拓展高校思想政治教育工作的网络渠道不仅是教育路径的探寻,更是教育现代化理念的贯彻落实。

2. 网络化转型是时代发展的必然

当前,青年大学生完全适应新的"网络生活",热衷参与分享和个性化表达,互联网和新媒体恰恰以及时、方便、快捷回应、迎合青年学生需求。

互联网给大学生提供了最方便快捷的信息获取渠道,但同时互联网中大量虚假不良信息也在侵蚀着大学生的头脑,迷惑着大学生的思维。互联网对大学生的影响已经倒逼思想政治教育者深入思考如何预先干预,甚至预先杜绝网络的不良影响。高校必须紧随时代发展潮流,充分利用科技手段,开拓网络思想政治教育工作新平台,因势利导,实现育人效果。

3. 网络化转型是提升教育有效性的必然

思想政治教育的有效性是指思想政治教育活动对其预设目标的实现程度,即教育内容对人们思想观念影响的深刻性、持久性,以及对人们思想意识的判别、选择、理解等诸方面所产生的强化作用。当前高校都十分重视思想政治教育工作,不仅开足了思想政治理论教育课的课时,还严格要求高校思政工作者、辅导员要全面掌握学生的思想状况并及时给予引导和教育。然而这样的要求是行政化下的工作目标和内容,而不是实实在在的工作效果。传统的面对面交流、授课的工作模式受到时间和空间的限制,缺乏针对性、互动性和吸引力。

青年学生的特点是关注网络,在网络中寻求知识和力量。网络思想政治教育引导打破了传统教育的缺陷和不足，使得全员教育、全方位教育成为可能，提高了教育工作的针对性、吸引力和有效性。

（二）高校思想政治教育教学网络化转型的建议

高校思想政治教育的目标是帮助大学生坚定理想信念，提高明辨是非能力、辨别美丑能力，自觉抵制各种不良思想和生活方式的影响，树立正确的世界观、价值观、人生观。教育的有效性要求我们关注教育过程的关键因素，笔者将从以下几个方面提出高校思想政治教育教学网络化转型的建议。

1. 开设网上课堂，构建教育基地

在网络背景下，高校应该在网上开设形式多样的思想政治理论课，把思想政治理论课内容制成多媒体课件，以学生喜闻乐见的形式表现出来，充分利用网络的优势，实现思想政治理论课教学的现代化。要开发超文本结构的思想政治教育电子教材。这种电子教材可充分利用现代电子技术，融文字、声音、图像于一体，使学生在视觉、听觉上均产生立体感觉，从而大大提高思想政治教育的效果。

2. 组织理论研讨

在网络工具广泛使用的今天，高校可以组织教师利用网络数据资料开展教学工作，提倡学生网上交作业，网上交流学习体会，发表对教师教学情况的意见和建议；倡导思想政治教育者通过网络社区、E-mail 等在网上和学生进行马克思主义理论学习的讨论；通过开设博客，在博客中发布教学内容、畅谈教学体会、解答学生困惑，这种新型的教学方式势必会改变原来刻板的课堂讲授，更容易让学生接受和理解。高校要利用网络平台，让教师和学生以及学生和学生之间相互学习、交流、辩论等，推动思想政治理论课的学习和宣传；在网上开辟新社区，组织理论社团进行各种竞赛，撰写各类理论文章，交流学习心得，进行主题辩论，举办各类研讨会，极大地活跃校内学生的理论学习氛围。这样，既能充实和丰富课堂教学内容，又能贴近学生的思想实际、密切师生关系，必定会受到教师和学生的广泛欢迎。

3. 建设班级网络俱乐部

当前社会结构和生活条件发生了很大的变化，网络为实践活动提供了很好的平台，高校在实施思想政治教育的过程中，可以建设班级网络俱乐部，实现实践教学方法的创新。任课教师要与班主任或辅导员以班级为单位，组织和吸

引学生组建网络俱乐部，使学生在参与班级网络俱乐部的建设中学会正确使用网络工具，健康地进行网络交往，提高网络道德素质。可以通过组建班级网，营造积极向上的班级德育氛围；通过共享教学资源，营造在学业上竞争合作的网上氛围；把学生们开展的课外文艺活动、学术创新活动通过图片、图表、PPT、DV等形式展现；开设班级网上心理咨询室，通过链接优秀的博客来开展思想政治教育。高校思想政治教育工作者开办班级俱乐部的目的是传递党的主流声音，在和谐的气氛中将党的路线、方针和政策等重要内容告诉大学生，并根据他们反馈的信息进行有效的思想政治教育，这样不仅节省了时间，而且效果更好，大大增强了高校思想政治教育工作的辐射力、吸引力和感染力。

4. 开设网上榜样示范区

榜样示范法是思想政治教育引导社会成员的思想和精神向社会所期待的方向发展的显性教育方法。网上榜样示范区的建设能为教师和学生提供学习和模仿的榜样，引导学生形成正确的世界观、人生观、价值观。高校可以在校园网上开设"榜样与警示"区，上面记述中外古今优秀人物的事迹、学生身边优秀党员的事迹，还可以宣传优秀辅导员的事迹。实事求是地宣传是产生持久影响力的基础，在宣传和介绍榜样先进事迹的同时，不能回避榜样作为平凡人的一面；在展现其崇高的思想和行为事迹时，也要展示榜样从平常人走向辉煌的艰辛过程，邀请先进人物举办讲座，进行网上视频传播，以及开展榜样与学生的对话交流，增强大学生对榜样的认可度。利用榜样的模范行为、先进事迹、性格特点感染大学生的心灵，激励、督促大学生形成战胜困难的坚强意志。

5. 培育符合思想政治教育网络化转型的师资队伍

在网络背景下，为了完成培养德智体美劳全面发展的社会主义事业合格建设者和可靠接班人这个任务，必须有一支政治坚定、品德高尚、能力强、业务精的高素质的网络思想政治工作队伍。高校的思政教师和行政管理人员都是思想政治教育工作者，他们应当通过自己的政治理论素养、道德品质和人格魅力来对学生的人生观施加正面的影响。

网络的特点要求高校思想政治教育工作必须建立起一支既有较高政治理论水平、懂得思想政治工作规律，又了解网络文化特点、掌握一定网络技术的能适应网络思想政治工作任务要求的队伍。一方面，要加强对现有学生工作队伍的网络技术培训，增强其网络意识，推动各项工作向网络空间延伸。如果不掌握网络技术，不进入网络了解学生的思想状况，就会失去网上思想政治工作的前提。尝试建设一支专职的网上辅导员队伍,做到思想政治教育队伍进网络,针对学生关注的热点问题、敏感话题在网上论坛中有针对性地发表贴近师生、贴近网络语言的有正确引导意义的文章,起到引导作用和榜样效果。另一方面,要充分发挥学生骨干队伍在网络空间的作用。在思想政治教育网页的制作、网络信息监控、校园网络文化建设等工作中大胆培养和使用一批学生骨干队伍,充分调动他们的积极性,成为高校网上思想政治教育工作的有效辅助和补充。只有建立起一支强大的网络思想政治教育工作的队伍,才能把握网络文化条件下思想政治教育的主动权,占领网络思想政治教育的阵地,提高思想政治教育的针对性、有效性。❶

二、网络时代高校思政教育教学创新

网络时代高校思政教育教学创新主要从教育观念、教育内容等方面入手。

(一)创新教育观念,完善网络平台建设

高校主管教学的领导要转变观念,把网络平台建设定为工作重点,从专业技术服务和资金上,都全面支持网络平台建设,同时调动高校各个职能部门的积极性,和思想政治教育工作者群策群力,共同搭建健康的、形式多样的、有地方和学校特色的网络教育平台。通过QQ群、微信群、微博、App手机应用、微信公众号、网络精品视频公开课等对大学生进行在线教育,把课堂教育与在线教育有机结合,扩展思想政治教育教学的平台,进一步加强与学生的交流互动,更有效地传播正能量,更好地发挥思想政治教育的引导功能。

(二)创新内容,坚持以学生为本

随着网络的发展,高校思想政治教育的内容必须与时俱进,不断充实和创新。一方面,要坚持党的路线方针政策教育,坚持社会主义核心价值观教育;另一方面,要加入适合当前时代特点的理想信念教育。巩固马克思主义主流意识形态、宣传社会主义核心价值观是高校思想政治教育的主要任务。然而随着QQ、微信、微博和App手机应用等"互联网+"平台的构建,人人都可以成为网络舆论的制造者和传播者,人人都可以针砭时事、评论政府,甚至造谣、散布不实言论,部分大学生受此影响,对马克思主义主流意识形态、社会主义核心价值观产生怀疑。这就需要思想政治教育工作者多传播正能量,对学生进行

---

❶ 张雪霞,尤太生.高校思想政治教育进网络现状的调查报告——以河南科技学院为例[J].河南科技学院学报:社会科学版,2012(1):112-115.

积极、正面的教育和引导。

在"互联网＋"思想政治教育这一全新的领域内，思想政治教育工作者和教育对象是平等的，在管理上要坚持以学生为本，采取非强制性的方式，通过平等的沟通，使学生能主动地了解和接受正确的世界观、人生观、价值观。以往单纯的说教，已经不能吸引大学生，反而使他们产生怀疑。思想政治教育工作者应该结合地方特色、学校特点创建一些既有理论深度又具有趣味性、互动性的网络教育栏目。这些栏目应贴近大学生的生活实际，能帮助大学生解决学习、生活、情感上的困惑；必须站在时代前沿，既有社会关注的热点问题、就业信息等丰富的内容，也有社会主义核心价值观的宣传，以满足大学生对知识的渴求。

在具体实施过程中，通过QQ、微信、微博、校园论坛及时了解学生的思想动态和利益诉求，掌握学生所关注的社会热点、焦点问题，及时进行正确的引导。网络交流的形式可以多种多样，可以采用问答式、游戏互动式、视频短片式、网络大赛式等吸引力强的、寓教于乐的方式，为大学生提供健康的、可以参与进来的、有归属感的网络思想政治教育平台。同时，还可以尝试建立网络诚信档案，提高大学生的网络思想道德意识。

互联网虽然给传统的高校思想政治教育注入了创新的活力，但无法完全取代传统的思想政治教育的教育引导功能。思想政治教育工作者应始终坚持高校思想政治理论课为体、互联网为用的原则，合理、有效地利用互联网，把"互联网＋"平台作为课堂教育教学的有效延伸和发展，将虚拟空间的学习与互动作为课堂教学的有力补充，而不能过分夸大互联网的变革作用，这样才能更好地发挥互联网在思政教育中的补充作用。

（三）变革思想政治教育方式

网络的发展为思想、理论的传播创造着新环境，网络工具的出现不仅改变了各类思想文化的传播方式，还创新了思想政治教育的内容及方式，使思想政治教育从被动灌输式逐渐过渡到主动、互动式。网络空间拓展了创新思想政治教育的空间，远程教育、主体论坛、师生互动等教育形式正在被广泛应用，高校思政教育者正在加快教育课件、软件研究的步伐，为满足大学生的新学习需求不断努力。

1. 加强案例教学

优秀的教育方式应当保证大学生能及时接收准确、最新的信息，使学生具备表达自我的权利，并引导学生在学习中形成正确的道德观念。而优秀的课件应当强调内容的思想性、呈现形式的系统性，并和教育者的教育方式融合，体现新教育方式的交互性。教育者要创新教育方式，首先需充分研究当代大学生的思想状况，分析大学生可能出现的思想问题，体现教育方式的前瞻性。在匿名、开放的网络空间中，大学生可能由于缺乏约束放纵自我，教育者可在教学过程中融入对学生思辨能力的锻炼，以新颖的方式提升学生对个人思辨能力的重视程度。例如，选择和大学生密切相关的现实事件，将其改变为教学案例，要求学生利用所学思想政治知识对案例进行分析，并结合个人上网经验探究案例中的各个细节。案例探究的教育方式具有开放性，学生能够在探究过程中畅所欲言，不同学生的上网经历不同，因而对同一事件可能产生不同看法，教育者应鼓励学生积极表达个人观点，并在学习过程中了解他人的思维模式，通过对比学习弥补个人思维漏洞，完善个人思想观念。随着探究的深入，学生对现实案例的理解不再停留于表面，而结合个人见解，将其内化为个人的知识储备。现实案例能够对大学生起到警示作用，学生回想所学案例判断网络中纷繁复杂的信息，抵御错误信息侵扰的能力逐渐提升。

2. 线上线下教学融合

在网络教育迅速发展的背景下，教育者不能忽视线下教育的作用，而要寻求线上与线下教育的平衡点。例如，教育者在线上安排思想交流沙龙，虚拟的环境使学生能够在交流过程中畅所欲言，教育者作为主持人负责引导话题方向。学生围绕教育者设置的主题进行讨论，深入挖掘某一思想观念的内核，思维能力得到充分发展。在学生完成线上讨论后，教育者在线下举办区域性的思想交流沙龙，邀请不同学院、不同学校派出学生代表参与交流，以此提升思想政治教育的交互性。学生已经在线上交流沙龙中形成初步思想框架，在线下的交流中能不断拓展理论深度，在原有的思想基础上学习新知。与此同时，线上与线下结合的教育方式能拓展思想政治教育的群众基础，使更多学生参与其中。学生对思想政治教育的关注度提升，校园中逐渐形成参与思想政治教育的氛围，校园文化的内涵不断扩展，这为教育者进一步创新思想政治教育方式营造了良好氛围。在学生广泛参与的背景下，教育者创新思想政治教育方式受到更多学生的支持，学生的新想法、新点子也能被教育者吸收、采纳。

（四）提升网络舆情引导的专业性

加强对网络舆情的引导是高校实施有效思政教育的关键，也是高校维护良好校园文化环境的重要方式。高校需从多个角度入手,构建完善体系,支撑网络舆情引导工作的有序开展。

一是建立成熟的舆情引导理论体系,通过吸收高素质人才构建成熟的理论研究团队;吸纳高素质人员担任辅导员,满足新时代对大学生思想政治教育的新要求;结合学校网络舆情引导的现实需求,配备网络管理、网络评论、网站负责专员,对大学生在网络中发表的极端言论进行跟踪,将跟踪材料作为实施思想政治教育的依据,不断调整思想政治教育的内容,提升其实效性。

二是适时消除部分负面消息,避免大学生从众心理对校内主流价值观产生消极作用。大学生在网络中更容易产生从众心理,少数学生的消极言论可能通过网络产生放大效应,从而在学生群体中广泛传播,一旦这些言论被不法分子利用,其消极作用将远超言论本身。正因如此,学校应及时删除部分不实言论,控制不实言论的影响,保证大学生在健康、清朗的网络环境中发表个人观点,同时维护学校在思想政治教育工作中的权威性。

综上所述,网络的迅猛发展使得思想观念的传播方式更加多元化,大学生接触不同思想文化的途径变得更多样。高校思想政治教育的主导性受到冲击,这要求思想政治教育工作者改革以往单一的教育理念,充分考虑网络所具有的多元、开放特征,深入研究大学生的思想状况,基于此构建具有实践意义的思想政治教育体系。在未来,高校思想政治教育工作将与网络深度融合,高校面对日新月异的教育环境应及时调整教育观念与方式,在思想政治教育工作中不断创新,突破当前教育困境,为大学生树立正确思想观念夯实基础。

第二节 网络时代高校思政教育教学的目标构建

当前,我国高等学校互联网相当普及,成为广大青年学生工作、学习和生活不可缺少的一部分。我们应当高度重视网络给高校思想政治教育目标带来的影响,理解网络时代高校思想政治教育目标的价值取向,创新网络时代高校思想政治教育教学目标,增强思想政治教育的针对性和实效性。

一、高校思想政治教育目标的内涵

首先,在目标的确立上,思政教育目标与党的总目标具有高度的一致性。而在思政教育历史发展过程中,思政教育能够融入历史逻辑、理论逻辑以及实践逻辑,注重人的发展,关注人的自由意志。正如马克思主义哲学探讨的,社会发展的本质是人的发展。因此,思政教育在实现改变世界、服务社会等目标的过程中必须将落脚点聚集在人的身上,要通过思想指引的方式,将学生培养成有品德、有血性、有本事、有灵魂的优秀人才。而世界观、人生观和价值观的教育与培养是学生能够更好地适应社会、发展社会的根基,同时也是思政教育目标得以落实的重要内容,使思政教育在实现服务国家和社会发展的过程中,更好地推动学生的成长与发展。

其次,实践预期。实践预期主要是指思政教育能够将我党社会实践的预期结果呈现出来,使其成为可感受、可触摸的"预期",引导学生对其进行持续的努力和奋斗。因此,在思政教育目标确立与构建过程中,思政教育必须要有系统化和科学化的发展目标,以此帮助学生更好地改变和改造世界。

最后,思政教育的动态性。国家力量要求思政教育目标必须与党和国家的总目标相统一,物质动因则要求思政教育目标具备时代性和阶段性特征,根据我国当前的国情、社会发展的新阶段进行调整。因此,思政教育目标在历史发展中又有持续变化的动态性内涵。

二、高校思想政治教育目标的影响因素

(一)政治制度

政治制度的组织结构、阶级利益和政治目标都在思政教育目标形成与发展过程中有着决定性的作用,能够使思政教育目标更加符合国家的基本利益。而思政教育目标又受到政治制度的制约,使目标体系框定的内容更加具体、清晰。思政教育是社会成员从社会人转变为政治人的过程,可以为国家和政府更好地渗透和宣传自身的政治思想与政治理念提供帮助。因此,作为服务政治治理的思政教育,理应围绕当前政治制度展开。通过渗透国家和政府的政治思想,学生对当前的政治体制形成认同感和崇尚感。所以在某种程度上,高校思政教育目标受政治制度影响是其取得健康发展的必然结果。反过来,高校思政教育目标在受国家政治制度影响的过程中,还对其具有反作用,具体体现为维护政治稳定,促进社会文化、经济、政治的快速发展。

（二）经济关系

经济关系主要是指依托消费、交换、分配、生产等过程形成的相互依存、相互影响的关系，是社会价值的重要体现，同时是思政教育的本质之一。社会关系与生产力的连接程度，是人类文明适应当前社会发展需求和持续推进人类社会健康发展的关键。而基于人类社会发展的特征和内涵开展高校思政教育，正是以社会发展阶段、生产力发展水平为基础和前提的。因此，经济关系在某种程度上影响着高校思政教育的发展过程和目标制定形态。换言之，高校思政教育目标是根据当前的经济关系进行调整和制定的，能够通过平衡社会与个体的利益，促进社会个体创新意识、诚信意识、竞争意识以及自由意识的发展。此外，当我国社会经济体制发展转变后，社会伦理也会发生相应的转变。因为社会经济发生变化后，人类的共同理念、共同意识以及行为规范会受到影响，与之相对应的道德理念、伦理关系也会出现微妙的变化。

三、网络对高校思想政治教育目标管理的影响

（一）网络对高校思想政治教育目标管理的正面影响

互联网是一种认识世界、改造世界的新手段，这一手段恰当地运用于高校思想政治教育目标管理，必将对高校思想政治教育目标管理产生积极影响。

1. 有利于高校思想政治教育目标的确立

高校思想政治教育目标管理最重要的一项活动是确立目标。确立目标是进行思想政治教育活动的出发点，实现目标是思想政治教育活动的归宿。互联网对高校思想政治教育目标的确立有如下益处。

目标确立时的互动。教育者将思想政治教育目标发布在互联网上，针对教育者提出的思想政治教育目标是否合理、是否切合受教育者的思想实际等问题，教育者和受教育者可以利用网络平等地进行交流讨论。这种交流讨论是双向的、互动的，可以随时随地发表意见和看法。

目标确立时的高速。互联网最大的特点是不受时间和空间的限制。它能够以最快的时间让受教育者了解思想政治教育目标，讨论思想政治教育目标，从而确立思想政治教育目标。它有效地避免了人为因素、环境因素等在思想政治教育目标确立时产生的障碍，提高了思想政治教育目标确立的效率。

目标确立的高质量。互联网的虚拟性打破了各部门之间、上级与下级之间的种种不协调关系。由于互联网见字不见人，交流者没有地位、身份、年龄等

隔阂，受教育者也不会感到这种思想政治教育方式枯燥无味，教育者、受教育者可以毫不掩饰地谈出自己的想法、看法，人际心理距离缩到最短，交流更具有真实性、直接性，因而教育者容易制定切合受教育者实际的高质量的思想政治教育目标。

2.有利于高校思想政治教育目标管理的检查和调整

检查是为了监督目标运行状况，及时发现目标进行过程中的问题，采取有效的对策和措施纠正目标偏差，确保目标的按期完成。过去检查思想政治教育目标的完成情况往往采取实地考察的方式，检查单位和个人是否按照思想政治教育目标的要求实施了教育活动、是否按规定的进度进行、是否有拖进度的情况、是什么原因拖了进度等。实地考察、检查往往动用的人力、物力、财力较大，花费的时间太长，也不便于动态地掌握最新信息。借助互联网，高校思想政治教育目标实施中的检查就会很方便，可以通过多种方式，如问卷、答题、汇报等监督和检查目标实施的情况。

教育者根据目标实施检查情况对思想政治教育目标的实施和实现做出分析和评价。如果发现思想政治教育活动脱离目标，要及时采取措施进行纠正；如果发现思想政治教育活动与目标有偏差，要及时进行纠偏；如果发现思想政治教育目标不切合或不十分切合受教育者的思想实际，要及时进行调整。利用互联网调整思想政治教育目标非常快捷，教育者只要将调整的思想政治教育目标在互联网上公布，受教育者就会知晓，并且按照新的教育目标去实施。

3.有利于高校思想政治教育目标管理的实现

高校思想政治教育目标的实现，其核心是发挥受教育者"自我控制"的作用。互联网能够更有效地促进受教育者"自我控制"。在高校思想政治教育目标管理中，自我控制包括三个方面：一是自我检查和分析。教育者可以将目标责任者个人在实施目标的过程中对目标的完成情况、目标进度、目标完成的好坏、目标实施中易发生的问题等在互联网上公布，便于受教育者及时比照和分析。二是主动纠正偏差。对于通过检查发现的问题，能够自我解决的，及时解决；不能解决的，通过互联网迅速报告上级，请求支持和帮助。三是及时反馈信息。利用互联网反馈信息，不受时间和空间的限制，不会拥挤和塞车，信息反馈的渠道随时畅通无阻。

（二）互联网对高校思想政治教育目标管理的负面影响

互联网是一把双刃剑，网络中不良的信息、道德的弱化、他律的弱化，给高校思想政治教育目标管理带来了挑战。

第一，网络中不良的信息容易误导大学生的思想，削弱思想政治教育的功效，使大学生产生错误的行为。网络上的信息丰富多彩、包罗万象、良莠不齐，大学生由于人生观、世界观尚处于形成阶段，社会知识、生活阅历有限，判断是非的能力有限，在接收正确信息、开阔眼界的同时，难免会受到不良信息的影响，如在网上蔓延的各种思潮、各种有害的内容。这些信息如果不及时加以疏导和处置，会给大学生的身心造成很大伤害。在实施思想政治教育目标管理的过程中，如果大学生接触或沉迷于这些不良信息，就会影响思想政治教育目标的确立，耽误思想政治教育目标的实施，影响思想政治教育目标的实现。

第二，道德的弱化造成受教育者实现思想政治教育目标的障碍。在网络中，主体的行为往往是在"虚拟实在"情形下进行的，即人与人之间的交往不是面对面的、真实的交往，而是间接的"人机交往"，受教育者在网络中可以成为"隐形人"。受教育者可以匿名存在，彼此不知道对方的真实身份。匿名发布消息，削弱了发布者的责任感和受到社会惩戒的担心，甚至诱发一些人的破坏欲望。一些缺乏自控力的大学生，或出于无聊，或为了证明自己的存在能量，或为了发泄自己心中的愤懑，往往做出一些出轨的网络行为，如发布虚假信息欺骗他人。更有甚者，利用互联网造谣中伤，败坏他人名誉；非法进入他人的网络系统，破坏他人的数据和资料。互联网道德的弱化削弱了思想政治教育的教育功能，使得教育者获得的信息有时候是虚假的信息，受教育者可能根本不在现场，信息或许来源于非受教育者，造成受教育者的信息失真。教育者如果根据这些失真的信息判断教育的进度和效果，调整教育的目标，必然会得出不正确的目标管理结论，造成思想政治教育目标管理的失灵和教育资源的损失。

第三，他律的弱化给思想政治教育目标的实现带来了难度。传统的思想政治教育目标管理中目标的确立、目标的检查、目标的调整等多为面对面的直接关系，强调自律和他律的有机结合，对受教育者行为起重大作用的往往是教育者的自身素质和身体力行、强大的道德舆论压力、良好的团队关系；而在互联网中，网络环境还没有形成系统的道德法律规范，由于世界各国道德法规不同，如在一些国家赌博、色情服务是合法的，大学生仅靠自身的是非辨别能力和道德约束力难以抵御网上的各种诱惑，其思想道德就有可能随波逐流。因此，必须借助他律来调控大学生的思想和行为。但由于网络行为的虚拟性、行为主体的匿名性,教育者对受教育者的他律行为往往变得软弱无力。没有强大的他律作用,受教育者就不会用心和用力去实现思想政治教育目标。

可见,互联网对高校思想政治教育目标管理的影响是双重的,既有正面影响,又有负面影响。教育者要利用其正面影响,关注并采取措施遏制其负面影响,使传统的思想政治教育方式与互联网高效、快捷、灵活、形象的教育方式相结合,有效地发挥互联网在高校思想政治教育目标管理中的作用,从而更好地实现高校思想政治教育目标。

四、网络时代高校思想政治教育目标的价值取向

(一)网络时代高校思想政治教育目标的价值取向定位

价值取向是一种应然目标的设定,它反映在思想政治教育的实践活动中表现为理念与行为的统一,直接关系到思想政治教育目标、过程和结果是否能够达到科学化、合理化与规范化的要求。互联网正以惊人的速度把世界带入一个高度信息化的时代——网络时代,它为人们打开了一个立体、互动、平等、开放的全球化的窗口。网络传播使社会经济结构从工业为中心转向信息产业为中心,政治结构从金字塔型转向网络型,文化结构由中心文化转向多元文化。网络时代对人们传统意义上的社会生活、价值观以及思维方式都产生了巨大的冲击,既给思想政治教育带来了机遇和挑战,也为思想政治工作的有效性提供了创新的空间。因此,探讨网络时代高校思想政治教育目标的价值取向,以及如何运用现代网络技术为高校思想政治教育工作服务有着积极的现实意义。

坚持正确的价值导向是思想政治教育的题中应有之义。网络时代高校思想政治教育目标的价值取向定位,是进行思想政治教育的基本前提。

1. 明确内涵

当今世界,科学技术突飞猛进,国力竞争日趋激烈。思想政治工作正是在与社会、经济和文化的互动中,为社会发展、经济建设和文化传播提供强有力的思想基础、价值坐标和精神动力。网络时代思想政治教育的目标定位,必须紧扣未来社会是高科技信息网络时代的特征,紧扣国家经济建设与国民经济发展的需要,确保中国特色社会主义事业兴旺发达、后继有人。

高校思想政治教育在帮助大学生建立价值观与理想信仰、提高能力、发展个性、实现学生的全面协调发展上具有不可替代的作用。中共中央、国务院《关于进一步加强和改进大学生思想政治教育的意见》指出:大学生思想政治

教育应"坚持以马克思列宁主义、毛泽东思想、邓小平理论和'三个代表'重要思想为指导,深入贯彻党的十六大精神,全面落实党的教育方针,紧密结合全面建设小康社会的实际,以理想信念教育为核心,以爱国主义教育为重点,以思想道德建设为基础,以大学生全面发展为目标,解放思想、实事求是、与时俱进,坚持以人为本,贴近实际、贴近生活、贴近学生,努力提高思想政治教育的针对性、实效性和吸引力、感染力,培养德智体美全面发展的社会主义合格建设者和可靠接班人"。应该说这对网络时代高校思想政治教育的目标做出了更明确、更有针对性的表述,也明确了思想政治教育的方向、任务和主要内容。包含的价值取向内涵是清晰的、理性的,较好反映了时代发展的需要以及大学生成长的需要;既体现了社会整体的利益追求,又包含人文主义的精神。这对网络时代高校思想政治教育活动起着导航的作用。

2. 厘清特点

网络发展以超乎常人想象的速度渗透进了社会的每一个角落。在高校,网络已经成为许多大学生学习生活的重要组成部分,并对他们的思想观念、思维方式、行为模式、价值观念乃至政治倾向产生着越来越重要的影响,由此带来高校思想政治教育工作许多新的特点。

(1) 个性化

网络时代,思想政治教育日益呈现人本价值取向的特征,主要表现为尊重人的个性、关注人的社会性、注重发挥人的主观能动性等,其目标是以人的全面发展为自己的价值取向。"以人为本"已成为高校思想政治教育工作的核心理念,从以培养"听话""循规蹈矩"的学生为特色的模本型教育逐渐转向"以人为本"的个性化教育。在思想政治教育过程中,体现关心人、理解人、尊重人、信任人、培养人的独立个性和创造精神,通过提高人的自身素质去促进人的发展,通过人的发展去促成社会进步。

(2) 民主性

网络时代使人的交流方式可以达到最自由,最能体现个人特征,人们可以根据自己的爱好选择信息、发表意见、与人交流。互联网这一现代化的信息平台,为高校思想政治教育者提供了一个平等和民主地进行思想政治教育的良好手段。高校思想政治教育者可以从网上了解学生的真实思想,有针对性地在网上发布正确的思想信息,提倡一种在平等基础上的"民主"式教育,使思想政治教育贴近实际、贴近生活、贴近学生。

（3）互动式

互联网有传播速度快、覆盖面广的特点，同时使得原先相对狭小的教育空间变成了全社会的、开放性的教育空间，大众传播媒介的经常性"互动式教育"的新机制将成为思想政治教育发展的一个重要特点。教育者与被教育者的距离拉近，交流方式由面对面变成了"点对点"，呈现出明显的互动性、开放性。更多的高校思想政治育工作者放下了"为师"的架子，站在和学生平等、理解的角度上与学生相互沟通、交流。

3. 把握本质

思想政治教育价值，从本质上讲，是指它对人的发展的效用和意义。思想政治教育是人的教育，人是思想政治教育之本，是研究思想政治教育目标价值取向的基础视角。离开了人的培养，思想政治教育活动就丧失了本质属性。思想政治教育的人本价值取向反映了思想政治教育注重人的全面发展的本质要求，折射出思想政治教育与时俱进的理论品质。网络时代高校思想政治教育坚持育人为本，就是着眼于促进人的素质提高，促进人的全面发展，促使人的价值不断升值或增值。因此，整个思想政治教育过程要把思想政治教育的政治价值与学生自身价值的实现统一起来，把思想政治教育的社会价值与个体价值结合起来。一方面应该贯彻党的教育方针，即思想政治教育必须为人民服务，必须与生产劳动、社会经济发展相结合，培养德智体美劳全面发展的社会主义合格建设者和可靠接班人；另一方面应彰显思想政治教育的人文价值主导作用，即思想政治教育要使人的心理、意志、情感、智慧、理想、信仰等形成一种合力，为人们德性形成、个性弘扬、人格完善、素养提升提供动力，促成人自身的全面发展。这既是高等学校培养人才目标的要求，也有利于思想政治教育自身的发展和目标的落实，有助于充分调动大学生自身的积极性和主动性，使思想政治教育成为大学生内在的强烈需求。

（二）网络时代高校思想政治教育目标的价值取向的现实考量

要做这一考量，拟从当代高校思想政治教育实践与思想政治教育目标的价值取向是否相一致方面做些探析。

1. 目标高悬与具体实践的差距

思想政治教育目标的价值取向不仅体现在它的社会效果上，而且体现在它的实际作用上，是作用和效果的统一。高校思想政治教育现实是，一方面，有精心策划和描述的指导高校思想政治教育的目标或教育方针；另一方面，现实的思想政治教育实践有许多背离确立的教育目标和方针的问题。高校思想政治教育把理论知识的灌输、学生信仰的提升与强化看作教育的重中之重，忽视了对学生实践的能力培养，鲜有对人全面发展的理性审视与思考，这样的教育在目标指向和任务设定方面就难以摆脱目标空泛和工作思路狭隘的意向。在内容上，存在着教育信息的片面性、表面性和急功近利性。在教育方法上，存在明显的形式化倾向，不是从社会发展实际、大学生的身心特征和他们的需要出发确定方法、手段，而是简单地把学生作为教育对象进行说教。大多数思想政治教育活动，学生被动参与，教育者居高临下对学生说教，活动结束了，思想政治教育任务、目标也就被视为实现了。这种思想政治教育带有很强的他律特征，学生的主体地位被忽视。在教育过程中，漠视学生在知、情、意、行各方面的变化，无法真正将教育要求转化为学生的信念和行为品质，反而使学生产生逆反心理而不愿接受或接受得不多。现代思想政治教育要取得成效，必须加强策略研究，让一个好的教育目标成为教育实践的真实指导思想，导致成功的教育实践。

2. 内容更新与信息多元快捷的失衡

高等教育改革的不断深化，实现了高等教育社会功能的更新，高校思想政治教育工作已做出了适应性的自我调整和变革。但思想政治教育工作深度创新不足，难以与网络时代的变革顺利接轨。网络时代，加剧了世界范围内不同思想文化的相互激荡，也引起当代大学生思想信息接收方式和内涵的深刻变化。在思想政治教育内容方面，更新不及时，哲学社会科学一些学科教材建设滞后；在思想方式方面，影响当代大学生思想活动的信息呈多元化，思想的关注点日趋宽泛和分散，思想文化需求日趋多样，而学校思想政治理论课实效性不强，思想政治教育与大学生思想实际结合不紧。因此，保持和发展中华民族文化的优良传统，大力弘扬民族精神，积极汲取世界其他民族的优秀文化精髓，实现思想政治文化的与时俱进，引导大学生既积极学习和正确吸收人类优秀文明成果，又自觉鉴别和抵御各种腐朽落后的思想文化，努力成长为社会主义先进文化的继承者、弘扬者、实践者和创造者，就成为高校思想政治教育的重大课题。

（三）网络时代高校思想政治教育目标的价值取向的实现路径

高校思想政治教育目标的价值取向的实现，应以落实以人为本为基本目标，以系统科学的教育内容为基础，以现代的手段为有效方法。

1. 以落实以人为本为基本目标

思想政治教育的对象是人，网络时代思想政治教育要以落实以人为本为基本目标，促进人的全面发展。

第一，以人为本的思想政治教育应该把大学生作为具有自主性、能动性和创造性的教育主体，尊重他们的独立人格，建立互动交流、平等对话、亲和互信的思想教育平台。遵循当代大学生身心发展规律和思想素质形成规律，激发积极思维的主体意识，让他们从教育内容与现实社会的结合中去寻找真谛，从人本主义教育的体验中学会做人，确立诚信、友善、智慧、责任等优良传统。

第二，以人为本的思想政治工作应该引导人、激励人，善于捕捉大学生的成长兴奋点，鼓励大学生奋发进取。教育者要用正确的方法分析社会问题，从而确立自己的人生观、价值观；改变过去那种以约束为核心的管理模式，采取灵活多样、喜闻乐见的方式，激发大学生的学习兴趣和创造力，营造奋发向上的成长氛围。

第三，以人为本的思想政治工作应该关心人、理解人，贴近大学生生活。深入细致做好不同类型、不同层次和不同特点的大学生的思想教育工作。从他们最关心的、与自身利益密切相关的问题入手，因势利导，为大学生的健康成长成才服务。

2. 以系统而又科学的教育内容为基础

中共中央、国务院《关于进一步加强和改进大学生思想政治教育的意见》从社会发展对人的素质要求和大学生身心发展规律出发，从新时期学生的思想道德实际出发，对思想政治教育理论和实践体系做了恰如其分的构建，这为高校思想政治教育工作提供了重要的指导和依据。进而，高校思想政治教育要研究如何综合发挥思想政治教育各种形式作用，整体研究和规划各种思想政治教育活动，使思想政治教育更富针对性和时代感，从根本上建立起一套关于为什么教育、教育什么、怎样教育的机制。

（1）坚持中国特色，科学实施思想政治教育内容

应始终围绕学生的发展，侧重于思想政治、道德知识的基本结构，突出反映社会生活中根本的、基础的、本质性的典型范例，坚持以社会主义理想人格教育为主导的原则，把教育的方向性、实践性、思想性、科学性统一起来，全面贯彻落实我国精神文明建设的指导思想、指导方针和根本任务。具体包括：以"五爱""三德"教育为基础；以社会主义、集体主义、爱国主义、社

会责任感教育及艰苦创业精神教育为核心；以走中国特色社会主义道路的思想和信念教育为宗旨；以培养一代有理想、有道德、有文化、有纪律的社会主义现代化建设事业的接班人和建设者为基本内容。其中，培养学生的爱国热情和民族精神是高校思想政治教育的灵魂，培养学生的群体意识和团结协作精神应该成为高校的思想政治教育侧重点。当前，要将社会主义荣辱观教育作为思想政治教育的重要内容。社会主义荣辱观是在马克思主义理论的指导下以及对传统荣辱观扬弃的基础上形成的，它集中体现了一个社会对特定思想行为的价值取向。我们要通过"八荣八耻"的社会主义荣辱观教育，引导大学生明确地认识到什么是荣、什么是耻，知道什么事情可做、什么事情不可做，从而形成新的道德自觉。教育大学生自觉养成热爱祖国、服务人民、崇尚科学、热爱劳动、团结互助、诚实守信、遵纪守法、艰苦奋斗的良好品德，成为"四有"人才。

（2）要发挥整体育人功能，明确各自定位，增强综合效能

要发扬理论联系实际的学风，围绕大学生普遍关心的改革开放和现代化建设中的重大问题，坚持传授知识与思想教育相结合、系统教学与专题教育相结合、理论武装与实践育人相结合，改革教学内容，改进教学方法，改善教学手段，做好释疑解惑和教育引导工作。

（3）思想政治教育要贴近学生思想实际，注重能力的培养和发展

要坚持马克思主义理论与现实生活相结合、教育理论与教育实践相结合，克服教育内容存在的重理论而轻实践，特别是生动的实践教育少的问题。要开展丰富多彩的校园文化活动，做好科技教育与人文教育、德育与其他学科的结合，有组织、有计划地走向社会。广泛开展社会实践，引导学生进行自我教育，以增强学生自立、自信、自重的品性，健全人格，培养学生的公民意识、社会责任感和历史责任感，发展学生的政治理论知识迁移和应用能力、是非辨别能力、行为选择能力、交流能力和创造能力等。

3. 以现代传媒为有效手段

社会运行方式的变化，决定了必须寻求新的手段来改善和强化思想政治教育的效果。思想政治教育要将传统手段和现代手段结合起来，充分发挥现代传媒的优势，提高思想政治教育现代化和信息化程度。

第一，高校思想政治教育者要准确把握思想政治教育的目标、内容以及教育客体的新特点，去探索网络时代思想政治教育的方式、方法。网络的发展大大开阔了人们的眼界，活跃了人们的思想，促进了人们思想观念的更新。大学

生思想活跃，易于接受新事物、新观念，特别是网络的开放性和无国界性，使中西文化由"点接触""线接触"变为全方位碰撞，导致中西文化价值的激烈冲突。对此，高校思想政治教育应采取参与、引导和选择模式，把现实生活中不同价值观的冲突、社会道德困惑中的问题和思想政治教育目标、内容巧妙地结合起来，融思想政治教育于社会调查与实践中、不同思想体系的比较和讨论中。通过精心组织，深入地调查和实践、讨论和分析，使大学生从自己的观察、辩论和选择中激发出正确的理想和信念，构建起正确的价值观体系。

第二，高校思想政治教育者要准确把握网络的基本特点和功能，不断加强思想政治教育进网络的创新体系研究与实践。学会运用现代化的网络技术获取信息资源，挖掘有用信息，丰富教育内容，为受教育者提供更具说服力、更科学的思想政治教育内容。树立开放的教育意识和教育方式，确立现代信息观念，引进和吸收国外先进的教育观念和手段，改变过去传统的思想观念、行为方式和工作方法，变思想政治教育由单向灌输式为双向交流互动式，提高思想政治教育工作的时效性，增强教育的影响力。

第三，高校思想政治教育者要牢牢把握正确的舆论导向，拓展教育空间，形成网上网下思想政治教育的合力。把握网络思想政治教育主动权，全面加强校园网建设，充分利用现代技术手段，以声、文、图、像等方式表达教育内容，实现思想政治教育由灌输向疏导转变，使思想政治教育适应网络社会信息传播方式的变化，融思想性、知识性、趣味性、服务性于一体，使网络成为弘扬主旋律和开展思想政治教育的重要阵地。

五、网络时代高校思政教育教学目标的构建与创新

（一）网络时代高校思政教育教学目标构建的原则

1. 社会进步和个人发展辩证统一的原则

社会发展向人提供物质、精神的发展条件，决定着人的发展；个人的发展依赖于社会发展，社会发展促进个人发展。个人发展对社会发展具有促进作用，人本身的发展既是衡量社会进步的内在尺度，也是推动社会前进的内在动力。二者是一个双向同步的统一运动过程，统一的基础是社会发展。社会进步和个人发展应该达到高度的一致性。基于这种高度的认知，高校思想政治教育的目标定位，应该同时满足社会发展和个人发展，达到社会性和个人性的统一。

无论社会还是人，都必须求发展，把发展放在首要位置。社会发展与人的发展是不可分割的。任何社会的发展都以经济发展为基础，但社会发展不仅仅是追求经济的增长，其根本目的应是追求人的发展，实现人的全面发展。人的全面而自由发展是理想性、现实性和革命性的统一，它像一座灯塔，指引着社会发展和人的发展的道路与方向，它不仅是一种理想目标，而且是一个现实的历史过程，是一个要经历诸多艰难曲折和革命性变革去逐步实现理想目标的现实发展过程。中国现在已经进入了共产主义社会的低级阶段——社会主义社会，而且在现阶段，中国社会的发展采取的主要对策是大力发展社会主义市场经济，这为人的发展开辟了广阔的前景。因此，要抓住机遇，更要自觉地创造条件，培育和塑造人应具有的素质与品质，逐步向未来共产主义社会人的全面而自由发展迈进。个人发展与社会发展之间客观地存在辩证统一性，这种辩证统一性是高校思想政治教育所遵循的。高校思想政治教育目标的制定应遵循从个人需要出发，又应从社会需要出发，只有这样才能既促进个体发展又促进社会发展，使个人发展与社会发展形成一个良性循环。否则，单从个人发展出发或单从社会发展出发，都只能适得其反。

　　为保证其方向的科学性和正确性，满足社会发展进步的需要，必然要求高校思想政治教育的目标定位适应并服从于社会主义物质文明和精神文明发展的要求。做到科学性和正确性，必须理解"内化"与"外化"。"内化"与"外化"是大学生思想品德形成过程中的两个阶段，这两个阶段互相交叉、互相转化。在这两个阶段，"内化"起着重要作用。大学生在接受思想政治教育后，提高了道德自觉，从而将外在的思想观念、道德规范、政治理念内化为自己的行为准则和道德良心，指导自己的活动行为，并形成自我监督的良性机制，最后完成个体整体素质的提升。在整个大学生思想政治教育活动中，思想政治教育内化占据着重要的地位。因为，进行高校思想政治教育，其目的就是使社会所要求的思想观念、政治观点和道德规范转化为大学生自己的思想意识，并用以指导自己的行为活动，而这个过程正是内化活动过程。大学生思想政治品德的养成要求把社会习俗逐渐"内化"为大学生的思想观点、理想信念，然后把这种内在素质"外化"为行为习惯。在这种由"内"而"外"的过程中，大学生的思想政治素养得以提升。"内化"和"外化"的过程必须是以尊重大学生的个性心理特征和成长规律以及心理状况为前提的，通过这种前提性的保障，达到社会进步的需要和个人发展的需要的辩证统一。只有这样才能保证高校思想政治教育的科学性，达到高校思想政治教育的目标。

2. 继承与借鉴有机结合的原则

一方面，实现高校思想政治教育目标需要遵循继承与借鉴相结合的原则，应继承发扬高校在历史上形成的优良学习传统、马克思主义的学风和富有成效的学习制度，借鉴国内外学习型组织建设方面具有普遍意义的规律性认识，吸取近年来各个高校在思想政治教育工作建设实践中积累的好做法、好经验。另一方面，要坚持解放思想、实事求是、与时俱进的工作思路，依据高校在新的历史时期、新的环境条件下学习目的、内容和组织形式的发展变化，不断有所发现、有所创新、有所突破。

横向借鉴，纵向继承。党的一项重要的政治传统和政治优势，就是长期坚持不懈地开展思想政治教育。多年来，我们一方面不断实践思想政治教育的内容，另一方面不断积累经验，如正面灌输、实事求是、以身作则等。对于这些经验，我们不仅不能放弃，而且要进一步继承和发扬，发挥它们在思想政治教育过程中的积极作用。思想政治教育并不是哪一个阶级的特殊行为和专利，而是一项普遍的社会实践活动，不仅我国现实需要，世界各国都存在。网络时代高校思想政治教育工作表现出隐蔽性强的特点，基于这种认知，我们应该积极横向借鉴不同高校甚至国外高校的思想政治教育工作经验，并以此为依据丰富我们的工作思路。

3. 教育与管理相一致的原则

思想政治教育是思想政治教育者对受教育者施加有组织、有计划、有目的的思想政治影响的实践活动，它主要靠说服教育，启发人们的自觉认知。管理是组织运用经济、行政、纪律、法规等手段规范人们的行为，以维护正常的生活秩序的实践活动，它主要靠规范约束，带有强制性。管理与思想政治教育是两种不同的活动，二者虽然性质不同、功能有异，但二者之间有着密切联系。只有二者实现有机结合，才能显示思想政治教育工作的强大威力，保证各项工作顺利进行。

高校思想政治教育目标的制定一定要把握教育与管理的一致性：一方面，高校要把思想政治教育贯穿于各项规章制度和教育教学的落实过程之中；另一方面，要把思想政治教育领先于各种错误思潮萌发之前；此外要把思想政治教育渗透到严格的学生管理之中。只有这样才能为高校思想政治教育工作提供精神动力和智力支持，同时也能顺利保障高校各项事业的顺利进行。

4. 针对性与实效性有机结合的原则

网络时代加强思想政治教育要强化思想政治教育的针对性，切忌教条僵化和形式主义，增强实效性，做到有的放矢，坚持针对性与实效性相结合的原则。为适应网络时代高校思想政治教育工作的要求，高校思想政治教育应着眼于为提高大学生思政能力服务，努力把提高大学生的思政水平作为思政教育的出发点、落脚点。在制订高校思想政治教育计划时，要把思想政治教育放到高校全面建设的大局中来考量，把对上负责和对下负责统一起来，吃透上情，摸准下情，形成自己的教育特色。这种针对性体现在高校思想政治教育方针的针对性、高校思想政治教育内容选择的针对性、高校思想政治教育形式的针对性以及高校思想政治教育整体效能的针对性等方面。

高校思想政治教育工作的方法和手段应该做到与时俱进。在这一过程中，高校要针对网络时代学生自主性和主体意识增强的特点，利用多平台、多载体，多方位、全方面增强高校思想政治教育的实效性，切实提高大学生的思想政治水平。

5. 思想政治教育与专业知识教育相结合的原则

德国哲学家赫尔巴特（Herbart）认为，德育过程应该贯穿于教育过程。网络时代，高校思想政治教育应该注重两结合：一是注重将思想政治教育和专业教育相结合，发挥思想政治教育的辅助作用；二是注重专业知识和思想政治教育知识交叉教学。思想政治教育课是进行大学生思想政治教育的主要途径。高校思想政治教育的潜在平台很多，其中专业知识教学是最大的潜在平台，借助这一平台，可以在高校思想政治教育课程之外的专业课程教学中挖掘专业课程的德育意义，以便渗透思想政治教育的内容。

美国著名教育学家博耶（Boyer）提出，专业课实现价值观教育的方法就是专业课的学习都要对三个问题做出回答：它所涉及的社会和经济问题是什么？这个领域的传统和历史是什么？要面对哪些伦理和道德问题？有关这三个问题的回答可以直接或者间接地激发学生关心和思考与专业有关的社会理论问题，通过这种主动探索去积极地接受社会的价值观念。英国高等教育学者阿什比（Ashby）认为，除了要回答这三个问题之外，除了课程渗透思想政治教育内容外，还要充分发挥专业课教师在大学生思想政治教育中的积极作用。

6. 发展性原则

发展是事物从出生开始的一个进步变化的过程，是事物的不断更新，是指一种连续不断的变化过程。既有量的变化，又有质的变化；既有正向变化，又有负向变化。发展性具体指的是主张学生在动态学习环境下，形成动态思维结构，达到情感能力的协调发展。这种发展是在开放思维条件下，全时空发展的学习方式。制定高校思想政治教育目标时，要充分考虑到发展性。这种发展性表现在两个方面：一方面要求教育目标应具有长期性；另一方面要求教育目标的制定应站在大学生发展的角度，考虑大学生的发展性。著名的教育专家斯塔佛尔姆的"发展性"指的是倡导"四多四少"，即"多一点赏识，少一点苛求；多一点表扬，少一点批评；多一点肯定，少一点否定；多一点信任，少一点怀疑"。

（二）网络时代高校思政教育教学目标的主要内容

高校思想政治教育是党在新时期教育发展中的一个重要领域，落实立德树人根本任务，培养出一流的建设者和接班人，其要求是要把立德树人融入课程与教学的"中心环节"和高校"立身之本"的意境之中。习近平总书记指出，思想政治工作从根本上说是做人的工作，必须围绕学生、关照学生、服务学生，不断提高学生思想水平、政治觉悟、道德品质、文化素养，让学生成为德才兼备、全面发展的人才。

1.高校思想政治教育的主要目标

在高校大学生的素质教育全面实施中，思想政治素质教育是核心和摆在首位的教育。党的十九大召开以来，高校思想政治教育成为一个极为重要的素质教育途径，要求大学生勇于探索，开拓创新，承担起"明大德""守公德""严私德"三德教育目标的重任，针对"三德"的理论和实践系统地进行课程学习与教学，加强研究和实践引导。

国无德不兴，人无德不立，"明大德"是对社会主义核心价值观的明确理解与科学认识。社会主义核心价值观融国家、社会、公民的价值要求为一体，回答了我们要建设什么样的国家、建设什么样的社会、培育什么样的公民等重大问题，因此是国家的思想内涵，是国家的政治形象，是国家的价值体系，是国家凝聚民族精神和人民力量的"神器"，是国家的世界形象和内在定力的根本证实。"守公德"是强化全心全意为人民服务的意识，恪守党纪国法，自觉践行社会主义核心价值观。"严私德"是严格约束自己的操守和行为，从现在做起、从自己做起，把社会主义核心价值观转变为自己的基本遵循，并身体力行将其推广到全社会去，做好小事、管好小节，见善则迁、有过则改，踏踏实实修好自己的大德,学会劳动、学会勤俭、学会感恩、学会助人、学会谦让、学会宽容、学会自省、学会自律。

2. 根本目标

高校思想政治教育要以培养"有理想、有本领、有担当"的人才为根本目标,要坚定大学生的理想信念,从提高四个方面正确认识入手,围绕学生、关照学生、服务学生,不断提高学生的思想水平、政治觉悟、道德品质、文化素养,让学生成为德才兼备、全面发展的人才。"四个正确认识"为:一要正确认识世界和中国发展大势,从我们党探索中国特色社会主义历史发展和伟大实践中,认识和把握人类社会发展的历史必然性,认识和把握中国特色社会主义的历史必然性,不断树立为共产主义远大理想和中国特色社会主义共同理想而奋斗的信念和信心;二要正确认识中国特色和国际比较,全面客观认识当代中国,正确看待当代中国和外部世界的关系;三要正确认识时代责任和历史使命,用中国梦激扬青春梦,为学生点亮理想的灯、照亮前行的路,激励学生自觉把个人的理想追求融入国家和民族的事业中,勇做走在时代前列的奋进者、开拓者;四要正确认识远大抱负,珍惜韶华、不负青春,把远大抱负脚踏实地地落实到实际行动中,让勤奋学习成为青春飞扬的动力,让增长本领成为青春搏击的能量。

(三)科学设计网络时代高校思政教育教学目标

高校思想政治教育目标就是高校思想政治教育者通过实实在在的思想政治教育实践活动在促进大学生群体思想政治素质发展方面所希望达到的规格要求或质量标准。作为具有鲜明阶级性的实践活动,高校思想政治教育的目标必须与建设中国特色社会主义事业对大学生思想政治素质方面的需求相一致,是高校思想政治教育最高理想的体现,高校思想政治教育这一社会实践活动的价值在于实现其预期目标。

改革开放以来,高校思想政治教育目标转变为为人和社会的全面发展服务,高校思想政治教育既要为经济建设这个中心服务,又要推进社会的全面进步,促进人的全面发展。用马克思列宁主义、毛泽东思想和中国特色社会主义理论教育学生,把坚定正确的政治方向摆在首位,培养有理想、有道德、有文化、有纪律的社会主义新人,是社会主义高等学校思想政治教育目标体系的根本指导思想。因此,现阶段,努力使广大青年学生具有爱国主义精神,拥护党的基本路线,具有基本的马克思主义理论和科学的世界观,具有良好的思想道德品质和心理素质，具有充分发展的个性和完善的人格，具有为人民服务的奉献精神，遵纪守法，勤奋学习，艰苦创业，开拓进取，具有竞争、风险等意识，努力为社会主义建设服务，是我国当前高校思想政治教育的主要目标。

高校思想政治教育目标的科学性与结果的实效性之间呈一种正相关关系，即高校思想政治教育的目标越科学，其结果的实效性就越高，因此要增强高校思想政治教育实效性必须首先具有科学的思想政治教育目标。那么，什么样的高校思想政治教育目标才是科学的呢？

科学的高校思想政治教育目标应该具有前瞻性。高校思想政治教育应引导大学生树立前瞻意识。首先，高校思想教育要面向未来，能用对未来社会的认识为高校思想政治教育注入新鲜活力，激发起大学生对未来社会的美好憧憬，进而立足现实，放眼未来，为适应未来社会而学习、探索、锻炼成才。然后，在现实的高校思想政治教育工作中，不仅在问题出现之后能有理有节地处理它、解决它，而且要善于根据大学生的年龄、心理、生理、情绪以及客观世界的某些因素等，超前分析和预测大学生阶段性的思想动态及其某种状态下可能出现的问题，及时做好思想政治教育疏导工作，采取积极措施，防患于未然。就目前情况而言，高校思想政治教育较多处于被动应付、消极防守的滞后状态，缺乏积极探究、主动分析、提出针对性工作预案的超前姿态，这与时代的发展对高校思想政治教育的要求是不符合的。

科学的高校思想政治教育目标应该具有适应性。科学的高校思想政治教育目标首先应该满足国家社会的需要，体现国家社会的要求，同时也要适应大学生群体的身心发展规律与发展状态。大学生思想意识的形成和发展有其客观的、不以人的意志为转移的规律，高校思想政治教育目标只有适应大学生个体的身心发展规律与发展要求，才能使高校思想政治教育活动的顺利开展获得教育对象方面的内在基础与可能性。同时，高校思想政治教育目标更应该体现对国家社会需要的遵从与贯彻，高校思想政治教育目标只有适应国家社会的需要、满足国家社会的需求，才能使整个高校思想政治教育活动的持续开展具有社会价值。

科学的高校思想政治教育目标应该具有层次性。明确高校思想政治教育目标的层次性是提高高校思想政治教育实效性的一个重要因素。一方面是目标内容要有层次性，要把社会主义理想信念教育作为高校思想政治教育的核心，深入进行树立正确的世界观、人生观和价值观的教育，帮助大学生坚定社会主义和共产主义的信念。同时也要以基本道德规范为基础，深入进行公民道德教育，引导大学生自觉遵守爱国守法、明礼诚信、团结友善、勤俭自强、敬业奉献的基本道德规范。另一方面是教育对象要有层次性，要从教育对象的实际出发，制定适合不同层次教育对象成长发展需要的具体要求，以达到循序渐进、因材施教的目的，构建起以人格发展为重心，以培养合格公民、合格建设者、合格接班人为支点的高校思想政治教育目标体系。

科学的高校思想政治教育目标应该具有时代性。高校思想政治教育目标必须反映时代的精神和时代的特征，应该具有强烈的时代性。在现阶段，也就是要反映我国改革开放和社会主义现代化建设所带来的新变化，这些新变化不仅转变了人们的旧观念，更重要的是要求人们树立新观念，如创新意识、时效观念、全球意识、终身学习意识、可持续发展的观念等。要反映我国全面构建和谐社会的现实需要，把促进大学生的全面发展、自身和谐作为核心内容进行教育，同时要加强人与自然和谐的教育、人际和谐的教育，促进全面构建和谐社会的早日实现。

科学的高校思想政治教育目标应该具有实现的可能性。泰勒（Tyler）曾经指出："人们可能会看到这样陈述的目标：'发展批判性思维''培养鉴赏力''形成社会态度''形成广泛的兴趣'。用这种形式陈述的目标，确实指出了希望通过教育在学生身上引起某些变化。然而，要达到如此高度概括化的目标而进行的努力，是不大可能富有成效的。"[1]科学的高校思想政治教育目标应该能给整个高校思想政治教育活动的实际开展提供明确的依据和指导，因此，在设计高校思想政治教育目标时应该注重其可行性、可操作性。目标是可以预见的未来效果，是能够实现的明确构想。高度抽象概括的目标不可能收到预期效果，它应该是可实现的，是符合实际的现实目标。

（四）网络时代高校思政教育教学目标的创新

根据中央关于加强和改进思想政治教育的一系列文件精神，分析当前思想政治教育的总体情况和存在的薄弱环节，要实现思想政治教育目标的创新，关键是要增强思想政治教育的针对性、实效性。

1. 增强高校思想政治教育的针对性

当代大学生是在我国改革开放、经济体制转轨、社会转型的过程中成长起来的一代，是在全球化浪潮席卷世界、互联网普及、大众文化迅速兴起的背景下成长起来的一代。他们的生长环境与所处历史时期的特殊性，要求高校思想

---

[1] [美]拉尔夫·泰勒.课程与教学的基本原理[M].北京：人民教育出版社，1994：36.

政治理论课教师认真把握他们的成长特点,因材施教。

当代大学生绝大多数是独生子女,从小受到良好的教育。他们具有非常强的独立思考、接受新事物的能力,有较强的竞争意识、自我保护意识、维权意识和参与意识等。同时他们也存在许多不足:一是思想道德修养还存在不足,尤其是在社会公德方面。二是在思想认识上比较片面。当代大学生关心时事政治,关心国家大事,对国家、社会及学校的各项改革有强烈的参与意识,具有满腔的政治热情,但由于受阅历、学识、能力等因素的制约,他们缺乏正确分析、判断事物的能力,不能灵活运用马克思主义的立场、观点和方法来分析和解决现实社会的各种问题。因此,其思想认识有待提高。三是过度追求个体价值,不能处理好社会价值和个人价值之间的关系。当代大学生大多遇事先为自己考虑,然后才是他人和集体。他们在专业知识上,对自己将来有用的就学,对认为没用的学科就应付了事。这反映在人际关系上,就难免趋于庸俗化和实用主义,从而影响了大学生自身的全面发展。四是心理承受能力较弱。当代大学生思想活跃,思维敏捷,其中也有面对激烈竞争、复杂多变的社会现实感到无所适从的人。青年期的闭锁性心理使他们不愿相信别人,不善于与人沟通。他们有时心理压力很大,无法适应校园生活,这为他们日后走向社会埋下了隐患。五是缺乏责任感。随着互联网的普及,思想上尚不成熟的大学生由于远离家庭与亲人的关爱,极易迷恋网络,从而导致责任感逐渐缺失,出现旷课、自暴自弃等一系列问题。少数大学生还可能利用网络实施侵权犯罪行为。这不仅使大学生自己身受其害,也会造成不良的社会影响。

在网络时代,广大思想政治教育工作者要避免大话、空话、套话和形式主义的现象发生,必须努力学习,扩大知识面,加强对社会环境的研究,加强对社会的变化和需求的研究,跟上形势。只有这样,思想政治教育才能对症下药,有的放矢,增强针对性。一是针对大学生的自主性特点,增强高校思想政治教育的"个性"。大学生的积极性、主动性、创造性基本源于自主性。高校思想政治教育要积极帮助大学生牢固树立自主意识,让他们珍惜自己的权利,尊重他人的权利,懂得遵守社会的规则,实现自立、自强和自主。二是针对大学生的思想独立性的特点,增强思想政治教育的主动性。高校思想政治教育必须尊重大学生的独立人格,大力倡导思维创新、思路创新、方法创新,充分调动大学生学习的积极性和创造性。三是针对人的趋利性特点,增强高校思想政治教育的务实性。在新的社会发展阶段,要正确认识和处理物质与精神的辩证关系,正确认识物质利益原则在思想政治教育中的应有地位和作用,针对社会发展中人们普遍重视物质利益追求的现实,加强和改进思想政治教育,增强思想政治教育的务实性。在坚持物质利益原则时要突出思想政治教育的引导性,讲实惠、讲利益要全面、辩证、客观,要公平、合理、合法,要坚持社会主义义利观。思想政治教育要引导广大青年学子正确处理国家、集体、个人利益之间的关系,正确处理个人利益与社会利益的关系。

2. 提高高校思想政治教育的实效性

在高校思想政治教育过程中,实效性不强是一个比较突出的问题。工作方法简单、表面化、形式主义、脱离实际、不切合大学生的心理需求、难以收到预期效果等,严重影响了思想政治教育的实效性。提高高校思想政治教育的实效性,具体需要从如下几个方面着手:一是帮助大学生解决实际问题。许多实际问题得不到解决或没有解决成为大学生思想问题的直接诱因。思想政治教育必须把解决思想问题与解决实际问题紧密结合起来,在解决实际问题中进行思想上的教育引导,把解决实际问题的过程变为升华思想、提高觉悟的过程,营造思想引导与利益驱动相结合的新机制、新途径。二是教师要自觉起表率作用。身教胜于言教,把言行统一、知行统一、言传与身教相统一,这是高校思想政治教育取得实效性的关键。广大思想政治教育工作者应该在艰苦奋斗、自重、自省、自励等方面做出表率,这样,思想政治教育才会具有吸引力、感染力、号召力和凝聚力。三是充分发挥文化建设在思想政治教育中春风化雨、润物无声的作用。社会文化、企业文化、校园文化、网络文化等是增强文化育人作用的重要手段,在增强思想政治教育的实效性方面发挥着不可替代的重要作用。我们要充分利用和发挥这些文化阵地和文化活动的作用,把高校思想政治教育的任务落到实处。

第三节　网络时代高校思政教育教学的主要原则

原则是人们对客观事物认识的能动反映,它标志着人们对客观事物规律的把握程度。原则来源于实践活动,又反过来指导实践活动。网络时代高校思想政治教育的原则是人们在长期思想政治教育工作的过程中根据思想政治教育以及网络的特点,并结合自身的经验和理性认识产生的结晶,它指导着思想政治教育的全过程。

一、坚持马克思主义理论关于人的指导原则

高校思想政治教育是关系到年轻一代树立正确的世界观、人生观、价值观以及道德观的教育实践活动，这就决定了它必须体现社会主流意识形态的要求，即必须坚持马克思主义以及中国化的马克思主义的科学指导，不断将我党创新理论的最新成果应用于具体网络实践。

网络时代高校思想政治教育的根本目的是要促进人的全面发展，这就决定了马克思主义关于人的全面发展理论在网络时代高校思想政治教育理论中的基础地位。同时，基于网络自身特点，以及网络主体发展的本质要求，马克思关于人的全面发展的内涵在网络文化条件下得到了极大的延伸。

马克思主义人学理论以"现实的人"为出发点，主张从现实的、具体的个人去理解人，以尊重和发展"人的需要"为主题，以实现"人的自由全面发展"为归宿点。

马克思一再指出"人始终是主体"。党的十六大以来，中央领导集体明确提出科学发展观的思想，进一步丰富和发展了马克思主义的人文关怀思想。党的十七大报告明确提出"人文关怀"这一概念。党的十八大报告指出："加强和改进思想政治工作，注重人文关怀和心理疏导，培育自尊自信、理性平和、积极向上的社会心态。"党的十九大报告指出："坚持以人民为中心。人民是历史的创造者，是决定党和国家前途命运的根本力量。"党的二十大报告也提出了要"坚持以人民为中心的发展思想"。这为我们在新形势下开展高校网络思想政治工作提出了更高、更全面的要求，为进一步有效开展思想政治教育工作指明了方向。

为从思想深处坚定社会主义信念，坚持马克思主义关于人的全面发展观，网络时代高校思想政治教育机制应遵循社会主义先进思想道德的指引，重视人作为客观存在的主观能动性。坚持将先进的社会主义思想道德应用于教学一线，始终秉持高等教育"育人"的原则，从学生的实际情况出发，体现其在网络时代高校思想政治教育体系中的主体性，充分发挥教师的引导作用，以校党委为领导核心，真正反映学生的需求，因势利导，促进人的长远、稳定、可持续发展。这主要体现在以下几个方面。

（一）确定学生在网络时代高校思想政治教育体系中的主体性地位

高校的根本任务就是为国家培养德、智、体、美、劳全面发展的中国特色社会主义事业的建设者和接班人，高校应该始终把培养什么人、如何培养人这一重大问题摆在教育的首位。深刻认识学生在网络时代高校思想政治教育体系中的主体性地位是马克思主义关于人的全面发展以及以人为本的重要体现。教师应客观看待学生在使用网络过程中遇到的困惑，从学生的兴趣出发进行个性化教学，以实事求是的态度促进以人为本思想在高校德育工作中的充分落实；让学生积极学习社会主义核心价值观的重要内容，用集体主义、爱国主义来武装头脑，从我做起，不断提高自我控制能力，积极配合教师的工作，在全社会形成尊师重教的良好风气。教师与学生真诚交朋友，认真看待学生面对的诸多困惑，高校努力完善硬件设施建设，为网络时代高校思想政治教育机制创新提供条件。

与此同时，高校要积极开展一些不同形式的网络思想政治教育课外活动，配合教师的教学工作，让学生充分意识到社会主义思想的先进性，从而更好地了解社会发展的一些规律，这样才能在面对复杂多变的网络世界时，更加理智客观，更好地适应，对现实问题的处理也会更加有针对性，面对各种负面信息也会产生较强的免疫功能。

合格的人才不仅要具备良好的科学文化知识，高尚的思想道德品质也不可或缺。学生作为网络时代高校思想政治教育的主体、高校教育教学工作展开的中心，在他们的日常生活中，社会公德的融入也至关重要。社会公德的融入利于大学生严谨务实精神的培养，利于其对自我进行正确定位，对自己的人生做出更加科学、更加合理的规划。学生只有通过积极参加形式多样的社会公德实践活动，具备了爱岗敬业精神，才更加符合新时代的人才标准。也只有不断坚定学生的社会主义信念，才能使其从容面对外界环境的变化，适应变化，在变化中看到发展的机会，采取措施主动创造变化从而推动社会生产力的发展。

（二）确定教师在网络时代高校思想政治教育体系中的主导性地位

网络时代高校思想政治教育要求高校的人才选拔聘用制度科学合理，重视教师在教学过程中的主导性和创造性，制定公平的奖惩制度，明确岗位责任制，根据岗位需求选拔和考核人才，避免因亲疏关系导致思想政治教育工作受阻。

教师在教学过程中，一定要对社会主义方向有清晰的认识、明确把握，要给予学生思想方面的自由，但也不可过分放任，使其无限化。要建立健全各项学生管理制度，尤其是在网络这一复杂环境下，一定要严把社会主义大方向，提高网络时代高校思想政治教育质量。这就需要教师从以下几个方面做起。

第一，教师必须善于管理自己，对自己的言行举止要严格要求，对学生要求做到的事情自己首先要身体力行。

第二，教师不仅需要在专业知识方面有所成就，还需要对有效的教学形式进行创新，这样更利于将社会主义思想道德渗透到高校学生生活的方方面面，使榜样的力量充分发挥。

第三，教师要学会做学生的良师益友，这就要求其在正常的教学以外，还要拉近与学生之间的心理距离，既要对学生的思想活动有所理解，又要使学生对其产生一定的信赖感，这样更利于教师教导学生努力实现德、智、体、美、劳全面发展，在实践中锻炼自己，成为对社会有用的人。

面对网络这一新环境，除了教师要明确自己的主导地位、清楚自己承担的重要责任外，高校也必须高度重视，不断加强大学生思想政治教育队伍建设，激发教师学习网络知识的热情，只有这样才能培养更多的综合素养较高的师资力量，带给学生更多的正面影响。

网络时代高校思想政治教育还必须为响应时代的客观要求积极对教师的信息素质进行培养。教师不仅应当善于使用网络收集信息，还要对网络信息有很强的辨识能力，进而把自己判断信息价值的方法教授给学生，共同讨论，不断创新。从学生的角度思考问题，坚持大学生全面发展的总体目标，最大限度利用校园网络这个开放性平台增强教育教学的实际效果。始终保持对网络信息的敏锐度，善于发现新事物，发现学生群体中涌现的新问题，通过熟练操作驾驭网络，及时解决问题。

教师承担着教书育人的重任，是学生学习效仿的榜样，因此，他们必须对自己所从事的职业高度热爱，通过各种形式的学习加强自身能力，在网络时代高校思想政治教育过程中承担起相应的教学责任。教师对学生实施思想政治教育，更多的是需要从关心爱护的角度出发，切实为学生的个人成长着想，努力将学生培养成社会发展需要的人才。

确立网络时代高校思想政治教育教师的主导地位，还需要对教师的师风师德予以重视，加强建设。要积极鼓励教师追求更高水平的突破，更好地发展自己，改变自身的不良习惯，严格要求自己，推动网络时代高校思想政治教育全方位发展。

（三）确定校党委在网络时代高校思想政治教育体系中的领导核心地位

校党委作为网络时代高校思想政治教育体系中的重要参与者，处于领导核心地位，它正确地把握着舆论导向，积极地宣传着社会主义思想道德，运用各种手段优化配置着教育资源，对网络时代高校思想政治教育工作进行着科学的决策以及监督管理。因此，一定要高度重视校党委的领导核心地位，使其更充分地发挥自身作用。而要想使校党委的作用最大限度地发挥，就必须具有长远的眼光，采用科学管理的方法为学生的个性化发展提供更加广阔的平台。

首先，校党委要从全局把握网络时代高校思想政治教育的社会主义方向，组织全体教职人员在网上建立社会主义思想阵地，确保网络信息的时效性，真正成为促进学生形成良好学习习惯的重要因素，在全校范围内倡导网络以及计算机使用大众化，积极研发高新技术维护网络安全。

其次，校党委要对师资队伍中存有的一些问题给予高度重视，要发挥自身的带头示范作用，对一些不利于网络时代高校思想政治教育的陈旧模式进一步优化。

再次，校党委应努力提高自身的综合素养以及领导团队的凝聚力，应对一线师生的真实需求有深入了解，通过开展形式各样的活动培养学生的文明行为，使之成为满足新时代需求的社会主义现代化建设者，动员一切力量对网络给高校教育教学工作带来的消极影响予以联合抵制，营造积极乐观、阳光的校园风气。

最后，校党委要善于用人，使教育工作者能够真正在自己的岗位上实现自我。校党委要重视网络时代高校思想政治教育体系中人力资源的开发与整合，意识到网络时代高校思想政治教育的系统性以及普遍联系性。高校应积极与社会各界展开合作，进行技术研发，为学生参与社会实践提供广阔的平台，维护系统内部和谐有序运作，将可持续发展观与网络时代高校思想政治教育模式构建相结合，把握好发展速度，在稳定状态中不断创新，使网络时代高校思想政治教育工作成为推动我国教育事业长远发展的稳固助力，如期实现网络时代高校思想政治教育的各项目标。

二、坚持继承与创新相结合的原则

传统思想政治教育历史悠久，在具体的实践过程中有许多成功的方式方法可供我们借鉴，这些方法有课堂讲授、个别谈心、座谈讨论等，经过历久弥新的检验，都产生了相当不错的教育效果。尤其是面对面的教育方式，能够最为真切地传递彼此之间的真实想法，对于提高受教育者的认识能力和思想觉悟水平效果显著。思想政治教育的优良传统形式和方法是在长期的革命斗争和工作实践中总结出来的宝贵经验，不仅过去是、现在是，而且将来仍然是我们开展思想政治教育的基本手段，它始终具有网络思想政治教育所不具有的优点，能够掌握被教育者的真实思想，达到网络所达不到的教育效果。

网络思想政治教育是思想政治教育对新兴科技的合理应用、适应现代科技发展的表现，是在了解计算机网络和多媒体知识后，通过制作、传播和控制网络信息，从而引导网民在全面客观地接触信息的基础上，有选择地获取正确信息，从而达到思想政治教育目的的一种新方式。它相较于传统思想政治教育有着自身显著的特点，主要体现为它是计算机网络和思想政治教育的结合。

网络思想政治教育对传统思想政治教育的组织和实施方式产生了巨大影响。网络时代的反应速度之快，加之信息检索的便捷，使师生的查阅资料可以轻松实现；计算机与网络技术的大容量、高效益和精确性，使教师编写的教案、板书更为生动形象，更利于在教学过程中学生的理解；电子教案的编写、多媒体课件的制作，大大减少了教师重复性劳动的时间；等等。为此，网络思想政治教育必须充分利用和发挥其对于传统教育所不具备的如形式更活、渗透性更强、效果更显著的特点与优势，更好地开展思想政治教育工作。

网络思想政治教育虽具有一定的优越性，是我们积极倡导与鼓励的，但不能忽略与传统教育方式的结合。传统教育方式所采取的一些方式如课堂教育、谈心交流、文娱活动等，依然会产生显著的教育效果，这种效果的显著性有些仍优于网络思想政治教育，是网络思想政治教育无法比拟的。传统思想政治教育作为高校思想政治教育工作展开的不可或缺的一种方式，它还能对网上思想政治教育效果的好坏进行及时的反馈，能使网络思想政治教育的漏洞得到及时的弥补。但在实际的工作中，一些教育部门开展网上思想政治教育积极性高涨，对思想政治教育方式的应用认识也出现了一些偏差：有的人在工作中遇到了问题，不针对本工作单位的特点具体问题具体分析去研究解决的办法，而是跑到网上找答案、找对策，似乎是一"网"解千愁，了解情况、指导工作只靠"网上见"，深入受教育者生活的次数少了，忽视了与受教育者"面对面"；有的只关心如何开展网上教育，抛弃传统的教育形式。这些实际上是思想政治教育全盘"网络化"的具体表现，长此以往只会造成思想政治教育脱离实际，陷入网络的泥潭无法自拔。因此，教育者应在继承和发扬传统思想政治教育优势的基础上，充分运用网络的创新功能和先进技术，使现代化手段与传统手段相互取长补短、兼容并存。既要充分利用网络，又不能完全依赖网络，更不能让网络代替思想政治教育的传统方法和形式，切实将传统思想政治教育与网络思想政治教育有机结合起来，进一步增强思想政治教育的科学性和有效性。

三、坚持共建共享的原则

网络的平等互动性决定了网络时代高校思想政治教育必须坚持共建共享的原则。传统思想政治教育强调自上而下地将信息传递给受教育者，是一种单向型的教育。而通过网络，思想政治教育可以不分地理位置远近、不受时间和空间的限制，为师生提供一个统一且简单的教育共享资源环境，及时让教育者与受教育者进行沟通交流，真实地把握受教育者的思想状况进行针对性的教育。要教育学生就必须让学生参与其中，网络时代高校思想政治教育的整个过程是一个教育者与受教育者平等地互动交流的过程。一方面网络时代高校思想政治教育者要淡化传统思想政治教育的独裁性，强化平等和互动性。教育者要培养受教育者对各种网上信息的选择能力、辨别能力和分析能力，认识并尊重受教育者的主体性，使师生互为信息的传播者和接收者，共同建设网络时代高校思想政治教育协同学习的模式。另一方面要突出"共"的特点，让大学生在教育者的积极引导下自主参与整个教育过程，树立受教育者的主导地位和自我教育的观念，通过自我教育、自我管理、自我约束、自我负责的意识和能力在实践中改造自身，躬行、践履道德规范，把它化为自己内心的自我完善的追求，构建一种新型的师生互动关系。例如，共同参与到自我管理网站中，使网络时代高校思想政治教育者只起到监督的作用，充分发挥大学生的自主能动性，把每一次点击和浏览都当成一种对话、一种参与。

四、坚持一般教育与特殊教育相结合的原则

思想政治教育的根本任务是用马克思列宁主义、毛泽东思想和中国特色社会主义理论教育并武装青年的头脑，培育和造就有理想、有道德、有文化、有纪律的接班人。但应该看到，思想政治教育领域的工作对象是富有个性的人。长期以来，思想政治教育的任务往往侧重于"传道"，即向广大青年灌输社

主义的政治、思想和道德规范，但对青年人的能力和个性培养不够，甚至有时存在否定和抹杀人的个性的倾向，影响了教育的效果。随着社会的发展，特别是网络时代的来临，人的能力培养和个性发展问题日益突出，它们和共性灌输教育一样成为思想政治教育的重要任务，必须将两者统一起来。因此，必须考虑大学生群体的整体特征和心理发展规律来安排网络时代高校思想政治教育的内容，要根据大学生的个体差异和思想状况的不同，制订思想政治教育的内容和方案。而计算机网络的开放性、交互性、及时性等特点为实施个性化教育提供了良好的平台，在网络思想政治教育的局域网上，大学生可以尽量张扬自己的个性，思想上有什么情绪波动、学习生活中有什么疑难问题，都可以尽情地在网上借助BBS论坛等方式，把自己心中所思所想放在论坛上，教育者可以就这些问题与大学生在网上沟通，帮助其释疑解惑。对于此类的思想政治教育，大学生既不会感到枯燥无味，又不会掩藏自己的想法，思想政治教育便于开展，而且非常容易达到效果，同时增强了思想政治教育的时效性、大众性，扩大了覆盖面。因此，网络时代高校思想政治教育应积极适应网络社会的特点，确立共性教育和发展个性有机统一的新任务观，在改革教育方法、提高共性教育效果的同时，着力培养人的能力和个性，促进人的全面发展，提高思想政治教育的有效性。

五、坚持以中华传统文化的精华为养分的原则

中华民族拥有五千多年的历史，传统文化源远流长、博大精深。"天行健，君子以自强不息。地势坤，君子以厚德载物""先天下之忧而忧，后天下之乐而乐""己欲立而立人，己欲达而达人""天时不如地利，地利不如人和"等都是中华价值观的重要组成部分。这些价值观念深深地影响着世世代代的中华儿女，是中华民族的文化血脉和思想精华，是民族之魂。

中华传统文化的精华为社会主义核心价值观引领网络时代高校思想政治教育提供了思想传统和文化基础，二者是内在统一的。中华文化经过五千年历史的积淀，亘古弥新，意蕴深长，其中既有对理想社会和政治的追求，又有脚踏实地、积极有为的现实精神，逐渐形成了爱国主义、和谐友善、诚实守信的价值观和道德准则。

有学者指出，在当前的社会主义建设中，传统的复归是中华文明自身发展的内在要求，是实现中华民族伟大复兴的客观需要，更是中国在世界树立大国姿态、实施软实力战略的迫切要求。长征精神、延安精神、铁人精神、雷锋精

神、抗洪精神、抗震救灾精神、北京奥运精神等都是对优秀传统文化的诠释和升华。

六、坚持理论性与实践性相统一原则

理论性与实践性相统一,是经典作家在理论发展和教育实践中总结出来的一条最根本的原则。它既是经济基础与上层建筑关系在社会实践中的具体体现,也是遵循实事求是、一切从实际出发思想路线的要求。毛泽东将此总结为"实事求是",并上升到中国共产党的指导思想的高度。社会主义改革建设时期,邓小平在恢复"实事求是"思想路线的基础上,把解放思想融入其中,发展了党的思想路线,并提高到了马克思主义世界观和方法论的高度。同时,邓小平更是把"实事求是"作为最根本的思想、工作方法和原则贯彻到一切工作和思想理论教育中。理论性与实践性相统一,不仅是指导各项事业最重要的原则,而且是网络时代高校思想政治教育必须遵循的根本原则。一是要反对主观主义的思想方法。与理论性与实践性相统一相反,主观主义是一种唯心主义、形而上学的思想方法和工作作风。邓小平总结道:"在普遍真理与具体实际相结合这个问题上,我们党过去吃过许多亏,以后就一直抓住反对主观主义这一条。反对主观主义有两个方面,即反对教条主义和反对经验主义。"❶主观主义的思想方法和学风,严重割裂了理论与实践之间的关系,必须坚决反对。在高校思想政治教育过程中,也要坚决反对教条主义和经验主义,遵循思想政治教育的一般规律和原则,运用灵活多样的教育方法,联系受教者的思想实际,要尊重差异,允许个性发展。二是思想政治教育一定要联系实际。理论脱离实际,就是窒息理论的发展;思想政治教育如果脱离实际,就是空洞的说教,收不到任何效果,甚至会引起受教者的反感和抵触。邓小平指出:"我们办事情,做工作,必须深入调查研究,联系本单位的实际解决问题。"❷这为高校思想政治教育实际提供了方法论指导。这里的实际,既包括高校思想政治教育整个的客观环境,也包括受教者的思想实际。只有搞清楚思想政治教育对象的思想实际,才能找到思想和问题的症结所在,从而对症下药、有的放矢,有针对性地拿出正确的办法和措施。

高校思想政治教育是理论性与实践性相统一的过程,实践性是高校思想政

---

❶ 邓小平.邓小平文选(第1卷)[M].北京:人民出版社,1994:258.

❷ 邓小平.邓小平文选(第2卷)[M].北京:人民出版社,1994:124.

治教育的一个重要特征。实践是思想品德形成的重要源泉，也是思想品德得以提升的动力，更是衡量高校思想政治教育成败的标准。理论性与实践性相统一需要寓教育于活动，要教于不知不觉中，"论道而不说教"，即把高校思想政治教育内容融于各种实践活动之中，把高校思想政治教育内容与各种实践活动结合得合情合理。除此之外，还要注重实践活动的真实度和深刻度，即进行高校思想政治教育时要注重质量的提高、实践具有的教育内容、外显行为向内在精神的转化，以及涉及现实生活的各个侧面。只有这样，才能使高校思想政治教育的内容与现实生活紧密结合，从而达到最佳的教育效果。❶

七、坚持思想为本、内容为王的原则

思想是行动的指南，只有以正确的思想为根本，才能确保方向的正确性。高校思想政治教育要回答"培养什么人、怎样培养人、为谁培养人"的根本问题，就必须坚持思想为本，打造高校思想政治教育的"灵魂"。高校思想政治教育要以马克思主义思想为指导，这是在任何时候都必须坚持的原则。科学的思想一旦被人民群众掌握，就会产生强大的力量。高校要培育合格的中国特色社会主义建设者和接班人，实现中华民族伟大复兴的中国梦，必须引导大学生真学、真懂、真用这一科学的思想体系。面对复杂的网络舆论氛围，高校思想政治教育更要以正确的思想为指导，为大学生在混沌的舆论场点亮一盏指路明灯。大学生只有提高了思想高度，才能透过现象看到事物的本质和发展规律，才能避免不良思潮的诱导和侵蚀。

形式服务内容，万变不离其宗。近年来，为了提升高校思想政治教育的质量，相关部门和各大高校都努力在教学模式、教学手段和教学方法上进行了许多具有创新性的探索，然而其最终目的都是服务教学内容。"言之无文，行而不远"，再新颖的形式，再别致的载体，若脱离了好的内容，也会造成"审美疲劳"。在网络时代，利用新兴网络平台进行思想政治教育固然重要，但是不能顾此失彼，只注重在网站、微博、微信等平台上做文章，忽视了对思想政治教育内容的挖掘和研究。互联网平台只能作为一种技术支撑，单纯依靠技术并不能让高校思想政治教育"圈粉"，要想真正发挥高校思想政治教育的影响力，必须坚持内容为王，好的内容自带"流量"。

---

❶ 葛红梅.现代化视阈下思想政治教育的反思与构建[M].北京：研究出版社，2019：71.

八、坚持科学灌输、德育渗透的原则

列宁曾指出："工人本来也不可能有社会民主主义的意识,这种意识只能从外面灌输进去。"灌输论作为马克思主义理论教育的重要原理,对网络时代高校思想政治教育有着举足轻重的作用。当下,灌输论面临着被"污名化"的境遇,然而实际上,马克思主义话语体系中的"灌输"是以科学理论为指导、以人的自由而全面发展为结果的理论教育活动,这与西方所指的强硬灌输是有本质区别的。在网络时代,高校思想政治教育要坚持灌输论的基本原则,并以此为基础在灌输的内容、形式、载体上赋予其新的时代内涵,改变传统"我说你记"的灌输模式,做到科学灌输。思想政治教育从根本上说是做人的工作,因此在实行灌输的时候一定要注重人文关怀,充分考虑学生的实际需求,在平等参与的基础上,利用互联网技术开展在线讨论、线上课程等,积极探索新时代科学灌输的新方法。

德育渗透其实也是一种柔性的灌输。由于西方意识形态的入侵以及互联网场域的无边界化,高校德育环境受到了污染,大学生直接暴露在各种非法信息、不良信息、虚假信息充斥的网络空间,给高校德育工作带来了严重挑战。德育是高校思想政治教育的重要环节,它不仅关系到整个社会的全局性需要,也关系到大学生自身成长成才的内在需要。德育渗透是一个综合化的过程,首先,要让大学生明理,掌握正确的道德原则和理论修养;其次,要让大学生力行,这是德育渗透的最终目标,就是让大学生做到言行一致,用正确的道德品质指导道德实践。要实现这一目标,高校思想政治教育,一是要坚持在教育过程中挖掘德育资源,根据学科实际将教学内容与德育因素有机结合,并且借助教师"讲台形象",对学生进行引导和示范,以教师自身的学识和修养对学生进行潜移默化的影响。二是要利用互联网技术,形成线上线下全方位的德育环境,建立线上"云"德育,拓展课程资源,通过微信、QQ以及其他软件推送德育课程,开展德育微专题。除自主开发新的线上德育形式外,高校还可以积极参与各大主流媒体发起的线上德育活动,进行德育渗透。❶

九、坚持立体传播、网络育人的原则

网络时代,媒体融合是大势所趋,高校思想政治教育积极拓展新媒体阵

---

❶ 张兴华,张常英. "概论"课由教材体系向教学体系转化论要[J]. 教育与教学研究,2019(7):29-38.

地、争夺新媒体场域话语权是提高网络时代高校思想政治教育实效性的必然选择。高校要在继续运用报纸、电视、广播、海报等传统手段的基础上，以融媒体中心为载体，创新运用数字化、信息化、网络化技术，推动高校思想政治教育资源融合，构建"课堂＋媒体"模式，利用微视频、H5、AR、VR等多种新媒体手段，构建立体式传播格局。在利用互联网技术进行思想政治教育实践时，不能只追求形式，不是将老课件上传到网站就算进行了新媒体宣传，而是要改变过去缺乏参与性、互动性的模式，在大学生常用的互联网平台上对热点事件、热门话题进行理性引导。充分发挥各类新媒体的传播特色，加强与校外媒体的横向联系，对接各部门、各地区、各高校将线上资源尽可能汇集到统一的线上云平台，建立校内互动、校外联动机制，壮大高校思想政治教育在新媒体领域的阵地，形成现实思想政治教育与虚拟思想政治教育的有机融合。开发校园信息线上服务平台满足大学生实际需求，打造优质思想政治教育文化产品，实现高校思想政治教育立体传播大格局。

2017年，教育部发布《高校思想政治工作质量提升工程实施纲要》，将网络育人作为"十大育人"体系的重要组成部分，确立了网络育人的重要地位。近年来，我国高校网络育人工作取得了显著成效，然而也存在一些突出问题：高校网络育人队伍综合素质有待提高，部分教师只注重日常正面的舆论宣传，处理突发公共舆论事件的能力不足，对热点事件的把握不敏感，往往错过了网络育人的时效性；部分教师只是单纯为了贴近学生，在一些新兴媒体上发布的信息过于注重娱乐性，而忽视了学理性、政治性，无法真正发挥网络育人的影响力。因此，当前高校思想政治教育迫切需要建立一支网络育人队伍。高校各级党委决策层要加大对网络育人的支持力度，从队伍、体制、经费等方面提供坚强保障；深入探究网络育人规律，对教师进行培训，提高其运用新媒体的能力；各级教师要坚定政治立场，敢于发声，善于发声，突出模范带头作用，唱响舆论宣传"最强音"；选出一批综合素质过硬的学生干部，使其担当起网络育人队伍的有益补充，发挥同辈群体的示范作用。总之，高校要牢牢把握网络这一立德树人的重要阵地，构建全员、全程、全方位的网络育人模式，让思想政治教育"活起来""火起来"。

十、坚持立足学生、精准定制的原则

习近平总书记在全国高校思想政治工作会议上指出："思想政治工作从

根本上说是做人的工作，必须围绕学生、关照学生、服务学生。"❶高校思想政治教育要贴人心，接地气，在关心人、帮助人中教育人、引导人。高校在进行思想政治教育时要充分尊重学生的主体地位。马克思一直强调"人始终是主体"。只有充分发挥大学生的主体性和能动性，真正从思想上引起学生共鸣，才能使学生从心理上接纳思想政治教育，做到"内化于心，外化于行"，提高思想政治教育的实效性。在多元价值文化环境下成长的新一代大学生，主体意识不断强化，传统思想政治教育的僵硬灌输、制度约束等限制学生独立意识的说教已经不能满足学生的主体性诉求。高校要创新教育手段和方法，教师要做到因事而化、因时而进、因势而新，在教学内容的选择和教学方法的制定上，既要遵循思想政治教育工作规律，又要遵循学生成长规律，体现受教育者的主体地位。❷

互联网技术日新月异，为高校思想政治教育立足学生、实施精准教学方案提供了技术支持。对大量教学案例的数据分析将取代教学经验成为教师教学决策的重要支撑，而对自身学习过程的数据分析则将成为学生决定自己未来发展方向的重要依据。当前，基于算法推荐的个性化推荐服务已广泛应用到商业资讯、新闻娱乐、社交网络等各个领域，虽然带来了一些负面影响，但是高校可以取其精华、去其糟粕，利用个性化推荐技术打造个性化思想政治教育。

首先，可以通过大数据技术对教学数据进行分析，以便有针对性地解决教学过程中出现的问题。智能化的课堂、线上网络课程的普及以及信息化教学软件的应用，使采集大学生的学习数据成为可能。通过分析学生的课堂参与度、话题讨论度、答题正确率、教学自评与互评环节等，可以及时分析出课堂在某些方面可能存在的不足以及学生对知识的掌握程度，以便"对症下药"。

其次，除了对已经存在的行为进行分析外，还可以利用大数据技术分析学生的态度倾向，对未发生的事情进行精准预测，以便高校实施舆情监控、议程设置。利用数据样本动态性特征，及时监测数据变动趋势，搜集学生思想和行为维度的数据，并且进行同类聚合，不仅便于教育者进行因材施教、"量体裁衣"，而且可以抓住苗头性、突发性问题，积极应对，主动作为。需要注意的是，在利用互联网进行精准化、个性化思想政治教育时，要把握界限，制定

---

❶ 习近平. 把思想政治工作贯穿教育教学全过程 开创我国高等教育事业发展新局面[N]. 人民日报，2016-12-09（1）.

❷ 李明珠. 大数据时代高校思想政治理论课教学：挑战、机遇与变革路径[J]. 教育与教学研究，2019（2）：11-18.

严格的管理制度，不可侵犯学生隐私，同时也要注意规避"信息茧房"的负面效应。

第四节　网络时代高校思政教育教学的重要理念

理念是经过长期思考及社会实践所形成的思想观念、理想追求、精神向往和哲学信仰的抽象概括。教育理念则是在教育的实践过程中形成的对教育活动的理性认识以及在教育思维活动中形成的教育观念。思想政治教育的理念是思想政治教育中的主体在不断的教育实践过程中形成的有关思想政治教育最基本问题的本质和规律的理性认识，是对思想政治教育的地位、功能、目的、任务、过程、内容、原则、方法和规律等的总体看法、根本观点和灵魂所在，是对思想政治教育观念起统领作用和统摄意义的核心观念，是所有参与思想政治教育活动的主体在从事思想政治教育实践时所要遵守的根本指导思想和行为准则。高校的思想政治教育理念则是高校思想政治教育主体在思想政治教育思维活动中形成的一种教育指向性观念。高校思想政治教育理念在实践中不断创新，在创新中不断发展。

一、"以人为本"的教育理念

传统的高校思想政治教育用统一的目标、统一的人才培养模式、单一的教学方法教育学生，片面强调教师权威，通过"填鸭式"的教学手段灌输教育内容。中共中央、国务院颁发的《关于进一步加强和改进大学生思想政治教育的意见》中明确提出，把"以人为本"作为加强大学生思想政治教育工作的指导思想。文件还明确地指出，高等学校的思想政治教育要坚定不移坚持"以人为本"，思想政治教育要始终贴近学生的生活实际，这样才能增强思想政治教育的实效性和吸引力，才能培养出德、智、体、美、劳全面发展的社会主义优秀建设者和接班人。说到底，思想政治教育工作是为人的工作，所以必须坚持"以人为本"，要不断地坚持教育人、鼓舞人、引导人、尊重人、理解人。党的十七大报告指出，"以人为本"是科学发展观的本质和核心。"以人为本"作为一种教育理念，要求高校思想政治教育工作在这个前提下探索有效方法，促进大学生思想政治素质的提高。现在，高校思想政治教育在贯彻"以人为本"理念的研究与探索中已经取得一定的研究成果,这些成果对高校思想政治教育从不同的方面、层次和角度做了有益的探索,对教育实践产生了一定的影响。

(一)"以人为本"的内涵

党的十六届三中全会提出"坚持以人为本、全面协调可持续的发展观",并指出"以人为本"是科学发展观的本质和核心。对于"以人为本"中"人"的内涵的理解,当前主要有两种观点:一种观点认为,以人为本中的"人"就是指人民,以人为本,就是以人民为本;另一种观点认为,"以人为本"中的"人"是指社会全体人员或所有个人,"以人为本"就是以"人人"为本。实际上这两种观点都有合理的因素,但都失之片面。按照历史唯物主义的基本观点,正确反映客观现实的"人"的概念是个集合名词,它是包含所有个人、群体和整个人类在内的广泛的社会范畴。科学发展观中"以人为本"所讲的"人",就是生活在现实社会中、与他人结成各种社会关系、从事各种社会实践活动的人。

对"以人为本"中"本"的科学内涵,当前学术理论界也有不同认识。具有代表性的也有两种观点:一种观点认为,"本"只是一种价值观,主要涉及人的利益和价值标准,并不回答世界观问题;另一种则认为,它不只是一种价值观,同时还具有世界观、社会历史观的意义。作为科学发展观的本质和核心,"以人为本"的内涵当然不应局限于价值观,何况价值观本来就和世界观、社会历史观有着内在的不可分割的联系。我们应从世界观、社会历史观和价值观的统一上,从世界观和方法论的统一上去把握"以人为本"的"本"的内涵。

如上所述,以人为本中的"人"是指全体社会成员,其中人民是"人"的主体和核心。以人为本中的"本",是指以人为根本、本位或者主体。概括地讲,"以人为本"具有三层基本含义:其一,它作为一种世界观,是一种对人在社会发展中的主体作用与地位的肯定,它既强调人在社会发展中的主体地位和目的地位,又强调人在社会发展中的主体作用。其二,它作为一种价值观,强调尊重人、解放人、依靠人、为了人和塑造人。尊重人,就是尊重人的社会价值和个性价值,尊重人的独立人格、需求、能力差异、平等、创造个性和权利,尊重人性发展的要求。解放人,就是不断冲破一切束缚人的潜能和能力充分发挥的体制、机制。塑造人,是说既要把人塑造成权利的主体,也要把人塑造成责任的主体。其三，它作为方法论，也是一种思维方式。就是要求我们在分析、思考和解决一切问题时，都应围绕"人"来思考和运作，既要坚持运用历史的尺度，也要确立并运用人的尺度，要关注人的生活世界，要对人的生存和发展的命运确立起终极关怀，要关注人的共性、人的普遍性、共同人性与人的个性，要树立起人的自主意识并同时承担责任。

（二）"以人为本"教育理念的要求与实施

在高校思想政治教育教学中坚持"以人为本"，重要的是要正确把握"以人为本"理念。把人作为一切工作的根本任务，一切努力都是为了人的发展。在思想政治教育的具体实施中，要依据"以人为本"的教育理念要求来设置思想政治教育的内容；运用"以人为本"的教育方法，把握"以人为本"主体，以取得理想的教育效果。

1.把握"以人为本"的主体

简单地说，高校教育教学的主体无非三类：教师、学生和管理者。以人才为本教师为主体，以育人为本学生为主体，以服务为本管理者为主体。只有真正把握"以人为本"的主体，才能践行一切为人的发展目的，才能更好地体现和做到"以人为本"。

（1）以教师为主体是高校思想政治教育教学发展的前提条件

教育教学质量是高校教育事业发展的生命线，高质量的教学需要高质量的教师，高素质的教师队伍也是全面推行以人为本教育教学的基本保证。所以在实践中要加强教师的培训，提升教师的业务水平和综合素质，尤其是道德修养、思想品格和执教能力。同时，教师有较高的人生价值追求，高校要不断完善教师的奖励机制，激发教师队伍的活力。高校要以尊重知识、尊重人才、尊重创造的姿态，尊重、理解、关注教师的思想、需要和情感，从而最好地发挥教师在教育教学过程中的主导作用。最后，由于思想政治教育的实践性特征，还需要不断提高教师的教育教学实践能力，积极将思想政治教育与实践相结合，以期取得更好的教育教学效果。

（2）以学生为主体是高校思想政治教育促进学生全面发展的需要

以学生为主体，把学生真正当作学校的主人，学校要牢记以学生为本的理念，一切工作都要为学生的发展服务，要着眼于增强学生的创新能力、实践能力，努力培养学生适应社会的能力。在这个培养过程中，高校要正视由于先天、家庭教育、培养环境等多种因素对学生造成的差异性的影响，所以要更加在中观和微观的层面关注每一个学生个体的个性发展。要在学生发展的教育环境上做文章，要突破传统的陈旧的教学管理体系，将教学目标和学生实际情况切实地结合起来，引导学生掌握有效方法，养成良好习惯，取得最佳教育效果。

（3）以管理者为主体是高校思想政治教育教学管理者开创管理工作新格局的核心需要

管理者要树立以服务为本的意识，为教师服务，为学生服务。从事行政教学管理的教职工要切实转变工作作风，改进工作方法，改善服务态度，自觉地为广大师生服务，为高校的思想政治教育教学科研营造人性化的管理氛围。高校的管理水平影响着教育教学的质量，体现着高校综合的教学管理实力。高校管理质量的提高是由优秀的教育思想、高水平的教师、先进的教学设备、充足的教育经费、科学化的管理体系等综合作用的结果。管理者特别要以"以人为本"的管理理念和以服务为本的管理意识规范教学管理，发挥管理价值，注重实效，制定科学的教育教学制度。在教育理念、教学内容、教学方式等方面构建新的模式，践行和谐、自由发展的教育服务理念，从而实现高校思政教育质量的全面提升。

2. 设计"以人为本"的教育内容

"以人为本"的思想政治教育内容要表现出科学的时代特征，用富有网络时代特征的价值标准充实思想政治教育的内容，重视学生现实具体的需要和发展诉求，在教育内容的安排上要用心。高校思想政治教育包含马克思主义基本原理教育、思想品德教育、法制教育、历史教育、形势与政策教育和以社会主义核心价值体系为重点的中国特色社会主义理论教育。上述所有内容的教育均需在深入分析的基础上，将这些理论内容与大学生实际结合起来，使之内化于大学生的整个大学学习生涯中。最终要让这些思想政治教育内容为所有学生所喜爱，使学生得到启迪，从而使学生在生活中内化教育内容。设计"以人为本"的教育内容要注意以下几个问题。

（1）在教育内容安排上注意几个方面的结合

一是继承中国传统美德和西方优秀道德文化的思想政治教育内容，同时根据经济社会和人的发展需要，创新思想政治教育的新价值标准，并注意将这种继承和创新结合起来。民族文化、民族精神的精华既能客观上加强对大学生的思想政治教育，主观上还有助于弘扬每个大学生的个性化思想，鼓励勇于创新的精神。二是将竞争意识的内容与合作精神的内容结合。竞争使人精神振奋，努力进取，它是现代社会发展过程中不可缺少的心态。高校思想政治教育要引导学生在竞争中保持健康的心态正确对待竞争，实事求是，脚踏实地。同时，合作精神是成功的土壤，合作广泛存在于群体内部和竞争对象之间，与竞争对象合作往往能在竞争中达至双赢。三是将个人、社会与自然的协调发展相结合。这里面包括人与社会的关系和人与自然的关系。个人与社会的协调发展要打破个人本位、个人封闭，要进行以社会规范为内容的主体化引导，从而提高人的社会化程度与制度化水平，进而进行以人的全面发展为内容的主体性引导。在人与自然的协调关系上，要利用科学技术来发展人，要克服个人本位、个人偏狭，要试图寻找人与自然的和谐点。

（2）在教育内容上进一步提高思想政治教育理论的针对性和实效性

各高校不能拘泥于单一性的国家规定的思想政治教育课程，比如可以通过开设系列思想政治教育理论相关辅助课程，培养学生对生命尊重和对人尊重的生命意识，培养学生生活中对他人的情感，教育他们掌握一定的情感知识和技巧，引导他们正确处理情感问题。

3. 运用"以人为本"的教育方法

"以人为本"的思想政治教育方法要依据教育目的与教育内容的要求，坚持主体性原则，重视教育实践，注意知行统一，引导学生的自我教育，同时注意营造"以人为本"的教育环境。

第一，在进行思想政治教育的过程中，高校思想政治教育者要秉承民主意识，以平等的身份，尊重教育对象，树立思想政治教育人性化的教育观念。教育者要用高尚的道德情操熏陶和感化学生，要用言行一致的品质、精益求精的教育态度，影响和激发学生的道德感、责任感。

抓好教育引导工作不放松，营造积极、健康、向上的校园文化氛围，主动广泛深入地开展各种活动，寓思想政治教育于活动之中。运用多样、灵活的激励手段鼓舞学生，实现思想政治教育方法由单向灌输到教育者与受教育者的双向对话，以达到双向对话过程中双方德行共同生长的目标。

第二，注重引导学生进行自我教育。自我教育是成才的重要途径，自我教育的过程，就是提高自我认识能力、自我控制能力和自我调节能力的过程。因此加强自我教育意识，对提高自我教育的能力非常重要。高校思想政治教育中的自我教育是学生主体性作用发挥的重要标志，是实施"以人为本"思想政治教育的重要方法。引导学生进行自我教育的内涵包括多个方面：引导学生正确认识自我，指导学生进行自我激励（如目标激励、活动激励、成就激励），鼓励学生进行自我管理、自我约束，帮助学生认真进行自我评价。在引导学生进行自我教育的途径上则要用中华民族优秀的传统文化资源和民族精神来培养学生。总之，学生的自我教育，是实施"以人为本"思想政治教育的有效方法。

第三，思想政治教育的任务之一是教育广大的青年学生，把这些学生培养成为社会主义事业的优秀建设者和合格接班人。思想政治教育的基本方法是从理论教育上培育学生，而引导学生参与实践活动也是对其进行思想政治教育的重要方法。从本质上说，思想政治教育是一种主观见之于客观的实践活动。思想政治教育属于以人为对象的社会实践活动。思想政治教育一定要让广大青年学生真正动起来，走出课堂感受社会、践履道德，参加社会调查、社会服务，深入基层。这一切的措施都是"以人为本"思想政治教育有效的方式方法。

（三）"以人为本"理念下，高校思想政治教育工作的几个新方面

1. 重视大学生个性发展

就是承认并尊重人的个性差异，充分挖掘每个人的潜能，充分发挥每个人的特长，追求个体生命价值最大化；就是要因材施教，要个性化。由于各个学生的生理条件、家庭环境以及过去所受的教育等具体情况不同，在心理发展速度和精神面貌上也各有不同，形成了学生的个性特点和品德差异。因而同一年龄段甚至同一班级的学生的共性在各个学生身上的反映也是千差万别的。所以，要重视大学生的个性发展。

首先，高校思想政治教育工作者的工作原则之一就是尊重学生业已养成的个性品质和心理特征，这是一个教育者应有的心态。只有把握这个原则才能为高校思想政治教育的人文关怀提供一种实施的可能。以学生的心态去理解学生的生活，从学生的角度去审视学生的问题，也就成为"民主"教育学生的有效措施。

其次，要为大学生个性培养提供思想保证。指导学生明白个人主义、自由主义与个性塑造不是等同的；市场经济条件下的个性与道德是相辅相成的；个性是有道德的个性，道德是有个性的道德，任何离开个性说道德和离开道德谈个性都是不科学的；我们所倡导的道德是为了促进人的个性充分正确发展的进取性道德，而每个人张扬个性、发挥能力为社会做贡献则是最大的道德。

最后，要为大学生个性培养提供责任意识。在个性培养的过程中，思想政治教育者首先要让受教育者正视自己，意识到自己的优缺点，对自己有一个正确的评价，根据自身的特点克服消极个性，培养积极个性。同时要正确处理

个人与他人、与社会的关系。因为人是社会的人，个体是在与他人的社会相互关系中获得生存与发展的。作为社会的人，首先有着一份对社会、对他人的责任，这种责任需要个人负责地承担起来。

2. 重视大学生职业生涯设计

随着近年来高等教育大众化的急速推行，高等教育在某种程度上正转变为大学生为求生存而进行职业生涯设计规划并获得职业成功的有效途径。将职业生涯设计引入高校思想政治教育，以共性教育为前提，满足学生个性发展的要求，实现社会和个人的协调发展，实现个人主观目标与社会客观目标的有机结合，实现共性教育与个性教育的有效融合，实现理想目标与现实目标的高度融合，从而帮助大学生顺利实现从职业生涯探索期向确立期的过渡，使高校思想政治教育目标更加具体清晰，切实增强高校思想政治教育的实效性。也体现了以学生为本的思想，符合科学发展观的要求。那么，如何将职业生涯设计纳入网络时代高校思想政治教育呢？

第一，以理想信念为指导思想。职业生涯设计是以大学生个人的人生目标为出发点，以大学生个性发展为基础，职业生涯设计理念就是理想信念教育内容的折射，两者相辅相成、互为一体。因为前者反映了社会对个人的外在需求，后者是个体的内在要求。所以，要把理想信念教育和思想政治教育结合，在帮助学生充分认识自我和社会环境的基础上，扬长避短，根据学生职业发展的需要，充分利用学生大学的学科、环境等有利条件，全面拓展大学生的整体素质。

第二，充分重视大学生的社会实践活动，切实加强大学生与社会的联系。可以最大限度地利用大学生暑期"三下乡"活动等机会，根据学生职业生涯设计的要求，在不同地点建立不同类型的社会实践基地，鼓励、帮助和指导大学生开展多种形式的社会实践活动，进行未来职业生涯的体验预演，缩短大学生的社会适应期，加快大学生的社会化进程，使大学生在实践中接触社会、了解社会，明确职业需求，充分认识自我，着力发展个性，着重增长才干。

第三，以心理健康辅导为有益的补充，建立高素质思想政治工作队伍。职业生涯设计是一门专业性很强的学科，在进行职业生涯设计指导的过程中，还要求指导者能以心理测试为基础，广泛使用各种心理手段对被指导者进行规划指导。这就要求思想政治教育工作者除了具备专业的职业生涯设计指导知识外，还要具备一定的心理学理论和实践指导的能力。高校应对思想政治教育工作者进行有计划、有意识、专业化的职业生涯设计培训和心理健康知识培训。

通过他们来引导学生正确地认识自我，充分了解自身的性格、兴趣、能力和气质对个人未来职业的影响，以便更好地设定和完善职业生涯目标。

由此可见，职业生涯设计的引入，使高校思想政治教育的目标具体化、方法多样化，顺应了教育环境的变化，凸显出教育的个性化，把学生个人的成长和成才需求转化为思想政治教育的内在动力，改变了传统的以灌输为主的教育方式，体现了学生的主体地位；把共性教育与个性教育有效地融合起来，提高了思想政治教育的有效性，体现了"以人为本""以学生为本"的思想，符合高校思想政治教育工作的新要求。

二、"德育为先"的教育理念

"德育为先"理念早在春秋战国时期便已经逐渐形成，儒家学说曾进行过系统阐述，孔子指出："弟子入则孝，出则弟，谨而言，泛爱众而亲仁。行有余力，则以学文。"说的就是要首先培养人的道德观念和行为，然后才有闲暇时间和余力来学习文化知识。在孔子主教的文献、德行、忠诚、信用四大科目中，德行、忠诚、信用均为典型的德育课。同时儒家学说将智性知识也归为德行知识，德育对智育具有兼容性。这些奠定了中国几千年以德育为先的基调。近现代"德育为先"思想是随着鸦片战争爆发而进入中国历史进程的，德育独大的局面被打破，智育开始变得更为独立于德育，在高校教学课程的设置和教学内容安排上德育的比重下降，智育的比重逐步增长，但总体来说"德育为先"的传统思想没有被摒弃，并随着时代的发展不断地与时俱进。特别是在当下，"德育为先"的思想与研究进入了一个深入发展的时期。

（一）"德育为先"的内涵

"德育为先"理念的提出成为新形势下高校全面贯彻党的教育方针、加强和改进德育工作的重要指导思想。广大德育工作者都积极地对"德育为先"理念的精髓进行研究，在理论与实践两个层面对其内涵进行破解，可以说是仁者见仁、智者见智。现将有关论述摘录如下。

"'德育为先'既是德育理念、工作原则，又是搞好立德树人的方略。'德育'是思想道德教育的简称，'为'是指'变成''充当'或者'是'，'先'是指'时间或次序在前的'人或事物。'德育为先'，就是指学校教育要坚持育人为本，把德育工作放在优先地位，优先规划、优先实施、优先保

障，并贯穿教育教学活动的全过程。"❶

"'德育为先'是强调德育对于整个教育而言要有其先导性、引领性的地位与作用，它具有如下三个方面的含义：首先，'德育为先'是一种教育理念和育人的要求。其次，'德育为先'所表达的并非是教育中的序列问题，而是对教育的要害与本真的界定。第三，'德育为先'是多层面的为先，深层次的为先。"❷

"'德育为先'，是要坚定不移地把思想政治教育放在一切教育工作的首位，强调高等教育不仅要提高大学生的科学文化素质，更要大力提高学生的思想道德素质。"❸

"坚持'德育为先'的教育观，就是要坚定不移地把思想政治教育放在一切教育工作的首位，必须培养德才兼备的人才。"❹

根据以上关于"德育为先"内涵的论述，并结合本人的研究，笔者认为，"德育为先"是一种理念和指导思想，指在对受教育者实施教育过程中，要把德育放在各类教育的优先位置并发挥其先导的作用。其深刻含义可以通过以下三点来把握。

1. 确立首要地位

主要是确立德育在对受教育者实施各类教育中，包括德、智、体、美、劳等方面的首要地位，这一点与德育首位的要求是一致的。

2. 确定主导方向

主要是确定德育在诸多教育中的主导作用，以及在人的全面成长和发展中的导向作用，以完成党和国家教育方针所规定的培养目标。

3. 确保持续发展

主要是确保德育在教育事业发展中的优先地位，在统筹兼顾各类教育的同时，优先保证德育的需要，不断提高德育实施的质量和水平，提供优越的软硬件条件，保证德育的可持续发展。

---

❶ 姜树卿. 高校"德育为先"的理论探索[J]. 现代远距离教育，2009（1）：3-4.

❷ 姜媚姗. 对高校"德育为先"的思考[J]. 教育探索，2009（4）：110-111.

❸ 王喜华. 试论育人为本，德育为先[J]. 科技创新导报，2009（7）：144.

❹ 刘馨阳. 高校要始终坚持以人为本 德育为先的教育理念[J]. 长春理工大学学报（高教版），2009（5）：21-22.

（二）"德育为先"理念的实现途径与措施

高校"德育为先"的教育理念重点是在落实，要把"德育为先"落到实处就应做到德育先识、德育重行、以育人为本、以德治学；必须科学总结德育工作的所有经验，结合当今时代和学生的特征，探索一条德育教育的新途径，强化德育的独特地位和作用；必须不断提高德育的科学化水平，建立一套系统、完整的德育工作运转机制，推动高校德育的可持续发展。

1. 贯彻"德育为先"理念的途径

（1）发挥思想政治理论课的主导作用

高校德育实现的主要方式和渠道之一就是思想政治理论课的开展。思想政治理论课能够引导和帮助大学生科学掌握马克思主义理论的基本立场和观点。一直以来，思想政治理论课无法有效地吸引学生，原因在于思想政治理论课程内容脱离了学生实际，也在于高校教学形式的单一。如果课程能够有效帮助学生解决遇到的实际思想意识问题，让学生深切感觉到思想政治理论课教育能够使他们明确政治方向、坚定崇高信念，那思想政治理论课引导学生树立正确科学的世界观、人生观、价值观，确立建设中国特色社会主义的共同理想的教育目的也就达到了。发挥思想政治理论课的作用，提高教师素质是关键。将抽象的理论转化为与学生实际生活息息相关的实用知识，在这方面教师起着关键的主导作用。所以，教师要首先坚持党的基本理论、基本路线不动摇，以中国特色社会主义理论体系建设为中心内容，系统地进行爱国主义、社会主义、集体主义等马克思主义理论的学习。总之就是不断提升自己的知识能力，成为学生思想道德的有效引导者。

（2）运用形势政策教育的优势

形势政策教育是理论教育与教育实践之间的桥梁，凭借着时效性、针对性、政策性的特点，形势政策教育紧密结合国内外实际情况，在中国特色社会主义理论的指导下不断与时俱进，更新教育素材，将这些素材与德育结合起来，共同激发学生的学习热情，从而有效地增强学生的民族自信心和社会责任感，提高了德育的吸引力感召力，增强了德育教育效果。

（3）开展德育实践活动

实践是理论教育活动的应有特性，从实践中可以持续不断获得新的知识和体验。德育的实践可以引导学生达到一种自我激励和完善的新境界，实现自己的人生价值和理想；解决信和行统一的问题，使学生的道德认识转变为道德行为，从而强化德育效果。因此，提高德育的针对性和实效性，就必须切实加强和改进德育实践工作。首先，高校要善于利用德育这个载体，引导学生投身现实社会，与人民群众进行广泛的交流和沟通。其次，发挥和拓展党团等组织的政治优势，利用这种优势把最优秀的学生吸纳到党的队伍中来。同时还要通过党团密切联系群众，坚持标准、保证质量，帮助有需要的学生。还要不断拓展党团组织的活动领域，通过所组织的社会实践创新活动，发扬学生的集体主义精神和团队协作精神，提升德育实践活动的效果和水平。最后，还要整合社会、学校和家庭等各方面的教育资源，形成德育实践活动的齐抓共管、紧密合作、无缝衔接。

2. "德育为先"理念的实现机制

因为德育是为学生提供精神动力、提供思想的武器，所以德育是一项反复的、潜移默化的长期工程。但当前要想坚持"德育为先"，就必须解决一个软肋问题，就是体制割裂。现在的学校教育、家庭教育、社会教育的德育工作衔接不强，尽管已经采取了很多措施，但仍然没有形成有效的机制。特别是在高等教育中，过分注重学生学到了多少知识、提高了多少能力，而忽视了需要长时间才能显现效果的思想道德教育。思想道德教育是一个持续的、系统的、渐进的过程，是内部和外部各种条件和因素共同作用的过程。所以，要看到德育的潜在作用，加强对学生的思想道德教育，建立德育的长效机制。

（1）重视校园文化建设

校园文化重在建设。校园文化包括物质文化、精神文化和制度文化，这三个方面的全面、协调发展，将为高校树立起完整的文化形象。校园文化的呈现形态有显性与隐性两方面。其中，显性的文化是指包括校园环境、校园建筑、校园设备等在内的所有硬件物质设施。学生在这些物质的校园建筑里学习、活动，会不知不觉地接受道德教育。隐性文化则由各高校的规章制度及校风、教风、学风等软件部分组成。友爱、信赖、关心、负责、和谐的校园人际环境，充满人性美的道德文学作品，都以某种似乎看不见的潜在性力量发挥着德育的功能。所以，高校要从硬件的显性和软件的隐性两个方面加强校园文化建设。

（2）设立专业的德育机构

各高校要成立专门的德育工作领导机构，要制定德育工作目标、工作规则、工作规范，要保证德育工作时间和活动经费，重点是要保证德育科研和实践项目的经费到位，以确保德育工作顺利进行；要设立专门的办事部门，负责上传下达，协调工作，检查督促工作落实和各项活动开展的情况；要明确高校及专门机构领导的责任和职责分工，认真准备工作，研究工作措施；要组织有关人员分析德育工作中出现的新问题、新情况，探索提出解决问题的对策和措施；要定期开展高校德育机构的经验交流工作，定期开展学习、召开会议等。

（3）建立德育考核制度

德育考核制度是保证德育目标实现的重要措施。当然这种考核主要针对的是学生群体，具体的考核制度内容可以设计为：首先要建立学生考核档案，对学生的学习情况、思想教育、道德教育内容情况要记录存档。详细地记载评估学生开展德育活动的情况，并定期分析、反馈、做出评定，对存在问题的学生，高校要有专门的指导帮助。要大力开展大学生德育实践，设置实践学分，研究实践内容，在实践后要组织大学生总结汇报，高校对每位学生的德育实践进行评分、鉴定。其次，建立奖励机制。对学生的思想品德、学习态度、现实表现等进行综合测评，并以测评结果为奖励依据，与奖学金评定、就业推荐、优秀评选、保送硕博等联系挂钩。对特别优秀者给予一定的物质奖励并颁发优秀证书，表彰奖励计入个人档案，以使其长期受益。最后，建立惩罚机制。毕竟道德标准不像法律规则那样评判界线分明，所以暂且以美丑、善恶基础标准作为评判标准。学生在学习生活中，要文明、团结友爱、相互激励，形成和谐的氛围。如果出现了不文明、不道德的行为，不但要对失德行为予以制止，更要在明确道德行为规范标准的前提下将失德行为公示，使之受到舆论的谴责，并在制度化的前提下，从制度层面予以惩罚。

（4）建立高素质的德育师资队伍

高尚的师德就是一部生动的教科书，对于全面推进素质教育、培养学生良好道德品质、促进学生健康成长，都将起到重要的作用。教师是学生的知识导师和道德导师，教师素质的高低和言行表率甚至可能会影响学生的一生。所以，高校要根据各自的实际情况，科学合理配备德育师资力量，注意对德育师资队伍的教育、管理、培养；加强师德、师风建设，强化教师的职业道德和职业精神。全面提高教师的师德和业务水平，提高专业理论水平和工作能力。教师自身也要加强修养，加强责任心，掌握当前德育的前沿理论信息，用学生信服的处理德育问题的能力、优良的思想作风和高尚的人格魅力，带动学生，感染学生。

三、开放式的教育理念

网络时代,是一个空前开放的时代,社会处于前所未有的开放性融合过程中。在科技日新月异,经济全球化、社会信息化、信息网络化、文化多元化、价值取向多样化的社会转型重构中,世界日益成为一个更加紧密联系的有机整体,传统封闭式的教育模式被打破,全方位开放式的新型教育成为时代需要。随着这种变化,高校学生的独立性、选择性、多变性、差异性问题也凸显出来。高校思想政治由于其自身的特殊性,必然也需要顺应社会发展要求,敏感把握时代走向,用开放的教育理念指导高校思想政治教育的转型与模式重构。高等教育的根本任务是培养人,高校思想政治教育能够在思想和精神上保证学生的健康成长、顺利成才、成功就业。把开放式教育理念引入高校思想政治教育工作中,构建开放式思想政治教育的体系,旨在突破传统观念,实现高校思想政治教育教学模式、教学内容、教学目标和管理机制的创新。

(一)开放式教育理念的内涵

开放式教育理念源于法国卢梭(Rousseau)的自然主义思想,后来经过英国教育家尼尔(Neill)等人的实践,被应用并成为实际的教育行为。开放式教育是针对传统封闭、灌输式教育模式而言的。开放式教育通过营造一种开放、民主、平等、自由、互动与和谐的教学关系及教育氛围,优化教育资源和环境,借助现代科技手段,构筑起一种新型教育模式,其根本目的在于使学生全面发展。开放式教育理念源于法国教育家保罗·朗格朗(Paul Lengrand)所倡导的终身教育思想,他提出突破传统教育的限制,促使教育发展进入一个全新的理想境界。高校的思想政治教育利用多元的教育资源、自主互动的教育模式、民主平等的师生关系、创新与和谐的教育氛围,对学生进行树立科学正确的世界观、价值观和人生观的教育,从而使学生成为一个能正常地融入社会生活、适应社会发展需要的高素质的专门人才。思想政治教育的开放式教育理念能使学生的思想政治教育与开放多元的社会环境相适应,借此来保证学生的全面自由发展,进而客观上推动社会的进步。

(二)开放式思想政治教育的实施

1. 推进教学的现代化

顺应信息技术、网络技术的迅猛发展,高校思想政治教育在教学设施和教学手段等方面,必须紧跟教育技术发展的时代步伐。教学手段和设施的现代化是高校实施开放式思想政治教育的重要前提和基础。首先，要以教学的现代化推动教学改革，充分利用信息技术和网络技术的教学渠道，鼓励教师和学生快速获取和利用各类教学信息，开展教育者和受教育者之间的网络学习与网络虚拟实训交流。教师要善于运用多媒体进行教学，从而提高学生的信息网络技术运用能力和竞争能力。整体上在教学中要形成以学生为主体、教师为主导，多元交互、资源共享、注重实践的学习方式。其次，要以教学的现代化推动教学效果和管理水平的提高，利用网络信息技术构建适应开放式教育的现代化教学管理和教学办公环境，在教学组织、教务管理、教学考试等方面可以用局域网络来发布、布置和进行工作联系、信息交流沟通，从而减少资源浪费，提高工作效率，降低高校的管理成本和学生的学习成本。最后，要以教育信息网络化形成开放式教育的鲜明特色，构建教育、教学、管理和现代信息网络技术有机融合的教育教学新体系，实现教育对象的开放、教学内容的开放、教学过程的开放、资源建设的开放，从而提升高校思想政治教育的教学水平。

2. 充实开放的教育内容

思想政治理论课是高校思想政治教育的主阵地、主渠道，高校应该在保证必修课教学效果的同时配以课外教学、自修选学和社会实践教学等丰富多彩的内容，以开放的标准和视野拓展思想政治教育教学的内涵和外延，努力实现内容创新，增强时代感，提高针对性、主动性和实效性。当然，教育内容也不能局限于单一的思想政治理论课所描绘的内容，而要坚持将思想政治教育的内容面向现代化，从而用马克思主义中国化最新的理论成果来回答社会主义现代化建设中遇到的各种问题和困难；坚持以社会主义核心价值观培养为导向，将思想政治教育的内容与世界发展相融合，以此来保障思想政治教育内容所应具有的旺盛生命力；坚持具有前瞻性和先导性的教育目标，放眼思想政治教育的内容于未来，用先进的理论、思想观念来教育学生。

总之，思想政治教育内容要贴近学生的思想、学习和生活，就学生关注的热点、重点和难点问题，为学生解惑释疑。以进行党的基本路线教育，四项基本原则教育，爱国主义、民族意识、大局意识、协作意识等主流意识的教育，为大学生成长成才提供精神动力和思想保障。以进行社会主义道德教育，生态伦理教育，人文精神、科学精神、创新精神等教育，体现思想政治教育的开放性和实效性，从而提高学生的综合素质和创新能力。通过教学内容的开放创新，使思想政治教育更贴近时代、贴近实际，引起学生的共鸣。

3. 探索开放式的教育方法

要探索适合学生的启发式、互动式等教育模式，以此来解决学生所面临的具体问题。比如，辩论式教学方法的运用取得了显著的教学效果，在功能取向上、内容选择上、方式设计上、效果追求上都有所创新。辩论式教学法与其他多种教学方法合成了多维互动的教学模式，并以此来提高教育的实效性。探索开展开放式的思想政治教育，可以充分利用微博、微信、QQ等现代通信工具，有选择、有重点、有针对性地增强与学生的交流，进而对学生进行引导和解惑释疑。这样才能使学生在多元文化思潮流行的社会中，不被错误的思想影响或利用；才能正确地认识社会现实，辩证地思考，保持头脑清醒。

4. 建立开放式的教育评价体系

开放式思想政治教育的评价体系要摒弃传统评价方法的僵化、评价过程的形式化、评价标准的片面化、评价模式的单一化，要在坚持时代性原则、系统性原则、科学性原则、独立性原则、公平性原则、有效性原则的前提下，以创新性的精神探索适合各高校思想政治教育发展规律的开放式评价体系。在制定标准时可以综合运用全面与重点评价、定性与定量评价、形成性与总结性评价相结合的多元评价标准，要建立起更富有弹性和实效性的教育评价体系与机制，具体来说要在课程、学生、教学模式三个方面进行综合评价。在课程的综合评价上要将理论考核、学习报告、综合考察等一起列入评价范围，这样既使学生掌握了理论知识，又增强了学生的实际操控能力。在综合素质评价上，通过教学部门、学生管理部门的配合确定学生的评优评先依据和毕业工作推荐依据，从而使教学评价更富实效性。在教学模式评价上，以学生对教学模式的认可度为标准和重要依据。

第四章　网络时代高校思政教育教学内容的优化与创新

　　高校思想政治理论课开设的目的，在于对大学生实施思想政治教育，帮助学生树立正确的思想理念和价值观，培养社会主义建设者与接班人。在讲授过程中，需以教材为依据，与社会发展形势结合，注重教学内容的优化和创新，使教学更具感染力与实效性。本章围绕高校思想政治教育教学内容的优化与创新展开分析，提出高校思想政治理论课教学内容优化创新的途径，强化高校思想政治教学的整体效果，促进当代大学生全面发展。

第一节　高校思政教育教学内容优化与创新的相关依据

　　思想政治教育内容，即一定社会为了实现其根本任务和目标，在思想政治教育活动中教育者通过一定的方式和手段对受教育者传递的思想政治观念、社会道德规范等。对于思想政治教育的内容结构，学界比较普遍的观点认为，思想教育、政治教育、道德教育、心理教育等诸内容构成了思想政治教育内容体系，形成了一定的体系结构。这一结构关系中，各内容具有不同的地位和作用，思想教育（世界观、方法论教育）是先导，政治教育（政治理想、信念、方向、立场、原则等教育）是核心，道德教育（行为规范、道德认知、能力和品行等教育）是重点，心理教育（心理素质和健全人格等教育）是基础。也有学者在此基础上加上了法纪教育，认为思想教育是根本性内容，政治教育是导向性内容，道德教育是基础性内容，心理教育是前提性内容，法纪教育是保障性内容，五位一体，形成稳定合理的结构，从而最大限度地发挥思想政治教育的整体功能。内容结构状况不同，实施效果就不一样。

一、理论依据

（一）马克思关于人的全面发展理论

在《德意志意识形态》这一著作中，马克思提出了全面发展的相关理论，之后我国的《共产党宣言》也从侧面强调了全面发展的重要性。此外，在一些其他的著作中，也有着对全面发展的相关论述。马克思所提出的全面发展概念，强调了发展所需各方面之间的协调性，也指出了在实际的生产过程中，人类无论是在智力方面还是体力方面都需要得到充分协调的发展，从真正意义上做到能熟知全部的生产过程。从人类的发展角度来看，全面发展指的是从整体性的角度出发强调自身优势的整体发展。除此之外，全面发展还包括保证人的实际需求得到充分的满足，并能对自身周围的社会关系加以协调，且能让自身的个性得到充分的发展。从全面发展的实质来看，其内容也为高校思想政治教育的发展与落实奠定了坚实的基础。这主要是因为全面发展的相关理论概念为高校思想政治教育的实施明确了目标及内容，而且是思想政治教育得到落实最为重要的依据。因此，在网络时代，要实现对高校思想政治教育内容结构的完善，就必须从马克思的全面发展理论出发，将全面发展的概念及目标融入高校思想政治教育中，以强调学生在学习中主体性的发挥，并提高思想政治教育的有效性。

（二）马克思交往理论

马克思交往理论属于其唯物史观的范畴。所谓交往，指的是在一定的环境中人与人之间互动的一种方式，这往往也是生产所形成的条件，因为生产的产生必然需要人与人之间产生相应的联系。马克思交往理论除了涉及生产的内容之外，往往还要求与实践充分结合。在通常情况下，人类会通过一定的实践活动如生产活动等来明确自身在现实中存在的客观性，而为了使自身的需求得到充分的满足，人类在活动中往往会通过一定的方式来对自身周边的世界加以改变。因此，在这一活动形式中，不仅人类自身得到了充足的发展，而且促进了全新活动形式的产生。正因如此，可以说人实际上就是实践活动的产物，一旦实践活动不复存在，那么人类甚至整个社会也将不复存在。除此之外，马克思还从普遍性的角度出发对交往进行了物质和精神两种不同类型的划分,而这对促进历史的进步也有着一定的作用。马克思认为,交往在人类的生活实践中占据着至关重要的位置,并对人的发展起到了决定性的作用,也可以说马克思交往理论就是建立在生活实践基础上,生活实践不仅为交往的开展奠定了重要的基础,还能有效促进人类及其周边各要素之间的结合统一。

从思想政治教育的本质来看,其也可看作一个为丰富学生的精神世界而实施的一种特殊的交往方式,这也使思想政治教育比其他学科更具思想性。正确的思想意识并不是人类与生俱来的,也不会因遗传或者环境而决定,而是会通过不断交往以及活动的开展来形成。在网络时代,高校思想政治教育要想对其内容结构进行不断的调整与优化,就需要以新媒体所具备的特点为基础,强调交往在学生培养中的重要性,并要求学生利用交往来对困难加以克服等。要注意的是,在学生的交往培养中,教师应重视交往意识的培养,让学生能够主动参与到交往中并能选择健康的环境与他人之间建立交往的关系;使学生以网络大环境为背景,以社会在思想道德及行为意识方面的要求为依据,在相关的交往活动中接受由教师所传递的思想道德和行为意识等方面的内容并实现内化。除此之外,高校思想政治教育还必须通过对其内容的整合强化其自身的实践性与针对性,让学生在学习中能将学习的内容与现实的生活世界等进行充分的结合,进而更加有效地对自身的思想观念意识等进行转变。

(三) 马克思主义系统结构理论

物质之间有着相互作用等联系,这是马克思在系统结构理论中所提出的相关观点。无论是自然界中现实存在的物质还是人们自身所产生的精神活动,都处于不断的运动和变化中。除此之外,马克思在系统结构理论的基础上还提出了物质结构层次理论,指出物质结构往往会表现出多种大小不同的层次。在网络时代,马克思的这一结构理论也对高校思想政治教育具有一定的启示作用。一方面,高校思想政治教育中各内容之间有着其必然的联系,网络时代高校思想政治教育也应从系统结构理论的观点出发,结合发展和联系的观点来进行思考,进而在教育中采用更加有效的方式使思想政治教育的作用得到充分的发挥,并根据时代的发展对思想政治教育的内容结构等进行调整;另一方面,系统结构理论指出物质结构本身便存在一定的层次性,这也要求网络时代高校思想政治教育能对其结构内容等进行合理的分层,进而为高校思想政治教育构建更加科学的体系。

二、实践要求

在网络时代，无论国际还是国内，高校思想政治教育在实践领域都面临着新情况和新问题。就国际层面来说，随着各国政治、经济和文化的频繁交往，各种思想文化相互碰撞，思想政治教育内容随着经济全球化、政治多极化的发展而变得错综复杂；就国内层面来说，思想政治教育越来越渗透到人们的经济社会活动中，思想政治教育面临着前所未有的挑战；就技术层面来说，互联网技术的蓬勃发展，带来的不仅仅是传播技术的变化而引发的内容的不确定性，更多的是观念的变革。我们要有理论勇气回答这些现实问题，不断突破传统框架，勇于创新，使思想政治教育的内容不断丰富。其实，多年来，我国高校思想政治教育历经发展和调整，大多数是在形式上的，而内容方面没有发生根本的改变；在实践过程中，内容结构方面存在的问题是导致高校思想政治教育实效性不高的根本原因。

（一）政治主导型思想政治教育将德性塑造等同于政治生活，背离了生活实际

政治主导型思想政治教育，是指在思想政治教育诸内容中，重点突出政治教育内容，并根据政治教育内容的实施需要来组合其他教育内容，其他教育内容从属于和服务于政治教育内容。这是历史的产物，是当时社会政治、经济、文化共同作用的结果。计划经济体制的集中统一性，从体制上保证了思想政治教育只能为政治运动服务。在这样的历史条件下，思想政治教育的功能只能突出地表现为单一的政治功能，以政治运动为中心，使思想政治教育成为政治运动首当其冲的手段。诚然，政治教育在促进公民政治社会化过程中起到了重要的作用，因为无论一个人是否喜欢，都不能完全置身政治之外。但是，政治性是人的社会性的组成部分，强调政治性而忽略人的自然性和精神性显然是不合理的。思想政治教育的基础和重点是道德教育，是使人形成良好的、稳定的道德品行，缺乏道德教育基础的思想政治教育不过是空中楼阁。高校思想政治教育应当承载政治功能，但它不是政治本身，倘若将思想政治教育的终极关怀政治化，形成政治教育内容占主导地位的内容结构体系，甚至将人的德性塑造等同于政治生活，这无疑是脱离社会实际的。脱离社会实际的思想政治教育是没有生命力的，其危险性将如爱因斯坦所言：或许只能成为"一种有用的武器"，而不是"一个和谐发展的人"。

（二）知识化倾向的高校思想政治教育强调知识为本，偏离了人的全面发展的终极关怀

作为高校思想政治教育主渠道的思想政治理论课程学习，是一把"双刃剑"：一方面体现了高校进行思想政治教育的重要性；另一方面，在内容上明显存在的一个问题就是一直表现出"知识化"的外在倾向，即主要是作为一门课程来学习，把思想政治教育与其他专业教育等同起来，知识的语言成为支配性的语言，道德的语言越来越弱化，这样的思想政治教育实际上在求真、求知的过程中不求善、求美。知识之外的情感、想象、意志与信仰等遭到了排斥，这实际也是学校的智力训练与道德训练之间的可悲分割，获得知识和性格成长之间的可悲分离。这种以知识化为本的教育，很难真正关注人的全面自由发展，因而很难给人以终极关怀。思想政治教育实际上是一种养成教育，掌握了政治理论知识并不等于具备了良好的道德修养和精神涵养，其结果往往是培养出"言语的巨人，行动的矮子"。

（三）预设的理想化的思想政治教育着眼于高扬革命理想的宏观目标，脱离现实生活的根基

传统的思想政治教育内容和原则通常具有高度的理想主义，把人设计成理想化的革命者，着眼于高扬人生理想的宏观目标。在经济全球化和社会转型时期的中国，社会生活各方面都发生了深刻的变化，网络时代大学生的价值观念和生活方式也发生了翻天覆地的变化。高校思想政治教育内容往往是课堂或书本上规定的道德原则、思想信念，脱离了现实性生活的根基，未能从思想上解决好与现实的巨大反差，与社会上所盛行的现实现象大相径庭，无法对社会生活中的种种新事物做出应有的回应，从而使理论缺乏说服力，严重影响了高校思想政治教育的实效。需要强调的是，由于我国大学生的特殊性（长期的应试教育的竞争熏陶），理想化的思想政治教育只能培养某种意义上的"圣人"，并不能有效地指导人们的行为。而思想政治教育应当以现实的、具体的人为基础，通过改变和提升人们的精神生活、培养人们的发展意识和精神，寻求可持续发展，来实现人的全面而自由发展。

（四）过分强调统一性和规范性的思想政治教育内容，忽略了思想政治教育对象的层次性和差异性

中国要实现民族的伟大复兴，在日趋激烈的国际竞争中立足，必须占领

未来思想领域的战略制高点。网络时代，教育者、受教育者以及整个教育环境等都发生了很大变化，其中有些还是根本性的变化。随着新媒体技术的广泛应用，在经济、文化全球化进程中，高校师生所面对的是一个更加复杂多变、新奇的世界，社会交往范围的扩大和形式的多样化，各种思想文化观念的冲击，不同角色和行为方式的转换，必然引起思想方式、价值观念的深刻变化。思想政治教育内容不顾教育者和受教育者的基础和需求，注定导致实效性不高。事实上，我国高校思想政治教育特别是思想政治理论课存在内容过于统一和规范的问题，无论是怎样层次的大学（本科教育或高职教育），无论是什么专业的学生（理工科、文科或艺术类），或者不管是怎样的地区（发达或欠发达），思想政治教育内容总是一纲一本，过于统一和规范，对于不同价值文化间的交流与对话予以漠视甚至逃避。因此，当前高校思想政治教育应当允许学校从各自的特点、专业情况、地区特性、学生特质与需求出发，分析教育情境来确立课程的具体形态和结构，以大学生为主体，以生活经验为中心，适当整合教育内容，体现学校、教师和学生的自主性以及校际差异性。

总之，网络时代高校思想政治教育内容结构优化，需要以跨界思维为逻辑起点，以更加兼容的态度，跨越国家地域和政治、经济、文化界限，以更为坚定的爱国情怀面对多元文化与多样价值观的影响，以积极竞争的勇气和国际化的视野面向国际竞争，以博大的胸怀和对自然及人类社会的热爱彰显人文关怀。

第二节 高校思政教育教学内容优化与创新的原则与要求

高校思想政治教育教学内容的优化与创新需要遵循马克思主义，将习近平新时代中国特色社会主义思想作为重要指导，树立共产主义理想，加强社会主义核心价值观念的培养。高校教师应该立足于教材，通过整合分析教材中的核心知识，优化与更新理论研究成果，根据人的基本需求理论、人才发展规律，把握教材内容与学生学习需求的契合点；立足于时代发展，结合学生的基本特点，加强各个课程间的内在联系；坚持方向性、时代性、规律性及实效性的基本原则，促进高校思想政治教学内容的创新与发展，为当代大学生的综合发展奠定良好基础。

一、高校思政教育教学内容优化与创新的原则

（一）重视方向性把控

在经济全球化与文化多样化背景下，高校思想政治教育教学内容的基本功能，是借助马克思主义理论丰富学生的思想，运用社会主义核心价值观指导学生，将思想价值贯穿于课程教学中，使学生认同中国特色社会主义建设，形成良好的文化观念与国家理念，为实现中国梦而努力奋斗。由此可见，高校思想政治教育有着显著的政治方向性特征，教师肩负着传播正能量、发扬主旋律的社会职责。

借助高校思想政治理论课程载体，组织学生不断探索与了解个人成长与国家未来发展命运的内在联系，正所谓"少年智则国智，少年富则国富，少年强则国强，少年独立则国独立，少年自由则国自由，少年进步则国进步"。当代大学生有梦想、有能力、有担当，国家发展才会有前途，民族建设才会有希望。只有国家强大繁盛，个人才能获得更大的发展空间。

（二）重视时代性的展现

开展思想政治教育，要始终坚持"做好高校思想政治工作，要因事而化、因时而进"的基本指导思想。高校思政教学内容比较固定，但是教学内容应该与时俱进，把握时代发展的脉搏；学会正视社会经济日益变化形成的新形势、新问题，运用科学正确的精神与态度解决相应问题；体现理论学术界的思想动态与政治、经济、文化等方面的实际情况，展现学生思想的动态变化。在高校思想政治教育中，教师要根据教材内容的相关理论问题，从学生较关注但缺少说服力的现实问题入手，引导学生展开深入分析，将"活"理论与"活"实际引用到思想政治教育中，运用典型案例、生活实例等，丰富思想政治教学内容。高校思想政治课程教师还要借助信息技术、多媒体技术等手段，深入挖掘与教学主题有关的素材内容，使教学内容与时代发展相互融合，满足时代发展的基本要求。教师可适当增添具有针对性、真实性的教学内容，突出教学内容的时代性、社会性、现实性等特点，使思想政治教学更加灵活、生动，激发学生的课堂学习热情，进一步强化教学内容的说服性，完善学生的学习思维，使学生感受到思想政治理论学习的魅力与乐趣，改变学生对思想政治理论课的固有认知。

（三）重视规律性的掌握

正所谓"教学有法，教无定法"。借助高校思想政治课程教学途径，可帮助学生树立良好的世界观、人生观、价值观，对学生日后的学习与成长意义重大。高校思想政治课程教学内容，主要围绕国家价值观念，为学生的价值选取与是非判断指明正确的方向，从某种意义上说是基础理论的讲解，是思政理论课程的侧供给。当代大学生在成长过程中要面对各种要素的限制和影响，因此要从客观层面给予当代大学生帮助，从某种层面上分析这是一种内在需求，是当代学生成长发展中的需求。只有实现高校思想政治教育目标与个人目标的融合，供给和需求相互连接，才能发挥思政教育的积极作用。推进高校思政教育课程改革创新，面临的难点是怎样唤醒当代大学生对理论的内在需求。高校思政教育课程教学内容的创新变革，应该遵循以学生为本的基本原则，尽可能探索基础理论与学生根本需求的契合点，结合教学规律、思政工作规律、学生成长发展规律，展现课程的价值作用。高校展开教学实践活动，就是根据上述规律，促进教学体制向教学机制进化，对学生成长发展中的思想动态释疑解惑，促进当代学生的综合发展。

（四）重视实效性的坚持

高校教师应该根据教材，立足于时代发展、学生基本特点、各个课程间的内在联系等多个方面，运用整合、补充、优化等方式实现教学内容的更新，彰显高校思想政治课程的教学重点、社会特点、学生关注焦点、思想问题难点等内容，引导学生根据已掌握的知识进一步分析社会问题，增强学生的知识应用能力，加深学生对知识内在本质的理解。对于高校思想政治课程教学中的抽象内容，教师要运用多元教学方式，使教学内容直观、生动地展现在学生面前，让学生透过现象看到问题的内在本质，提高学生解决问题的效率。高校教师在策划教学内容时，需要增强教学内容的时代性与生活性，拉近学生与理论知识的情感距离，重视理论内容的讲解，还要强调实际问题的探究，真正帮助学生解决思想层面的问题，使思想政治课程向实践性、生活性方向转变，将教学内容与学生日常生活联系起来，满足学生的学习需求，促进学生综合发展。

二、高校思政教育教学内容优化与创新的要求

网络时代高校思想政治教育内容结构的优化与创新不是抛弃基础、否定过往、标新立异，而是在继承传统的基础上，结合时代特征，为教育内容注入

新的血液。要全面考量网络对高校思想政治教育的影响,在整体要求的基础上,根据原则,进行内容结构的优化。"优"是一个定性的动态过程,表示着方向;"化"则是一个定量的表示,要以思想政治教育目标和任务的实现为根本标准。为此,网络时代高校思想政治教育内容结构的优化与创新,要做到正确把握思想政治教育内容的要素结构与层次结构的关系,既体现内容要素结构的完整性,又体现内容层次结构的序列性,在具体设定上力求做到贴近社会现实、贴近专业要求、贴近学生实际。

(一)内容结构的层次方面

1. 在横向结构方面,坚持主导性和全面性相结合,克服单一化和简单化

网络时代,高校思想政治教育内容是多类型、多向度、多层次的统一的有机整体。横向结构层次,主要是指思想政治教育内容同一层次的各要素之间的相互作用及延展关系。思想政治教育内容的全面性,体现在人与社会全面发展的整体联系上。在这个整体联系中,有一个起着主导作用的要素,决定和支配着思想政治教育的其他内容,也决定着其性质和方向,这个要素就是政治教育。之所以高校思想政治教育必须坚持以政治教育为主导,取决于它能实现一定社会阶级或集团的政治目的。同时,一定的阶级和社会总是对其社会成员提出政治、思想、道德、法纪、心理等方面的全面性要求,体现人的素质的多维性、丰富性、整体性,从而形成由政治教育、思想教育、道德教育、法纪教育、心理教育组成的思想政治教育内容类型结构。因此,在思想政治教育内容体系的构建中,要从思想政治教育内容的横向联系出发,在主流意识形态的引领下,从人与社会、人与他人、人与自然以及人与自己的关系层面确定对受教育者在政治、思想、道德、法纪、心理等方面的要求,以整合类型相近的教育内容,解决现存的内容重复交叉和单一等问题,增强高校思想政治教育内容的整体性和系统性。❶

2. 在纵向结构方面,坚持层次性和针对性相结合,克服缺乏层次性和针对性的弊端

层次是表征系统内部结构不同等级的范畴,是指系统要素有机结合的等级秩序,表征为次序。高校思想政治教育内容根据教育对象的角色层次、心理层

---

❶ 李颖存.新媒体时代高校思想政治教育创新研究[M].成都:电子科技大学出版社,2020:61.

次和接受水平与能力,将思想政治教育划分为三个层次:基础层次的教育内容(道德教育、心理教育等)、较高层次的教育内容(思想教育)和高层次的教育内容(政治教育),这三个层次相互联系、有机统一,呈现出由低到高的递进关系,使教育内容由低到高、由浅入深、螺旋上升、循序渐进。

(二)在内容选择上,要体现理论性与实践性的结合,克服教育内容抽象、晦涩和僵化的缺陷

目前的高校思想政治教育内容的理论性与实践性结合得还很不够,在内容结构安排以及语言描述方面,也都较生硬、晦涩,与实际需要有所脱节。受传统政治、经济、文化环境的影响,高校思想政治教育内容因经典而权威,因权威而导致层次结构僵化,削弱了内容的影响力。在这种情况下,经典的理论一旦被束缚在陈框旧条中,就不能被赋予崭新的活力,不能被大众熟悉的语言所表述,则将无法被认同和内化,更谈不上外化为行动力。因此,只有从实际出发,坚持与时代同步,与青年学生同步,并且紧紧抓住客观运动着的物质世界的规律性与特征,抓住变化的时代脉搏,抓住高校思想政治教育内容与时俱进的要求,才能使思想政治教育入脑入心,以针对性、新颖性的多级层次要求来达到学生积极接受、主动内化的效果。为此,在内容选择上要做好以下几点。

1. 优化高校思想政治教育的内容结构要做到"三贴近"

一要贴近社会现实。当前我国大学生思想政治教育存在的突出问题就是发展的滞后性,即思想政治教育内容结构体系滞后于经济发展,滞后于国内、国外形势的发展和变化。针对这一突出问题,在大学生思想政治教育内容结构体系上,要深入研究与现实相适应的思想政治教育内容。只有这样,才能激发大学生对社会现实的关注,用正确的世界观、人生观、价值观、政治观、道德观和法制观看待我国社会主义现代化进程中出现的一系列社会问题,并且能够运用自己的聪明才智去解决问题。

二要贴近专业要求。以往传统思想政治教育存在泛知识化现象,将思想政治教育和专业理论、专业技能等智力教育等同起来,使高校思想政治教育处于弱势地位。在网络时代,新媒体所传播的海量信息,其中也有许多信息是与大学生所学专业息息相关的,也就是说是有益于大学生专业学习的。因此,网络时代高校思想政治教育应当密切思想政治教育与专业教育之间的相互交融关系,促进高校思想政治教育内容与专业理论、专业技能的紧密联系,使之有助于大学生的专业选择、学习和素质的提升。同时,在社会生活中,道德是客观

存在的，道德是人聪明、完善之本，也是社会和谐、发展之基，因此进行专业教育也应以培养有道德的人为前提，只有认识到这一点，才能真正为社会培养出全面发展的有德性的职业人。

三要贴近学生实际。首先，是与学生的学习相结合。实践证明，现实环境、现实的直接的实践活动以及密切相关的实际利益，才是人们所关心的，也才是最能吸引人们注意力的。网络时代的高校学生，获取信息的渠道是全方位的，任何脱离实际的教育内容只会让其产生冷漠、反感甚至是逆反心理。所以，高校思想政治教育内容除了包括马克思主义理论以及党的纲领、路线、方针、政策、法规等以外，还应包括一切对身心人格健康有益的知识、道德文化、习俗习气、科学精神、人文精神、生活方式、行为规范、民主和法制意识、社会热点和焦点等，让大学生从被动接受变为主动选择和接受。提高思想政治教育的生命力，要求我们要适应时代，积极拓宽教育视野，不断深入地研究新情况、解决新问题，最大限度地吸收最新的理论研究成果并加以学习、研究和运用。比如，增加创新教育的思想、人与自然协调共存的世界观、生态道德、全球意识、媒体素养等教育内容，用新的内容去教育和武装大学生，使他们得到更多实际的、有效的引导和帮助。

2. 优化高校思想政治教育的内容结构要与学生生活相结合

大学生实际上是"半社会人"，正处于成人的关键时期，必然会经历一些成长的蜕变。年轻无极限，张扬是这个时代大学生的个性特点。但他们面临的机遇和困惑增多，需要思考和处理的问题也相应增加，会不断面临各种抉择。如何科学设计生涯规划以积极参与竞争，如何与人交往以适应现实社会和虚拟社会的复杂环境，如何化解压力以解决各种各样的矛盾，都是他们所要面临的具体问题，处理不好会影响他们的前途。高校思想政治教育内容既要有利于锻炼学生的现实生活能力，又要能够培养学生的可持续发展能力；要以生为本，从关注日常生活中的实际问题入手，帮助他们排忧解难；要积极引导学生学会生存，学会尊重和关心他人，学会共同生活；要培养学生在活动中的积极参与和合作精神；要倡导他们研究人类面临的普遍问题，增强其全球意识和人文关怀；要有意识地培养学生的国际观念和意识，使其树立为全球服务的观念，具有开展国际合作交流与国际竞争的知识和能力。只有在学生生活的不同领域全方位、最大限度地贴近学生，高校思想政治教育内容才能最大范围地被学生接受、认同和转化，思想政治教育的实效性才能提高。

第三节　高校思政教育教学内容优化与创新的设计层面

面对网络时代高校思想政治教育内容结构所出现的新情况和新问题，需要在理论、原则和要求的指导下，对其进行主动调整，实现最大程度的优化。

一、政治层面：以政治教育为核心，突出高校思想政治教育的主导性内容

高校思想政治教育的内容丰富，在内容体系中，如前所论述，政治教育居于主导地位，起着决定和支配的作用。政治教育，主要是进行政治理想、信念、方向、立场、观点、情感、方法等方面的教育。以政治教育为主导，就必须始终以理想信念教育为思想政治教育的核心内容。面对复杂的国际国内形势，我国高校思想政治教育工作面临的主要任务是，加强爱国主义、集体主义和社会主义教育，帮助学生树立正确的政治观，增强国家归属感和社会责任感，在对待走什么道路、依靠谁来领导、坚持什么样的指导思想等诸多政治问题上，真正"讲政治"，真正坚持党的基本理论、路线、纲领和原则。道路标定方向，道路决定前途，党的十八大报告从夺取中国特色社会主义新胜利的战略高度提出了坚定"道路自信"的问题。我国高校思想政治教育应引导学生以厚重的理论底气、高远的政治视野和豪壮的实践基础坚定道路自信；要通过开展扎实有效的政治教育，使大学生正确认识社会发展规律，认识国家的前途命运，认识自己的社会责任，确立在中国共产党领导下走中国特色社会主义道路、实现中华民族伟大复兴的共同理想和坚定信念。同时，要积极引导大学生不断追求更高的目标，使他们中的先进分子树立共产主义的远大理想，确立马克思主义的坚定信念。

二、思想道德层面：自觉树立社会主义核心价值观，优化高校思想政治教育的基础性内容

思想教育，主要是进行世界观和方法论教育，着重解决主观与客观相符合

的问题。道德教育，主要是进行行为规范的教育，内化道德规范，提高道德判断能力，培养道德情感，养成道德行为，提高道德品质。改革开放至今，在经济全球化局势之下，社会经济成分、组织形式、就业方式、利益关系和分配方式日益多样化的同时，人们思想活动的独立性、自主性、选择性、多变性和差异性也日益增强，社会思想空前活跃，各种思想观念相互交织，各种思潮不断涌现，对大学生的思想产生了很大的影响。网络时代高校思想政治教育必须从大学生思想实际状况出发，以社会主义核心价值观为引领，帮助大学生树立科学的世界观、人生观、价值观和道德观，以指导和推动生活、学习和工作。

（一）要突出社会主义核心价值观教育

社会主义核心价值观是指人们在社会主义体制下，对价值的性质、标准、构成以及评价所持的态度和看法，人们从主体需求角度出发，考虑客体是否能够满足主体的这种需求以及如何才能满足，并且考察社会上各种物质、精神文化现象和主体的行为对无产阶级、个人、社会群体等产生的意义。网络时代，高校必须从大学生思想状态的实际情况出发，坚持社会主义核心价值观，引导大学生树立正确的思想价值观念，科学地指导其日常生活与学习；及时转变传统的教育观念，牢固树立社会主义核心价值观的指导地位，积极探索创新先进的教学方式，做好大学生思想政治教育工作，全面践行道德规范，使学生形成良好、稳定的行为品格。

（二）要深化科学发展观教育

在大学生思想政治教育工作中，科学发展观是灵魂。在党的第十七次全国代表大会中，"科学发展观"被明确提出，它不仅集中体现了马克思主义的世界观与方法论，还与毛泽东思想、邓小平理论等先进思想一脉相承，对我国社会主义事业的发展起到了重要的指导作用。科学发展观是我国建设特色社会主义事业必须时刻深入贯彻落实的重大战略指导方针，对社会经济的发展具有十分积极的促进意义。在网络时代下，我国社会主义事业的建设与发展正面临着重要的转折期，高校若想解放思政教育工作的思想，需高度重视科学发展观，并将其贯穿落实到各项教学工作当中，以顺应时代发展的客观要求。

（三）要加强网络道德教育

1. 网络道德的内涵

网络道德就是指将善恶作为衡量的准则，通过社会舆论、人们的信念以及借助传统的习惯来评价人们的行为举止，是调节人与人之间、人与社会之间关系的行为规范。

网络道德的基本内涵主要包括爱国为民、遵纪守法和文明诚信。

（1）爱国为民

爱国为民是社会主义道德的一项基本要求，将其应用到网络道德上可以包括以下几个方面：不在网络上发布一些损害集体、国家以及民族利益的言论；不得做出危害集体和国家的事情；要抵制一些不良的事件，与一些反动势力进行斗争，抵制破坏国家、破坏民族团结以及破坏社会主义制度的行为。我们从小就受到的道德教育中包括爱国爱党、为人民服务，这是我们建立正确的人生观、价值观、世界观的基础，是强化爱国意识和民族意识的基础。大学生的思想尚未完全成熟，识别能力较弱，坚持"爱国为民"是大学生应当遵守的最重要的网络道德。

（2）遵纪守法

遵纪守法不仅是每个公民都要履行的义务，还是网络道德最基本的要求。在网络道德中，遵纪守法的要求是对每一个上网的公民做出有关限制与规定：不得删除、修改或破坏网络系统中的数据、应用程序；不得利用网络做出危害国家安全、泄露国家机密的犯罪活动；不得擅自进入别人的计算机系统中盗取或篡改他人的信息；不得在计算机中传播病毒或者做出侵犯网络和他人合法权益的行为；要能够正确运用法律手段保护自己的合法权益不受侵犯。

（3）文明诚信

文明诚信所包括的内容是：不在网络上发表任何虚假的事情；不得故意散布谣言、扰乱社会秩序；不在网上宣传各种封建迷信、庸俗、色情、淫秽、暴力、恐怖等信息；不在网络上查阅、复制和传播妨碍社会治安和伤风败俗的不良信息；不对他人做出侮辱性的攻击、谩骂以及捏造事实诽谤他人；不在网络上编造和传播黄色、政治等信息。

大学生作为当代社会的主力军，应当坚决地反对各种不良信息，对自己在网络上发表的言论负起责任来。同时要有自我约束和保护能力，从自我做起，遵守网络道德，做一名网络绅士，也要捍卫网络道德尊严，做一名网络卫士。

2. 网络道德教育的对策

（1）从大学生自身来说，要提高其网络道德自律意识

第一，大学生要树立起正确的价值观和道德观，才能在复杂的网络世界中形成正确的价值判断和情感判断，自觉抵制网络不良信息，才能增强在网络世

界中的自我控制能力，而不沉溺于网络、不迷失自我，才能合理利用网络提升自我，而不利用网络进行抄袭等不道德行为。

第二，大学生要增强道德自律意识。一个人只有具备了较强的道德自律意识，才能对自己的价值有所认识，才能进行自我控制，在做出一些行为决定时会首先考量自己的行为是否符合自己的价值观念，才能在面对网络世界中的善恶、是非时做出正确的判断，并用道德约束自己的行为，不受网络是非的影响。所以，道德自律意识的培养在规范大学生网络道德行为上是一种必然选择。在网络社会中，大学生要做到道德自律，关键在于"内省"和"慎独"。所谓内省，心理学上又称为自我观察法，是指个体在内心省察自己的思想、言行有无过失。慎独是指修养主体在无人监督、有做坏事的机会和条件并且不会被别人发现的情况下，仍然自觉不苟地按照既定的道德原则和信念行事，不出现违规的念头和行为。内省和慎独都是我国古代儒家学者提出的具有民族特色的自我修身方法。内省可以帮助人重新认识自己，明白自己是什么样的人、自己到底需要什么，从而决定自己未来的走向。内省能让大学生看到自己的优势和不足，客观看待挫折与失意，同时在内心稳定信念的指引下，努力去克服消极情绪。慎独能让大学生自觉谨慎对待自己的内心和行为，自觉谨慎遵守道德规范，自觉谨慎防止违背道德的观念出现，不做违背道德要求的行为，成为一个真正的道德高尚的人。

第三，大学生要合理安排和利用时间，让自己充实起来。大学是自由的殿堂，可以让一个人充分自由地发展。在这个阶段，学生可以将大部分时间和精力用于学习，建立和完善自己的知识结构；可以参加社团活动，担任学生干部，参与社会实践活动，以提升自己的表达能力、动手能力、交际能力、管理能力、创新能力、决策能力等，提升自己的综合素质。大学生要合理地安排和利用时间，让自己"忙碌"起来，才不会运用网络做一些无关紧要的事，不会做出与道德要求相违背的行为。

（2）完善网络相关法律法规，加强对互联网的有效管理

网络的虚拟性与匿名性不可避免地会诱发一些网络不道德行为，因此需要制定和完善网络法律法规，这不仅可以使大学生在进行网络活动时有章可循，明确自己应该担负的网络责任和义务，而且可以帮助他们牢固树立网络法律意识，提高他们的网络法律素质，这样即使在无人监督的网络环境中，他们也不会做出与道德要求相违背的行为。此外，不良的网络环境是大学生网络道德失范行为产生的土壤，要培养大学生的健康网络行为，必须规范网络秩序，净化

网络环境，防止不健康的信息在网络上出现。为此，国家要加强对各大门户网站或商业网站的监管力度；相关部门要加强网络环境治理，给学生一个绿色的网络环境；高校要加强网络环境治理和校园网建设，结合本校的实际情况，制定适合本校的网络管理制度和管理办法，有效规范大学生网络道德失范行为。

（3）构建"三位一体"全方位的网络道德教育格局

①加强和改进高校德育工作，营造良好的校园文化环境

第一，积极开展各种校园文化活动建设，有效提升大学生的人文素养。高校校园文化是社会主义先进文化的重要组成部分，加强校园文化建设对全面提高大学生综合素质、使大学生形成良好的上网习惯具有重要意义。大学生的兴趣爱好极为广泛，在学习之余渴望丰富多彩的精神生活，如果学校不能满足学生的这些正当要求，学生的课余生活单调、枯燥无味，那么各种错误的、低级腐朽的东西就会乘虚而入，学生的理想信念发生动摇。因此，高校要组织丰富多彩的校园文化活动，如开展主题思想教育活动，以增强学生的爱国主义、集体主义、社会主义意识，形成正确的世界观、人生观和价值观；开展科技创作活动，以提高学生的创新素质和实践能力；开展学术讲座、学术研讨和学术交流活动，使大学生增长知识、开阔视野，以提高大学生的人文素养和科学素质；开展丰富多彩的校园文化艺术活动，为广大青年学生提供施展才华的机会和舞台；以社团为载体，开展丰富多彩的活动，为大学生提供一个展示、锻炼、提高、发展自己的舞台；开展以扶困助残、慈善抚恤、感恩社会为主题的社会实践活动，培养大学生的道德情感。总之，各高校应该积极探索能调动学生积极性的文化建设的方式方法，让大学生在多姿多彩、积极健康的校园文化中陶冶情操、启迪智慧、愉悦身心，使大学生在上课之余有事可干，让他们没有精力在网络中消磨时间，从而树立正确的网络道德观念，养成良好的网络道德习惯。

第二，高校要开设网络道德教育课程。为了让大学生更好地接受德育理论，帮助大学生树立网络道德意识，让其自觉维护网络秩序、遵守网络规则，高校可以借鉴国外的做法，在向大学生介绍网络科学技术知识的同时，把网络道德教育引入课堂。例如，美国杜克大学开设了"伦理学和国际互联网络"课程，麻省理工学院开设了"电子前沿的伦理与法律"课程，普林斯顿大学开设了"计算机伦理与社会责任"课程。在我国，高校思想政治理论课是高校德育的主渠道，所以思想政治教育可以另外开设网络道德课程，开展网络道德和法制教育，提高广大学生的网络道德水平，增强自律、自重意识，提高对假、

丑、恶的分辨能力，有效避免大学生网络道德失范现象。

第三，高校要建立高素质的网络德育工作队伍。教育成功的关键在于优秀的教师，大学生身心还不成熟，因此需要教师的正确教育引导。为了切实做好大学生德育工作，高校要建立一支高素质的网络德育工作队伍。这支队伍不仅要包括高校思想政治理论课教师，还要包括高校管理者即院校职能部门领导、班主任、辅导员、学生骨干、专家教授、青年教师。这支队伍要具有较高的政治理论水平、全面的知识结构，既要有自己专业领域的知识，又要有网络专业知识和操作技能以及教育学、心理学等全面的知识体系。通过这支队伍，解释有关政策制度，引导校园网络舆论，对校园网络文化进行全方位、多层次、多角度的建设和管理。这支队伍要经常和学生接触，关心爱护学生，了解学生的所思所想，密切注意学生的思想道德和行为变化，对学生心理上的困惑要及时给予科学的指导，对学生出现的不良行为要及时纠正。

②重视家庭教育

家庭教育是基础教育，一个家庭的理念、生活方式等都会对孩子产生重要的影响。父母作为孩子的教育者，对孩子的影响是巨大的。父母首先要以身作则，规范自己的网络行为，提升自己的网络道德水平，引导孩子形成正确的上网行为。尽管大学生不在父母身边，作为家长要多跟孩子电话联系，加强沟通和交流，关心孩子的学习生活及心理，让孩子感受到来自家庭的温暖和父母的爱，养成负责任的习惯，增强其在网络社会中的自律能力。家长要鼓励孩子参加各种校内活动以及社会活动，锻炼自己的能力，塑造自己的个性，增进自己的成长，减少他们沉迷于虚拟网络的行为。

③营造良好的社会网络环境

人既是社会环境的创造者，又是社会环境的产物，个体道德的培育离不开社会环境的整治和优化。因此，纠正大学生网络道德失范，还必须充分发挥社会主体的积极作用。

首先，社会应该加强正确的舆论引导。正确的社会舆论起着十分重要的推动作用，它可以引导大学生树立科学的价值观、人生观、世界观、道德观。为此，社会媒体要营造良好的社会舆论氛围，以生动的案例教育大学生，传导、褒扬善举、德行，谴责、鞭挞失范行为，使整个社会形成惩恶扬善、扶正祛邪的良好道德动力和压力，促进大学生网络道德从他律转为自律，从而形成良好的网络道德意识。

其次，强化网络从业者的责任意识。不少网络从业人员为了牟取暴利，不惜借助色情、暴力游戏等违法网站，获取高额利润。所以，从业人员要以法律规范、文明经营的理念提高行业的自律道德，遵循应有的网络规范，加强对网络环境和信息的安全管理。

最后，政府部门要加强对网络从业者的管理监督，取缔非法经营行为。还要聘请专业技术人员监督网民的网络行为，严厉惩处网络道德犯罪，净化社会的网络环境，从而为大学生网络道德的培养营造良好的社会环境。

网络作为科技发展的产物，已经渗入当代大学生的学习和生活中，它在给大学生带来便利的同时，也引发了大学生的网络道德失范行为。在大学生的网络道德自律意识增强、网络法律法规完善以及高校、家庭和社会"三位一体"的道德教育格局下，大学生网络道德失范问题一定会得到有效控制。

（四）要进行心理教育

目前，高校心理教育工作的内容主要涉及对大学生的心理健康进行知识性教育、提供咨询服务以及行为训练等，主要目的是提高当代大学生的心理素质水平，增强他们的个人意志，使其养成艰苦奋斗、坚韧不拔的良好品质，不断促进大学生综合素质的全面发展，从而能够更好、更快地适应社会生活。高校将心理健康教育纳入思政教育工作当中是顺应社会发展的必然要求。就目前而言，高校在开展心理健康教育时应将重点放在指导学生的心理健康，提高他们的心理素质水平，使其形成健全良好的人格与乐观坚强的心态上，以适应当今社会的激烈竞争。

（五）要开展职业素质教育

职业素质教育是大学生思政教育内容的拓展延伸，在高等教育改革中占据了非常重要的地位。在当前素质教育背景下，高校应以职业教育为切入点，将其纳入大学生思政教育工作体系，不断促进高等教育的深化改革。通过建立这种长效育人机制，完善相关的组织培训与保障体系，能够在社会实践和勤工助学、创业、就业、学习等方面形成一种联合机制，充分挖掘第二课堂、实践活动等传统教学项目的内涵、价值。对于高校而言，要想培养出符合社会经济发展要求的创新型人才，应积极探索、创新实践形式，组织学生参加志愿服务、社会调查、科技发明等各种实践活动，以提高他们的职业素质为根本目的，提高思想政治教育工作的实效性。

三、文化层面：弘扬中国传统文化，融入世界文化，奠定思想政治教育的人文精神根基

网络时代，是一个信息膨胀的时代。新媒体的迅猛发展及快餐时代的到来，使传统的人伦关系和人际道德面临着非常严峻的挑战。就文化层面来看，在文化多样化的发展大趋势下，包括中国在内的各国传统文化的生存和发展在不同程度上受到了挑战，从而对思想政治工作的文化根基带来冲击。马克思指出："人们自己创造自己的历史，但是他们并不是随心所欲地创造，并不是在他们自己选定的条件下创造，而是在直接碰到的、既定的、从过去继承下来的条件下创造。"因此，优化网络时代高校思想政治教育内容结构，必须大力继承和弘扬中国思想道德教育的优良传统，正确借鉴和吸收世界思想道德教育的优秀成果，赋予所继承内容以时代内涵，使之具有时代价值；赋予所借鉴的国外思想道德教育内容以中华民族底蕴，使之具有中华民族文化特色，使大学生树立起人文精神，特别是民族精神。

（一）继承和弘扬中华民族优良思想道德教育传统，并赋予时代意义

1. 生态道德教育

文化是维系一个民族的精神纽带，没有文化的民族就没有民族精神。我国思想政治教育内容的建构总是立足于中华民族根基，植根于民族文化沃土，有着强烈的民族性。在中国古代贤哲那里，他们自觉不自觉地运用着层次和结构概念，把"道""阴阳""天""地""人"看作一个统一的整体，强调"天人合一"。"天人合一"，作为中国古老的哲学命题，其核心是强调"天道"和"人道"相通，"自然"和"人为"相通，最早由战国时期的子思、孟子提出。后来，庄子提出"天地与我并生，万物与我为一"，认为人与天本来就是合一的，只是因为人的不同思想观念、不同的主观意志破坏了天人的"统一"或者说天人的"合一"，人应当与天合一，应当消除天人间的差别。之后的中国历代思想家、哲学家从不同的角度丰富和完善了"天人合一"的思想，努力追寻天人相通，以达到天与人的和谐、协调、一致。这种"天人合一"的自然观，对加强生态道德教育有很大的启示。

所谓生态道德教育，是在横向比较、纵向扬弃的基础上提出的一种新德育观和新的德育范型，它教导人们，不仅人对人的社会行为，而且人对环境的自

然行为均要受到伦理评价；不仅要正确处理个人与他人、个人与集体、个人与社会的利益关系，还要恰当地对待人与自然的交往行为、利益关系、短期与长期关系，摆正人在自然中的位置。因此生态道德教育将以一种更为宽阔的道德视野，教育和引导人们学会热爱自然、热爱生活、享用自然、享用生活。同时生态道德教育还是社会公德的重要内容，是否具有良好的生态道德意识，是现代社会衡量一个人全面素质的重要尺度，也是衡量一个国家和民族文明程度的重要标志。

在网络时代，生态道德教育是一种新型的道德教育活动，是指教育者从人与人、人与社会、人与自然的道德观出发，引导受教育者树立一种崭新的人生观、自然观和生存发展观，在社会领域要不断调节人与人、人与集体、人与社会的关系，使人的行为符合集体和社会的需要，营造一种人与人相互尊重、相互依存的人文生态环境，促进社会的和谐发展；在自然领域要扩展社会领域长期所形成的道德原则、道德规范，有意识地控制人对自然的盲目行为，营造一种人与自然和睦相处、互惠互利的自然生态环境，促进人与自然的和谐共生，从而使受教育者在双生态环境（人文生态、自然生态）中自觉养成文明和谐、珍惜资源、保护环境的道德素质和文明习惯，成为既能协调处理人与人、人与社会的关系，又能协调处理人与自然关系的理性生态人。

2. 人伦自觉意识教育

所谓人伦自觉，是指个体在对人伦关系认知的基础上能够自觉地体现出对他人应有的回应、责任以及义务等，同时也能够充分尊重、理解、关爱他人，追求与社会中的其他个体融为一体，形成一个被社会所认可的更大的动态范畴。在网络时代，社会发展依托于网络技术、数字技术和移动技术等而得以前行，生活在这样一种环境背景下的人们必然会不断地在现实与虚拟之间游走，世界观与人际交往关系等都受到不同程度的冲击。基于现实社会与虚拟社会之间复杂的人际关系，高校急需对大学生的人伦自觉加以引导，以适应社会发展需要。大学生道德伦理教育存在于思政教育的每一个环节当中，具体包括处理好个人与他人、集体、社会和国家之间的关系，尤其是在网络时代，高校在构建思政教育内容体系时既要继承中国传统道德内核，活化德育资源，塑造鲜明的民族价值观取向，也要结合时代的发展精神，不断提高大学生的道德水平与责任意识，充分调动思政教育工作者和大学生主动参与教学活动的积极性，不断强化人伦自觉意识的教育。

3. 和谐心灵教育

关于"心灵"一词，有学者认为见于《隋书·经籍志》："诗者，所以导达心灵，歌咏情志者也。"古人认为心是人的思维器官，因此把人的思想和感情等说成"心"。《诗·小雅·巧言》中有："他人有心，予忖度之。"《孟子·告子上》记载："心之官则思。"可见，作为人的生理器官，心其实和人的思维活动是紧密联系的。那么，什么是和谐呢？《诗·商颂·那》："既和且平，依我磐声。"《左传·襄公》："八年之中，九合诸侯，如乐之和，无所不谐。"《礼记·乐记》："其声和以柔。"可见，和谐指系统内各要素秩序井然、顺和流畅，没有抵触冲突和格斗纷争。心灵和谐，就是指人与自身的和谐，人自身的思维、情感与人的价值观念的和谐。在人类社会这个大的系统中，作为社会主体的具有独立特质的人在同外界交往过程中，与物质世界形成了矛盾关系，通常被认为是人与自然、社会和他人以及自身之间的关系，在这动态的关系过程中，人的心智得到了一定的磨炼，形成了具有独立人格的人。这为网络时代高校思想政治教育内容结构的优化打开了又一个思路。

心灵和谐，从个体来说，就是人的内在思想中，各种价值观念形成了彼此融合而无分裂的有机统一体；从社会系统的整体来说，指在社会制度的框架内，人能找到心灵的栖息之地，兼容他人与社会，在多元的价值取向中有效地调整自己的价值观，明确正确的选择，并且充满信心，超越世俗羁绊，协调发展，服务社会。人生最美妙的事情莫过于精神中对现实生活美好渴望的追求，即个人意识的升华，内心世界的和谐是唯一可能进行更长久控制的途径。内心和谐是人拥有的一种特殊的能使人静心和自由的品质；内心和谐是人拥有的一种健全的能使人心理品质完善、知荣明辱的智慧，这种智慧品质教会人自在地生活，实现人与自然、社会的浑然一体，真正实现从"必然王国"走向"自由王国"。和谐的人是全面发展的人，是一种灵性的安宁。在多元的人生道路选择面前能够毫不犹豫地走向正确之路，且充满信心，是心灵和谐的体现。理念决定人的态度和行为，心灵和谐的人，能以一种乐观、欣赏和创造的人生态度来经营人生、运作事业、服务社会。高校思想政治教育工作者应该有这样一份意识：在构建社会主义和谐社会的过程中，心灵和谐对协调人与自然、人与社会、人与人之间的关系具有重要作用。面对当前价值的多样化与信仰根基的动摇、利益的多重化与崇尚财富的心理、文化的多元化与文化的不自觉等表现，只有通过求真、求善、求美、求实，充实现实的人，实现人的意识变革，才是培育心灵和谐的新路径。

（二）借鉴外国思想道德成果，赋予其中华民族的文化底蕴，优化教育内容结构

通过资料调查与研究可以发现，目前国外已有的研究文献中并没有明确提出"思想政治教育"这一词，但是有很多相关的概念研究，如"道德教育""公民教育""精神教育""宗教教育"等。由此可见，国外的教育学者主要是采取上述几种教育形式来对学生的思想政治状态进行正确的教育与引导的。作为在当今社会普遍存在的教育活动，思想政治教育有着极为重要的意义。从国外的教学实践当中我们能汲取很多有价值的教学信息，将其应用到我国高校思政教育工作当中。例如，古希腊学者认为，人类的思想品德主要由四个要素组成，分别是勇敢、正义、智慧和节制，在此构想的基础上，科尔伯格（Kohlberg）、皮亚杰（Piaget）又提出了道德发展理论，这些都对我国高校思政教育活动的顺利开展起到了重要的推动作用，值得教育者在今后的教育工作中加以借鉴和利用。

目前国外很多国家都将爱国教育、精神教育、法制教育和价值观教育等作为对大学生进行思想政治教育的主要内容。例如，美国是一个移民国家，但却十分重视爱国主义教育，渗透至中小学的一切教学形式当中，国歌、国旗、总统画像等在美国学生的日常生活中几乎随处可见。除此之外，美国政府还投入大量资金修建了白宫、航天博物馆、国会大厦等标志性建筑物，将其作为开展思想政治教育的重要场所。对于美国的教育者来说，思政教育工作的主要目的是增强群众的凝聚力，规范法律行径，形成一种社会监督机制，进而推动教育领域的改革与发展。

在新加坡，小学教育阶段就设有"公民课"这一课程，体现了新加坡教育者从小就开始重视思想政治教育工作，致力于培养学生的公民意识。为了促进思政教育事业的发展，新加坡政府还出台了《共同价值观白皮书》，明确提出了能够被各民族人民共同接受的价值观理念。当代社会，新媒体技术快速发展，国外的思想政治领域也发生了一系列重要变革并取得了丰硕的成果，成为人类共同拥有的精神财富。在此背景下，我国高校在建构思政教育内容结构时应始终坚持开放性的原则，面向全世界，汲取优秀的思想道德教育经验，结合中国实情开展相应的教学活动，提高高校的教学质量水平。

四、技术层面：加强媒体素养教育，发挥高校思想政治教育内容结构的正能量

优化网络时代高校思想政治教育的内容结构，需要不断更新思想政治教育内容，实现内容结构的升级。时代的发展，社会的进步，技术水平的提高，意味着反映社会发展和人的发展需要的高校思想政治教育的内容也要不断发展和创新。

马歇尔·麦克卢汉（Marshall Mcluhan）在《理解媒介》一书中提出：媒介文化已经把传播和文化凝聚成一个动力学的过程，将每一个人都裹挟其中。新媒体以其强大的辐射力影响着人们的生存方式，对现代文化的塑造和人们价值观念的形成起到了不可估量的作用。作为网民中数量最庞大的群体的大学生，其知识结构不完善、心理发展水平出现偏差以及阅读能力、社会阅历、情感特征的局限等诸多因素，导致他们缺乏辨别网络信息真伪的能力，无法准确地解读网上信息，从而容易受到负面信息的误导。生活在新媒体文化所制造的景观之中，我们必须学会生存，注重在思想政治教育进程中持续不断地倡导新媒体素养教育，使媒体素养观念和意识入脑入心，这是网络时代推进高校思想政治教育提质增效的一项重要战略举措。

媒体素养教育，就是指导受教育者正确理解传媒及其信息，建设性地享用媒体传播资源，培养他们具有健康的媒介解读和批判能力，使其能够在多元的媒体环境中，充分合理利用媒体资源完善自我、参与社会发展。因此，媒体素养不仅是一种知识体系，而且是一种技能、一种思维方法，是现代公民必备的基本素质。在内容结构上，积极整合资源，在当代大学生中实施媒体素养教育，努力提升当代大学生的媒体素养及面对媒体尤其是新媒体的各种信息时的理解能力、选择能力、评价能力、表达能力、创造能力以及批判和鉴别能力。在网络时代，信息传播十分迅速、方便，但同时对广大网民和手机用户的理性思维能力和知识结构提出了更高的要求。在高校思想政治教育内容结构中融入媒体素养教育，将有助于提升大学生对纷繁复杂的网络信息的准确理解、正确选择、合理评价的能力。通过对大学生进行新媒体道德规范教育，引导他们在遵纪守法、符合道德规范的要求下使用新媒体，增强其法纪观念，提高其道德素质，努力培养他们成为一定范围内有创新性的"舆论领袖"和正面信息的传播者，从而逐步形成线上和线下思想道德文明建设的合力和良性循环机制。

第四节　高校思政教育教学内容优化与创新的路径选择

高校思想政治课程承担着对当代大学生进行系统的马克思主义理论教育的任务，是培养、提高大学生思想政治素质和理论修养的主阵地和主渠道。针对现实中高校思政课教育存在的问题，激活学生学习思政课的内在需要，提高学生学习的积极性和主动性，增强思政课的针对性和有效性，整合与优化现行的思政课教学内容，无疑可以发挥重要作用，这也是摆在广大高校思政课教师面前的不容回避的重大课题。

一、引入时效性强的内容

社会主义核心价值观是网络时代大学生思想政治教育内容结构优化与创新必须坚持和遵循的。党的十八大报告明确指出："倡导富强、民主、文明、和谐，倡导自由、平等、公正、法治，倡导爱国、敬业、诚信、友善，积极培育和践行社会主义核心价值观。"党的十九大报告把"坚持社会主义核心价值体系"作为新时代坚持和发展中国特色社会主义的基本方略之一，提出必须坚持马克思主义，牢固树立共产主义远大理想和中国特色社会主义共同理想，培育和践行社会主义核心价值观，不断增强意识形态领域主导权和话语权，推动中华优秀传统文化创造性转化、创新性发展，继承革命文化，发展社会主义先进文化，不忘本来、吸收外来、面向未来，更好构筑中国精神、中国价值、中国力量，为人民提供精神指引。党的二十大报告提出要"广泛践行社会主义核心价值观。社会主义核心价值观是凝聚人心、汇聚民力的强大力量。弘扬以伟大建党精神为源头的中国共产党人精神谱系，用好红色资源，深入开展社会主义核心价值观宣传教育，深化爱国主义、集体主义、社会主义教育，着力培养担当民族复兴大任的时代新人。推动理想信念教育常态化制度化，持续抓好党史、新中国史、改革开放史、社会主义发展史宣传教育，引导人民知史爱党、知史爱国，不断坚定中国特色社会主义共同理想。用社会主义核心价值观铸魂育人，完善思想政治工作体系，推进大中小学思想政治教育一体化建设。坚持依法治国和以德治国相结合,把社会主义核心价值观融入法治建设、融入社会发展、融入日常生活"。

在社会主义核心价值观的引领下引入时效性强的内容,合理开发多层次的内容,使思想政治教育议题内容紧跟时代发展的步伐,反映大学生的心声,契合他们的身心发展特点,把时效性、新闻性与传统思想政治教育内容充分融合,以独特新颖的方式吸引大学生主动接触思想政治教育内容。同时,也要利用新媒体的信息传播优势将国家大事、百姓难事、感人故事、现实生活中的榜样典型引入思想政治教育内容,这些都是思想政治教育的好素材,为大学生的思想道德涵养备足了资源。❶

二、政治性内容与生活性内容相协调

大学生思想政治教育内容非常庞大,政治教育是其中必不可少的组成部分,但是这并不意味着政治教育就是思想政治教育的全部内容。政治教育在思想政治教育内容结构中处于主导地位,起着支配的重大作用。以政治教育为主导,就必须始终以理想信念教育为思想政治教育的核心内容。在网络时代,基于新媒体的虚拟性和开放性,西方发达资本主义国家利用各种传播渠道进行意识形态渗透,国际国内环境越来越复杂,这对于信息辨别能力不强、心智不成熟的大学生来讲,存在诸多问题。这就要求大学生思想政治教育解决好这一现实性的问题。前文提到过,我国大学生思想政治教育工作面临的主要任务是,加强爱国主义、集体主义和社会主义教育,帮助学生树立正确的政治观、世界观、人生观、价值观,增强国家归属感和社会责任感;在对待走什么道路、依靠谁来领导、坚持什么样的指导思想等诸多政治问题上,真正"讲政治",真正坚持党的基本理论、路线、纲领和原则。这是大学生思想政治教育在政治教育部分的重点,必须切实将其现实化。思想政治教育内容结构的优化也必须高度重视政治教育的细节性问题,对"该教什么"和"如何教"这些基本问题有清晰的认识,并且能够活化在具体的实践中。就"该教什么"这一问题,大学生思想政治教育首先要培养大学生扎实的理论功底、高远的政治视野以及敏锐的政治观察能力,要帮助学生通过纷繁复杂的政治现象认识事件背后真正的政治动因,以此培养大学生的民族自信心和爱国情怀。同时也要让大学生感受到

---

❶ 洪涛.新媒体时代议程设置嵌入高校网络思想政治教育研究[M].北京:光明日报出版社,2016:98.

实现中华民族伟大复兴中国梦并不是空想，在坚持中国共产党的正确领导下，在全国各族人民的共同努力下，坚定不移地走中国特色社会主义道路，这个梦想一定会成为现实。

大学生思想政治教育只有坚持以政治教育为主导，确保政治性内容与生活性内容的协调发展，才能实现思想政治教育内容结构优化。政治性内容具有权威和刚性的特点，如果没有生活性内容的丰富，政治性内容会变得单调和乏味，当然也就无法受到大学生的关注，更不用说其教育作用的发挥。事实上，最理想的优化思路应该是既不脱离现实生活资源的根基，又能保证引导方向的正确，在教育内容内部体系中实现协调。

因此，网络时代大学生思想政治教育内容结构的优化不能流于形式，必须以扎实有效的政治教育为核心，在显性教育和隐性教育的双重作用下，让大学生在实际生活中逐步认识社会发展规律，认识到自己的成长与国家发展和民族振兴之间息息相关。这是思想政治教育内容结构优化中最关键的环节，也是大学生思想政治教育获得长足发展不可逾越的步骤。对大学生而言，政治性内容和生活性内容的融合有助于满足他们的现实诉求，也拉近了他们与思想政治教育的距离。政治性内容与生活性内容的融合，具有必然的内在逻辑生成。思想政治教育基于强烈的阶级性和突出的先进性，富有浓郁的政治色彩，在内容结构优化时突出政治性内容，这是由其本身的属性所决定的。但是最合理的方式应该是把政治性内容的教育纳入社会发展进程和人的全面自由发展的进程中，使政治性内容与生活性内容相融合，从而实现宏观教育内容与微观教育内容的融合。这是时代进步的要求，也是社会发展的必然趋势。在网络时代，思想政治教育既要注重思想政治道德素质的培养，更要注重健全的心理人格素质的提升。大学生思想政治教育内容结构的优化与创新要力图打破传统思想政治教育固有的单一政治功能，拓展思想政治教育内容的视野，不仅要有政治的眼光，还要有思想的智慧、教育的情怀、艺术的方法和文化的品位，除了进行马克思主义理论教育、理想信念教育以及世界观、人生观、价值观教育，爱国主义、集体主义和社会主义教育外，还要将人文精神、竞争理念等纳入思想政治教育内容中。

三、根植中国特色社会主义建设实践

高校思政课教学内容的优化与创新要直面大学生思想困惑，必须从中国特色社会主义建设实践中吸收鲜活的素材和总结成功的经验，理论与实践相结合，不断丰富完善高校思政课理论体系。理论只要说服人，就能掌握群众；而理论只要彻底，就能说服人。所谓彻底，就是抓住事物的根本。

（一）中国特色社会主义建设实践不断证实着高校思政课教学内容的科学性

党的十八大以来，我们在经济、政治、文化、社会、生态文明建设等方面取得了举世瞩目的成就，充分体现了高校思政课教学内容的科学性。人们的认识不是头脑里面固有的，也不是凭空臆想出来的，而是从实践中产生的。实践是认识的来源，是认识发展的动力，是认识的目的，是检验真理的唯一标准。同时说明从梦想到现实的过程不是简单的跳跃，而是要经过实践、认识、再实践、再认识的循环往复的发展过程，梦想才能变为现实；只有通过一系列的梦想变为现实，"两个一百年"奋斗目标才能实现，中华民族伟大复兴中国梦才能实现。

（二）网络时代中国特色社会主义建设实践不断体现着高校思政课教学内容的开放性

中国特色社会主义建设实践所取得的伟大成就离不开马克思主义政党全面领导地位的确立、离不开坚持以人民为中心的初心和使命、离不开实事求是思想路线的遵循等，这些伟大的经验不断丰富和发展着高校思政课理论体系，同时又以新的经验指导新的实践。高校思政课教学内容要从中国特色社会主义建设实践中吸收鲜活的素材，从"中国核潜艇之父"黄旭华院士"对国家的忠就是对父母最大的孝"等道德模范的典型案例中提炼爱岗敬业、家国情怀的做人原则，从"要用稚嫩的肩膀扛起倾覆的教室"的大学生杰出代表徐本禹的多次远赴贵州支教活动中提炼当代青年的梦想、责任与担当……一个个鲜活的人物，一段段感人的事迹，汇成了高校思政课教学内容永葆活力的理论之源。

（三）网络时代中国特色社会主义建设实践不断要求高校思政课教学内容的前瞻性

依托高校思政课教学内容所体现的马克思主义世界观、方法论，对于激励大学生敢于有梦、勇于追梦、勤于圆梦具有非常重要的引领作用。引领大学生爱国励志、求真力行，引领大学生报效祖国、服务人民，引领大学生勤学修德、明辨笃实，引领大学生明大德、守公德、严私德，引领大学生尊法、学法、守法、用法，努力成长为新时代中国特色社会主义事业的建设者和接班人，在为人民利益的不懈奋斗中书写人生华章，在实现中国梦的生动实践中放飞青春梦想。同时引领大学生辩证分析社会现实和人生境遇，既不吹上天也不贬入地，既不妄自菲薄也不妄自尊大，对自己、对他人、对社会做出客观公正的评价，正确对待国家、对待社会、对待他人、对待自己；帮助大学生正确处理理想与现实、个人与集体、竞争与合作、权利与义务、自由与纪律、友谊与爱情等现实问题，为其成长为"担当民族复兴大任的时代新人"奠定坚实的理论基础。

四、与习近平新时代中国特色社会主义思想有机融合

要实现网络时代高校思政课教学内容的优化创新与习近平新时代中国特色社会主义思想有机融合，既要解决好"融什么"的问题，又要解决好"如何融"的问题。

（一）"融什么"

要把中国特色社会主义进入新时代、习近平新时代中国特色社会主义思想的主要内容和历史地位等融入高校思政课教学内容之中。一要把中国特色社会主义进入新时代这一历史方位融入高校思政课教学内容，讲清楚党的十八大以来我国所取得的历史性成就和所发生的历史性变革，讲清楚新时代我国社会主要矛盾的变化，讲清楚新时代的内涵和意义。二要把习近平新时代中国特色社会主义思想的主要内容融入高校思政课教学内容，紧密围绕"坚持和发展什么样的中国特色社会主义、怎样坚持和发展中国特色社会主义"的时代课题，讲清楚习近平新时代中国特色社会主义思想"八个明确"的核心要义和丰富内涵，讲清楚习近平新时代中国特色社会主义思想"十四个坚持"的基本方略，讲清楚"八个明确"与"十四个坚持"之间的辩证关系，讲清楚习近平新时代中国特色社会主义思想深刻体现了以人民为中心的马克思主义群众观、实践检验标准的马克思主义真理观、理论与实际相结合的马克思主义方法论。三要把习近平新时代中国特色社会主义思想的历史地位融入高校思政课教学内容，讲清楚习近平新时代中国特色社会主义思想是马克思主义中国化的最新理论成果，是新时代的精神旗帜，是实现中华民族伟大复兴的行动指南，对于牢固树立"四个意识"、增强"四个自信"、夺取新时代中国特色社会主义伟大胜利具有重要的理论和现实意义。

（二）"如何融"

高校思政课教学内容要通过理论认同、思想认同、价值认同、情感认同来解决"如何融"的实践路径问题。一是理论认同。组织大学生认真学习马克思主义理论和中国化马克思主义理论最新成果，尤其是认真学习习近平新时代中国特色社会主义思想的科学内涵和基本方略，用科学理论武装头脑，用科学理论指引方向，使大学生坚定马克思主义科学信仰，树立中国特色社会主义共同理想，确立共产主义远大理想。二是思想认同。组织大学生通过理论学习和社会实践，坚定对中国共产党的信任，坚定中国特色社会主义"四个自信"，坚定实现中华民族伟大复兴中国梦的信心，增强大学生的向心力、凝聚力、战斗力。三是价值认同。充分尊重大学生主体地位，把服务与成才紧密结合，让大学生有更多获得感，促使大学生把"青春梦"与"中国梦"有机结合起来，在报效祖国、服务人民的实践中实现全面发展；激励大学生在实现中国梦的生动实践中放飞青春梦想，在为人民利益的不懈奋斗中书写人生华章。四是情感认同。组织大学生积极投身于我们伟大的时代和实践，让大学生发自内心地感受和认同习近平新时代中国特色社会主义思想的伟大魅力，让大学生自觉在思想上、政治上、行动上同党中央保持高度一致，进行伟大斗争，建设伟大工程，推进伟大事业，实现伟大梦想。

通过网络时代高校思政课教学内容创新与实践，坚持用习近平新时代中国特色社会主义思想武装大学生头脑，指引大学生矢志不渝听党话、坚定不移跟党走，服从服务于中国特色社会主义伟大实践和中华民族伟大复兴中国梦的实现，为全面建成小康社会、夺取新时代中国特色社会主义伟大胜利不懈奋斗。

五、科学性内容与人文性内容和谐统一

网络时代高校思想政治教育内容结构的优化与创新并不是单纯的知识上的调整和完善，它需要深入贯彻马克思主义人学理论的本质和核心，即人的自由全面发展。这就要求高校思想政治教育内容结构优化与创新要重视人文精神的培育，确保科学性内容与人文性内容的和谐统一。科学性内容与人文性内容的和谐搭配，有助于大学生人文素质的培育，为大学生思想道德水平的提升营造了浓厚的文化氛围。在网络时代，大学生逐渐被海量的信息所包围，尤其是"碎片化"信息的大量呈现将大学生带入了一个无所不包的信息世界，大学生被各种"奇""新""异"的新鲜事物所吸引，长此以往人文精神淡化，这就

迫切要求大学生思想政治教育正视这一现实性问题，通过采取有效措施来解决这些问题。

思想政治教育内容结构优化与创新不可忽视科学性知识的增加和平衡。科学是反映自然、社会和思维的内在联系的认知体系，是人类实践的结果。科学知识、科学思想、科学方法和科学精神相互联系，构成了观念意义上的科学整体，其中，科学知识是基础，科学思想和科学精神是灵魂，科学方法是实现科学思想、弘扬科学精神的基本途径。在大学生思想政治教育内容结构优化与创新的过程中，科学知识、科学思想、科学方法和科学精神的教育只能加强，不能懈怠。在网络技术飞速发展的今天，大学生一定要能够透过纷繁复杂的表面现象看到问题的本质，而不至于被各种亮丽的外表所迷惑。这是大学生提升认识世界能力的基础，同时也为大学生发挥主观能动性改造世界奠定了坚实的基础。思想政治教育科学性内容的安排，就是为了最大限度地调动人们的积极性、创造性，协调人们之间的关系，以提高人们认识世界和改造世界的能力。因此，思想政治教育内容结构的优化与创新必须切实坚持以人为本的原则，提高人的主体意识，鼓励大学生积极参与思想政治教育过程。当然，科学性内容的设置要做到贴近现实、贴近生活、贴近大学生、贴近校园，逐步提升大学生思想政治教育的针对性和实效性，从而发挥思想政治教育强大的号召力、感染力和吸引力。❶

思想政治教育内容结构优化与创新在重视科学性内容教育的同时，也要注重人文性内容的教育。人文性内容的思想政治教育，一方面，可以有效地积淀大学生深厚的文化底蕴，净化大学生的思想情感世界；另一方面，有利于大学生人文素质的培养，使大学生综合素质的强化成为现实，同时拓宽了思想政治教育的视野，丰富了它的内涵，有助于使思想、道德、文化、审美、心理教育融为一体。人文性内容的教育，主要进行文、史、哲、艺等人文知识的教育和人文精神教育，引导受教育者如何做人，包括如何处理人与自然、人与社会、人与人的关系以及自身的理性、情感、意志等方面的问题，激发人们的爱国主义情怀、集体主义精神和社会责任感，从而形成崇高的思想品德、正确的价值观念和积极向上的人格精神。为此，在大学生思想政治教育内容结构优化与创新的过程中，要坚持以人文精神培育为重点，使科学性内容的教育与人文性内容的教育实现和谐搭配。

---

❶ 李霓.新媒体时代大学生思政教育挑战与创新[M].天津：天津科学技术出版社，2018：97.

第五章　网络时代高校思政教育教学资源的整合与创新

网络时代，要想推动高校思政教育工作更好地开展，就要重视教学资源的整合与创新，充分借助大数据优势，不断收集、整理有利于高校思政教育的资源，从而优化思政教育形式与内容，增强思政教育的效果。

第一节　高校思政教育信息化教学资源的内涵与特征

资源信息化是这个时代的特征，信息化是指将媒体资源转化为数据形式而存在。思政课教学资源信息化是符合时代特征的一种选择，通过信息化可以帮助教学资源更好地传播，还可以促进思政教育的进一步发展。

一、教学资源与信息化教学资源

资源是一切可被人类开发和利用的物质、能量和信息的总称。教学资源是学校在教学过程中支持教和学的所有资源，即一切可以被师生开发利用的、在教学中使用的物质、能量和信息，包括学习材料、媒体设备、教学环境以及人力资源等，具体表现为教科书、练习册，也包括实验和课堂演示时使用的实物，还包括录像、教室、网站、电子邮件、在线学习管理系统、计算机模拟软件、BBS、网络教室、电教室、教师、辅导员等大量可以利用的资源。教学资源的分类如表5-1所示。

表5-1 教学资源的分类

类型	教学资源
人员	教师、辅导人员、行政管理者
资料	课本、视频、音频、计算机课件、网络课程
设备	黑板、直观教具、实验仪器、视听装置、现代教学媒体
环境	教学楼、图书馆、机房、操场、实习场所

信息化教学资源是指以信息技术为支撑的教学资源，属于信息资源的范畴。信息资源是反映客观事物的各种信息和知识的总称，它不仅包括人类经济社会活动中积累的信息，也包括信息生产者、信息技术、信息设施等信息活动要素。因此，广义的信息化教学资源应当包括支持、促进信息化教学的物质、信息、人力等所有因素和条件。除了人员、资料、设备、物化环境外，还包括教学平台、教学系统等工具资源。本书将设备、环境等物化资源统称为教学设施资源，将承载知识信息的视频、课件、网络课程等信息化教学资料统称为教学信息资源。故信息化教学资源可分为人力资源、信息资源、工具资源与设施资源四大类。而狭义的信息化教学资源是指在教与学的过程中使用的各种硬件媒体以及承载信息的各种软件媒体，是信息技术环境下的各种数字化素材、多媒体课件、数字化教学材料、网络课程以及各种认知、情感和交流工具，即本书中所述的信息资源与工具资源。

信息化教学资源具有以下特点。

（一）数字化

数字化是计算机数据处理和网络传播的本质特性。当今世界，各行各业的信息处理均趋向数字化，由计算机和计算机网络构成的信息处理系统和信息传输系统已得到普及，人们也已习惯以数字化方式进行信息处理、加工、传输等。正如构成物质世界的基本单元是原子，计算机处理的数据是以0和1两种状态存在的比特，构成信息化教学资源的基本单元也是以0和1两种状态存在的比特，通过其不同形式的组合进行信息化教学资源的存储、处理与传输。

（二）开放性

网络教学资源打破了传统的时空限制，对于公开的信息，凡是能够使用互联网的用户均能够共享这一资源，不受副本数量的限制。同时，网络还提供了大量的免费检索工具、下载软件，并开发了大量免费的资源库供用户使用。

（三）扩展性

信息化教学资源具有较高的扩展性，学习者除了可以对现有资源进行检索与选择外，还可以在现有资源的基础上进行扩展和精加工，以满足学习者不同的学习需求。另外，信息化教学资源可以在学习者的积极参与下，通过信息技术实现再加工、再创造。

（四）非线性

传统的教学信息，其组织结构是线性的、有顺序的。而人的思维、记忆却呈网状结构，可通过联想选择不同的路径来加工信息。信息技术的发展，尤其是Web 2.0时代的到来，为教学资源的非线性组织创造了条件，也为学习者提供了更多更自由的选择。

（五）智能化

近年来，智能手机、iPad等智能设备得到广泛推广并逐渐在教育中得到应用，而自适应、智能化教学系统等也成为研究热点。学习者可通过多种方式自主地进行学习、复习、模拟实验、自我测试等，并能够通过实时的反馈实现交互，从而为探究性学习创设条件。

二、高校思政教育信息化教学资源的内涵

信息化教学资源是随着计算机信息技术的发展而产生的，其将传统教学资源通过信息化技术转化为数字形式，通过互联网可以利用这些教学资源。高校思政教学资源信息化就是将原本的教学资源数字化，方便教育者开展教育，同时有助于学生搜索资料进行学习。信息化教学资源可以方便快捷地满足人们的信息需求。

信息化教学资源的建设包括两个方面，即开发和利用。信息化教学资源的开发是指通过信息处理技术和互联网技术建立信息资源库，对大量教学信息进行数字化管理，使人们可以通过网络进行检索和下载。信息化教学资源的利用是指对信息化教育资源进行分类、整理和加工等，按照不同分类进行导航数据库的建设，帮助人们更为快捷地进行信息搜索。高校思政教育信息化教学资源的开发与利用是建设和完善高校思政课网络信息资源的重要环节，也是进一步进行思政课信息化教学的保障。

三、高校思政教育信息化教学资源的特征

（一）数量大，种类多

现代信息技术集成度高，系统结构柔性大，处理方式严密，这就使得互联网信息资源具有数量巨大的特征。高校思政教育信息化教学资源有多种形式，如文字、图片、音频、视频等，随着互联网信息技术的不断发展，对于信息的表达方式也越来越多样。

（二）形式多样，分布广泛

海量的信息资源存储在互联网中，由于互联网的特征，这些信息资源的分布十分广泛，因此高校思政教育信息化教学资源呈现出形式多样、分布广泛的特征。同时，互联网具有超文本链接方式与强大的检索功能，这使信息资源之间存在很强的关联性，这种关联性可以帮助学生更好地利用信息资源，这也是其相对于传统信息检索更方便的一个地方。

（三）动态发展，信息更新速度快

互联网媒体具有信息及时性的显著特点，信息资源的发布和传递始终处于动态，相较传统的信息传递更为快捷、灵活。高校思政教育信息化教学资源可以进行实时更新，在相关网站发布最新动态，使教育者和学生可以第一时间掌握最新的教学资源。高校思政教育信息化教学资源可以通过互联网进行及时、快速的传播，打破了传统教学资源的传播方式，大大提高了信息资源的更新和传播速度。

（四）传播范围广，具有交互性

互联网信息资源通过多媒体进行传播，超越了传统的信息组织方式，多媒体帮助信息化资源通过语言、非语言两种符号进行媒介间的传递。多媒体信息的传播方式使信息传播范围更广，同时丰富多样的传播方式为人们带来了全新的感官体验。多媒体具有很强的互动性，这使通过多媒体进行传播的信息化资源具有交互性。高校思政教育信息化教学资源在传播范围上远远超过其传统教学资源，不用担心教学资源因数量限制而无法供更多人阅读；多样化的感官体验带给人们不同以往的交互体验。

（五）整体性与系统性

高校思政教育信息化教学资源体系虽然丰富且形式多样，但仍是一个有序

的整体，具有系统性。这种整体性和系统性主要体现在，高校思政教育信息化教学资源要想发挥实效，除了要实现共享外，尤其重要的一点是还需要资源的合理配置及整合。充分利用高校思政教育信息化教学资源，要合理搭配人力、物力、财力，建立长效、立体机制，优化网络思想政治教育队伍、载体、内容资源和网络功能应用之间的组合。任何具体的高校思政教育信息化教学资源都不是单独存在的，在开发利用时必须充分考虑到高校思政教育信息化教学资源的整体性和系统性，才能发挥其最大效用。

第二节 高校思政教育教学资源整合与创新的基本依据

教育教学资源是现今教育事业得以生存和发展的基础和土壤。思想政治是我国高校教育教学的基础，因此加强高校思想政治教育资源的整合与创新显得尤为重要。而只有遵循一定的依据，才能实现思想政治教育资源的有效整合，为高校思想政治教育提供不竭动力。网络时代，高校思政教育教学资源整合与创新的基本依据主要体现在其必要性、可行性等方面。

一、网络时代高校思想政治教育资源整合与创新的必要性

互联网技术的迅猛发展，为高校思想政治教育活动提供了广阔的空间，但无形之中也增加了思想政治教育的价值实现难度。资源整合的最直接意义就是使有限的资源最大限度地满足人们的需要，使资源利用达到最大化。在网络时代，高校思想政治教育工作要突出资源整合意识，从资源的视角来研究和探讨资源整合对思想政治教育价值实现的意义。实现高校思想政治教育资源的整合与创新，有以下几个方面的必要性。

（一）克服网络时代高校思想政治教育资源自身短处的内在需求

长期以来，高校思想政治教育资源存在"三大短处"。

1. 资源短缺

当前，我国高等教育已经进入了大发展时期。大众化教育发展迅猛，一方面是大批中等职业院校升格为高等专科职业院校；另一方面是独立学院的兴起

使高校数量激增。此外,原有高校不断扩招,促成了庞大的受教育群体。由于高校思想政治教育资源的增长幅度与受教育群体的增长速度不同步,许多高校的思想政治教育资源在短时期内显得相对短缺。因此,实行思想政治教育资源整合不失为解决这一需求矛盾的有效尝试,也有利于促进不同地区思想政治教育公平。

2. 资源发展不平衡

高校思想政治教育资源发展的不平衡,主要表现在两个方面:一是地区性不平衡。由于经济和文化发展的不平衡,不同地区的政府和教育行政主管部门对高等教育的财政经费投入存在着不同。经过多年艰辛的努力,高校的思想政治教育学科建设取得了较大的成就。目前,全国马克思主义理论与思想政治教育一级学科学位层次已达到齐备的程度,硕士、博士学位点数量多、分布广,自20世纪80年代以来培养了大批的硕士生、博士生。但目前这些研究性环节主要分布在经济较发达的东部和政治文化氛围浓厚的北部地区,一大批有理论素养和实践经验的思想政治教育专家、学者相继向其聚拢。二是领域性不平衡。在社会领域内,社会思想政治教育资源主要有网络、影视、新闻、媒体、书刊、博物馆、纪念馆以及各类标志性建筑物等;社区思想政治教育资源主要有工厂、商店、社区、文化娱乐部门、司法机关等单位和部门,这些思想政治教育资源内容丰富但缺乏系统性和理论指导作用。而高校的思想政治教育资源虽然较为系统且具有很强的指导性,却缺乏生活气息和吸引力。在不增加或少增加思想政治教育投入的前提下,实现高校与社会、高校与高校之间的资源整合,可以最大限度地发挥现有的高校思想政治教育资源的作用,提高教育资源的使用效率。同时还有利于高校之间交流研讨,促进高校与社区间双向互动关系的形成,改善和巩固高校与社区间的相互合作关系,提高办学效益和教育教学质量。❶

3. 资源发展存在差异

高等教育的发展类型和层次具有多样性。从院校的办学性质来看,存在着公办院校、民办院校和独立学院;从院校的办学类型来看,存在着文科类院校、理工科类院校、艺术类院校及综合性大学。各级各类院校在思想政治教育资源方面存在着较大的差别。现实中,各种高校思想政治教育资源分散在不同的地区和不同的单位,受时空的限制无法实现有效聚合。资源整合是通过一定

---

❶ 董宇.“三全育人”背景下高校思想政治教育资源整合研究[D].沈阳:沈阳师范大学,2020.

的手段和方式，使资源在一定程度和范围内集中。在思想政治教育资源总量一定的情况下，实施资源整合，也是各级各类高校解决思想政治教育资源差异性问题的有效尝试。

（二）适应网络时代高校思想政治教育资源新特点的现实需要

网络时代，新媒体以其海量的信息、迅捷的传播速度、多对多的传播方式、受众范围广等特色，在高校思想政治教育中所起到的资源性作用正逐渐被认识和重视。新媒体在高校思想政治教育中的地位和作用的显现，赋予了高校思想政治教育资源新的特点。

1. 潜在性

如同其他资源一样，思想政治教育资源无论在存在形态、结构还是功能、价值上，都具有潜在性，必须经过思想政治教育工作者自觉能动地加以赋值、开发和利用，才能转化成现实的思想政治教育资源。网络时代，高校校园媒体的教育功能需要经过思想政治教育工作者自觉主动地加以开发和整合才能实现。

2. 多样性

思想政治教育资源的"客观状态"具有多样性，不同地域、不同时代、不同文化背景下，可供开发和利用的思想政治教育资源不同。网络时代，知识层面的、活动层面的以及环境与设施层面的高校思想政治教育资源，在概念和外延上得到了拓展。新媒体所承载的内容信息、文化、思维方式及其自身的知识传递的功能性作用，使得高校思想政治教育资源得到了极大的丰富。

3. 动态性

思想政治教育资源是一个与社会资源系统、人的主观价值系统和开发条件等动态适应的子系统，因而不同主体在不同情景下面对的开发利用的思想政治教育资源是不同的。新媒体的开放、迅捷、及时和海量化信息承载量，赋予了高校思想政治教育资源动态的、开放的和较强情景性的特点，因而必须针对具体的时空条件和情景进行开发与利用。

4. 选择性

思想政治教育资源是客观社会资源经过主体筛选后具有主观性和客观性的资源，其涉及范围广泛，包括制度层面、精神层面和物质层面。新媒体在高校校园的兴盛丰富了高校思想政治教育的手段和途径，增强了思想政治教育资源的选择性。

（三）加强网络时代高校思想政治教育资源利用的必然要求

网络时代，加强高校思想政治教育资源整合是为了合理地利用资源，使高校思想政治教育具有更强的针对性和实效性。如今的高校思想政治教育资源整合虽然取得了显著的成效，但是在整合过程中仍然存在着一些不可忽视的问题。因此，必须深化对高校思想政治教育资源整合必要性的认识，深刻认识"四个必然要求"。

1. 提高高校思想政治教育资源使用效率的必然要求

一般来说，教育者在高校思想政治教育实践中遇到和直接运用的都是大学生思想政治教育个别而具体的资源形态。但是，无论哪种资源形态都不是孤立存在的，而是与其他的资源形态相互依赖、相互支撑，有机结合在一起而形成一个整体。

在高校思想政治教育资源整合过程中，存在着现有高校思想政治教育资源的有限性和所需资源无限性之间的客观矛盾。只有在现有的条件下，充分把握思想政治教育资源的属性，正确地审视和理解高校思想政治教育资源之间的内部关系，再进行全面的合理整合与配置，达到资源共享，才能更好地提高高校思想政治教育资源的使用效率。

2. 提升高校思想政治理论课实践教学资源质量的必然要求

高校思想政治理论课实践教学资源的质量，是指思想政治理论课实践教学资源作为一个系统，它的各组成要素能否满足实践教学的要求，以及各要素之间能否实现最优组合，形成合力，使之功能效益最大化。实践教学资源的质量也是影响高校思想政治理论课实践教学环节顺利实施的重要因素。网络时代，高校思想政治理论课实践教学资源既有人、财、物等有形要素，又有教风、学风、校园环境、社会舆论等无形要素，这些要素之间的结构是否搭配合理，既反映了资源本身的质量，又直接影响着思想政治理论课实践教学的效果。即各种实践教学资源对思想政治理论课实施所起的作用不是简单的、直接的、机械的过程，而是一个有机的、综合的、复杂的过程。任何单个要素所起的作用都是十分有限的，只有将各种实践教学资源联合起来实现资源共享，才能形成教育合力，达到资源综合利用的最佳效果，而这些只有通过对资源的充分整合才能实现。通过整合，可以将所需要的各种思想政治理论课实践教学资源按计划和要求进行调配和优化组合，使其相互联系、相互作用、相互影响，以提高资源的质量和利用效益,从而实现实践教学的既定目标。

3. 推进高校思想政治教育社会化的必然要求

高校思想政治教育社会化是指高校思想政治教育要适应社会发展的需要,贴近大学生的实际生活,以学校为中心,在全社会共同关心支持下,引导大学生适应社会、参与社会、服务社会,实现高校思想政治教育与社会教育相互渗透、相互作用的过程。高校思想政治教育的社会化从本质上来说就是为了促进大学生的社会化,它不仅是高校的任务,还与各级部门和社会各界有密切联系,因此,社会上的相关部门和相关群体都要关注和重视大学生思想政治教育,特别是要树立全员育人、全过程育人和全方位育人的大学生思想政治教育观念。随着新媒体的广泛运用,高校思想政治教育资源整合方式越来越多样化,只有通过多样化的资源整合方式,才能达到高校思想政治教育资源利用的最大化和效益的最优化,从而有力地促进高校思想政治教育社会化。

4. 对大学生进行立体教育和综合培养的必然要求

当前,互联网的发展不断地改变着大学生的思想、学习和生活状态,拜金主义、享乐主义和个人主义等社会思潮严重冲击着大学生的思想道德观念,高校思想政治教育工作者必须适应时代发展的要求,以社会主义的教育方针为指导,在大学生思想政治教育实践中,将学校教育、家庭教育和社会教育相结合,形成合力,并将各种校内资源和校外资源进行合理整合,充分发挥高校思想政治教育资源的作用,以提高大学生思想政治教育的适应性和有效性。只有这样,才能对学生进行立体教育和综合培养,规范大学生的思想和行为,引导其走上符合当前社会主义教育事业发展要求的道路。

(四)大学生培育和践行社会主义核心价值观的需要

社会主义核心价值观深深根植于中华优秀传统文化,生成于中国特色社会主义建设实践,集中体现着伟大中国精神的深刻内涵。青年人的价值取向对于未来整个社会的价值取向起着决定作用。在全社会培育和弘扬社会主义核心价值观,需要大学生始终走在时代前列,成为社会主义核心价值观的坚定信仰者、积极传播者、模范践行者。高校在大学生中开展社会主义核心价值观教育,必然需要文化育人为其提供助力,文化资源整合在此就显得尤为重要了。

二、网络时代高校思想政治教育资源整合与创新的可行性

（一）需求的交互性为高校思想政治教育资源整合与创新打下了基础

高校思想政治教育资源整合与创新的指导思想在于"优势互补、相互促进"。各高校既是思想政治教育资源的供给者，又是需求者，这种交互作用使得资源整合成为可能。不同地区、不同类型的高校在思想政治教育资源方面存在着很大差别，这种差别表现为三种情况：一是学校之间存在着思想政治教育资源的差异性。在大批的研究型院校中，思想政治教育资源优势主要体现在理论研究和学科建设方面。不足之处是教学与思想政治教育的实际工作相脱节的现象较为普遍，学校培养出来的博士大多又继而从事学科建设、理论研究，极少有人投身思政教学和实践工作，理论研究优势没有转化成教育实践优势。从长远看，虽然学科建设最终会大力推进思想政治教育的资源建设，但是，这些年来在客观上造成的现实是大批学者很少直接面对本科生开展思想政治教育工作，脱离思想政治教育工作第一线，思想政治教育资源"流失"。由于马克思主义理论与思想政治教育学科建设，尤其是与思想教育实践相脱节，造成高校思想政治教育资源的结构性"流失"严重；而以教学型为主的大批独立学院和高职高专院校恰恰弥补了这一缺陷，思想政治教育工作者（教师、行政、辅导员队伍）主要从事一线的思想政治教育工作，体验深刻，其优势在于教育观念开放、实践经验丰富以及思想政治教育信息资源密集。缺陷是队伍偏年轻化，缺乏理论归纳和总结能力不强。从整体发展来看，研究型高校与教学型高校实现思想政治资源的优势互补，既是促进我国高校思想政治教育资源均衡配置的必由之路，也是各高校提高思想政治教育实效性、创新性的现实要求。二是部分高校存在着思想政治教育资源闲置浪费的状况。一些重点院校和有思想政治教育学科设置的文科类院校，其雄厚的师资力量和丰富的实践基地等资源并未得到充分利用，因此愿意以某种方式提供给其他学校使用。三是部分高校的思想政治教育资源不足，存在着共享的需要。以上三种情况使得思想政治教育资源整合与创新存在可行性和合理性。各种类型的高校在通过资源整合与创新实现双赢的同时，将促进高校思想政治教育整体水平的提高。

（二）有利的政策环境为高校思想政治教育资源整合与创新提供了保障

要实现高校思想政治教育资源整合与创新，除了对资源的分布进行分析外，还必须对资源整合的支持系统进行考察。事实上，高校思想政治教育资源能否实现整合，以及在什么情况下能够实现整合，往往受环境条件的制约。从我国现有的支撑政策来看，国家非常重视青少年的思想政治教育工作，大力支持高校做好思想政治教育工作，连续出台了相关文件，并组织了思想政治理论课教材的编写，以及组织骨干教师培训和辅导员队伍培训。各级教育部门也实行了思想政治理论课教师全员培训，推行了持证上岗制度。国家和行政主管部门的政策支持为高校思想政治教育资源的整合与创新提供了政策保障和便利条件。

（三）迅速发展的互联网技术为高校思想政治教育资源整合与创新提供了支持

20世纪90年代以来，信息网络技术得以迅猛发展，网络覆盖面越来越广。迅速发展的高校互联网是高校思想政治教育资源整合的技术支持，互联网具有信息量大、信息发布快、可异地传送以及不受时间、空间限制等优点，能够在一定程度上解决高校思想政治教育资源相对分散的问题。高校可利用网络技术来收集思想政治教育的资料，通过网络来丰富思想政治教育资源，参与高校思想政治教育资源的共建共享，充分发挥各类教育资源在高校思想政治教育中的作用。

总之，高校思想政治教育资源的整合与创新不仅是必要的，而且是可行的。它的必要性会随着高校的改革发展而愈显迫切，它的可行性会随着党建工作内容和技术的双重推进而与日俱增。

第三节　高校思政教育教学资源整合与创新的现状分析

当下，高校思政教育教学资源的整合与创新主要着眼于教育显隐性内容资源、思政课内外活动资源、高校校内外文化资源等方面，且存在着资源配置不够均衡、资源整合认识不够等问题。

一、高校思政教育教学资源整合的现有模式

（一）教育显隐性内容资源的整合

显性、隐性资源在高校思政教学中均发挥着重要作用。从显性资源看，大多数思政课在积极推进课堂革命，通过理论与实际结合来调动学生的积极性，努力变"水课"为"金课"。教师也在提高自身素养，加强知识整合储备，对冗杂的资源进行系统调配、充分利用。从隐性资源看，针对年轻人喜欢的网络，很多高校努力推动"互联网+"教育改革，通过打造在线精品课程、加强网上易班建设、推进融媒体传播等方式陶冶学生，对学生施以潜移默化的影响。实践表明，显、隐性思政教育资源的有效整合能够优化校风、学风，帮助学生培养思辨和创新能力。

（二）思政课内外实践资源的整合

高校的实践教育活动种类繁多、形式多样。在思政教育工作中，学生作为实践活动的主体，在实践活动中获得知识、培养技能。增设实践课程能帮助学生摆脱死啃课本、只抓课堂的教学模式，也能帮助高校培养复合型的新时代优秀大学生。同时，"第二课堂"建设也要引起重视。事实证明，学生党团组织、学生社团等牵头开展的各类课外实践活动，能为大学生的思政教育工作提供有效支持。此外，学生利用假期参与校外的社会实践等活动，亦能在社会体验中彰显新青年的精神风貌。

（三）高校内外文化资源的整合

社会文化资源泛指与人们的一切文化活动相关的生产和生活内容，它从方方面面对人们的思想、生活和精神产生深刻影响。校内的文化资源主要集中在校园环境、育人氛围、教育活动、舆论阵地等方面。校外文化资源则内容多样、纷繁复杂。尤其处于信息时代，各类文化资源良莠不分、参差不齐。然而，校内外文化资源又是不可分割的整体，他们之间相互联结。因此，在进行具体整合利用时，高校较为注重取长补短。事实上，合理整合校内外文化资源，能最大限度地发挥其作用，丰富思政教育内容，满足大学生的不同文化需求。

二、高校思政教育教学资源整合与创新存在的问题

（一）高校思政资源配置不够均衡

地域之间的发展差异、师资力量的不均匀调配以及教育投资的力度不同等造成了各地思政资源配置不尽相同。其中，高校的经济实力、可调配资源量对高校思政教育产生的影响较大。经济实力的影响主要体现在政府对学校的财政扶持上。经济实力较差的学校必然减少对教育资源整合的资金投入，使学校可利用与整合的资源量减少。从而，教师在课堂中无法运用较多的教育资源，制约着教学效果。地域因素对资源配置产生的影响则取决于城市发展水平。发达城市的社会资源比较丰富，可调配资源更多；落后地区，由于社会资源相对薄弱，可利用思政资源较少，客观上也影响着思政教学。

（二）新旧媒体之间互动不足

网络时代，高校校园媒体主要包括传统媒体和新兴媒体两大类，具体来看形式多样，如校园报纸、学生社团报纸杂志、校园广播、校园电视、橱窗海报宣传栏、校园计算机网络、手机媒体等。目前高校校园媒体的运营基本处于各自为政、互不干涉的局面，校园媒体之间互动不足。比如，对于某一具有重大思想政治教育意义的新闻事件、信息素材，各大校园媒体一般都是根据自己的节目安排和节目编排习惯，选择适合自己的时间进行报道和宣传，这种分散的、小规模的报道和宣传，无法在学生中起到较深、较广的影响，这样就造成了不少有意义的媒体信息资源的浪费。

就网络网页内容建设而言，目前以工作导向为主，未充分体现资源化建设导向，即较少直接立足于丰富和完善校园新媒体思想政治教育资源建设，既表现为网页内容多以日常工作信息为主，记流水账，报道的成分较重，又表现为未将这些工作信息加以整理，转化为新媒体思想政治教育资源。例如，不少高校开展"优良学风班""优秀大学生""优秀学生干部""自强之星"等评选活动，创建评选时轰轰烈烈，信息量大、更新快、访问多，一旦工作结束，便被新的内容取代，随即淡忘与消失，往后也难以查阅。互动与共享是新媒体的优势，在校园网上建设具有互动功能的平台，多数高校经历了"开发—控制—再开发—适度控制"的过程，因参与、互动形成的新媒体资源较少，直接导致学生对网站的兴趣减弱、参与减少，同时也较难形成具有参考意义的交流案例。加之管理缺失，更新不及时，较少补充新内容，导致对大学生的影响力呈减弱趋势。

（三）资源结构开发不足

当前，由于对高校思想政治教育资源结构开发不足，已远远不能满足网络时代高校思政教育的需要。所谓资源结构开发不足，是指高校思想政治教育资源没有得到协调、合理的开发利用，一部分资源承担着思想政治教育任务，另一部分资源却处于闲置状态。这具体反映在三个方面。

1. 校内与校外资源结构失调

目前，高校的管理方式属于封闭式管理，认为校内的思想政治教育资源就属于本校所有，校外的思想政治教育资源属于政府管理范围；在高校思想政治教育资源的开发利用上，以开发校内资源为主。但大学生毕竟是活生生的个体，家庭、社区属于他们的活动范围，校园周边环境也对大学生具有深刻影响，他们思想品德的形成是校内、校外资源合力作用的结果。在高校思想政治教育资源开发利用的过程中，有的高校只注重校内资源的开发，忽略了与校外资源平衡协调地进行开发利用。

2. 校内显性资源与隐性资源结构失调

微观资源方面：从学科上看，过于注重在马克思主义理论课上对大学生进行思想政治教育，忽视了其他学科的思想政治教育功能；从载体形式上看，过于偏重文本资料，甚至以教科书为唯一教学依据，忽视了非文字性的不断生成的动态资源和其他形式的资源；从人力资源上看，只注重马克思主义理论课教师的主导作用，忽视了其他教师和学校工作人员对学生思想政治教育的影响。

中观资源方面：高校扩招后，学生人数剧增，而思想政治工作人员不增加，相对而言，大大增加了思想政治工作人员的负担，有的高校辅导员与学生的比例高达1∶760。而其他教职员工一般只注重本职工作的完成，认为思想政治教育是思想政治教育工作者的职责，不能真正形成思想政治教育的合力，造成高校思想政治教育资源的开发与利用中显性资源与隐性资源结构失调。

3. 校内物质资源与其价值开发结构失调

高校内的物质硬件是高校教育的物质基础，高大宏伟的图书馆、实验楼、计算机房等物质硬件是一所高校实力的象征。但是，有的高校却没有将它们作为思想政治教育资源加以开发利用。例如，只将图书馆作为知识汇集的场所，将实验楼作为能力培养的地方等。硬件建设只是思想政治教育的物质载体，它所体现的思想政治教育功能才是具有决定意义的。因此，在注重物质建设的同时，更应关注它的现代化物质外壳下的丰富内涵，不能造成教育现代化的物质外壳与丰富内涵的严重分离。尤其是随着网络技术的迅速发展，各高校都建成了自己的校园网，系统不断更新换代，但对新媒体的思想政治教育资源开发利用不够，教育软件较少，软件的缺乏还造成硬件的闲置。有了相应的软件，"外壳"与"内涵"才算真正结合在一起，"外壳"才真正具有它存在的价值。

（四）没有形成统一协调的运行机制

目前，高校的思想政治教育工作，由于工作难度较大，尚未形成统一协调的运行机制，各院系、各部门各自进行网络工作，大部分是实现办公网络化，对网络思想政治教育并未引起重视，没有相关部门牵头形成系统、协调运行的教育形式。在网络链接方面，也是以本部门、本学院为主，很少有其他部门的链接快捷、直接连接到思想政治教育的网站，大部分思想政治教育网页处于学生处的网站之下。无论从内容上还是链接上，都没有一个系统的机制，高校思想政治教育处于一种零散的状态。同时，机制的不完整性，不利于高校思想政治教育的日常运行管理，对队伍、内容、平台的建立也形成了一定的阻碍。

（五）对高校思政教育资源整合重视不够

习近平总书记在全国高校思想政治工作会议上强调："我国高等教育发展方向要同我国发展的现实目标和未来方向紧密联系在一起。"❶然而，各高校对思政教育工作认识不一。其一，缺乏综合性。一些高校教师仍认为思政教育应当全部由课堂教学来承担，忽视了课外实践的重要性，使思政教学仍停留在原有阶段。其二，缺乏主动性。一些思政教育工作者缺乏思政教育资源的开发意识，缺乏对资源进行整合再创造的意识，从而导致整合不到位。其三，缺乏系统性。部分高校缺少保障性资金投入，导致资源在整合开发过程中资金断层，无法继续保障和支持资源的再整合工作。

（六）高校思想政治教育财物资源不足

整合新媒体资源，需要一定的资金支撑。长期以来，从国家到地方，高校思想政治教育方面的物力、财力投入不足已是历史性问题，造成了必要的思想政治教育活动无法开展，必要的思想政治教育设施、设备不能建设和增加，必要的人员经费不能到位，影响了思想政治教育工作者的积极性和创造性。在经

---

❶ 习近平.把思想政治工作贯穿教育教学全过程 开创我国高等教育事业发展新局面[N].人民日报，2016-12-09（1）.

济欠发达地区投入更为有限,成为制约思想政治教育发展的"瓶颈"问题。例如,由于开发资金投入不足,即使掌握了新媒体技术,也无法顺利地建立思想政治教育网站,更无法快速地建立完善的思想政治教育信息资源库。而且,高校思想政治教育信息资源开发者素养的提高必须通过专业的培训和利用先进的技术设备,这些都离不开充足的开发资金。

第四节　高校思政教育教学资源整合与创新的路径选择

习近平总书记在全国高校思想政治工作会议上强调:"要坚持把立德树人作为中心环节,把思想政治工作贯穿教育教学全过程,实现全程育人、全方位育人,努力开创我国高等教育事业发展新局面。"[1]这对高校"大思政"育人格局提出了很高的要求。教育部党组于2017年12月印发了《高校思想政治工作质量提升工程实施纲要》,将"大思政"格局进一步扩展为"十大"育人体系,提出"充分发挥课程、科研、实践、文化、网络、心理、管理、服务、资助、组织等方面工作的育人功能,挖掘育人要素,完善育人机制,优化评价激励,强化实施保障,切实构建'十大'育人体系。"在此"大思政"背景下,有效地整合与创新高校思想政治教育资源,能够大力提升高校思想政治教育的工作质量,有助于形成全员、全过程、全方位育人格局。

一、转变思想观念,科学定位资源整合

网络时代,高校思想政治教育的环境发生了重大变化,思想政治教育资源整合必须首先从转变思想观念入手,树立整体、全面、开放、效益、发展的新思想政治教育资源观。为此,需要树立"四个资源观"。

(一)树立思想政治教育资源辩证观

树立高校思想政治教育资源辩证观,需要正确处理三个重要的资源矛盾关系:一是思想政治教育资源的有限性与无限性问题。思想政治教育的人力资

---

[1] 习近平.把思想政治工作贯穿教育教学全过程　开创我国高等教育事业发展新局面[N].人民日报,2016-12-09(1).

源、财力资源、物力资源、组织资源等就其物质性而言是有限的，但新媒体所提供的思想政治教育资源以及教育工作者利用资源的潜能是无限的。二是思想政治教育资源的有用性与有害性问题。新媒体所提供的资源海量、鱼龙混杂，既可以成为思想政治教育的有利资源，也可能对大学生造成不良的影响。三是思想政治教育资源量与质的问题。量与质的辩证关系要求我们在不断丰富高校思想政治教育资源的同时，也要不断提高资源的"质"，提升资源的利用率。❶

（二）树立思想政治教育资源层次观

高校思想政治教育资源是可以从纵横双向划分的矩阵系统。从横向来划分，思想政治教育资源可以分为人力资源、财物资源、信息资源、组织资源、制度资源和文化资源等。就文化资源而言，又可从纵向划分为传统文化资源、国外文化资源与网络文化资源等。思想政治教育资源的层次观要求我们对各个层次的资源进行有效整合，让思想政治教育贴近大学生生活实际，改变过去对思想政治教育资源不客观、不现实、理想化过重的观念，以及人为拔高的情况。

（三）树立思想政治教育资源整体观

网络时代高校思想政治教育资源是丰富多彩的，融传统与现代、虚拟与现实、国内与国外、整体与部分为一体。一般来说，教育者在思想政治教育中直接碰到和运用的总是个别而具体的资源形态。然而，无论哪种资源形态都不是孤立的，而是同其他与之相关的资源形态结合在一起。这就是资源的整体性质。要提高思想政治教育资源的利用效益，就必须树立对教育资源的整体观，协调好思想政治教育工作者队伍内部以及思想政治教育工作者和非思想政治教育工作者之间的关系，既要看到具体的思想政治教育资源的特性，又要看到相关的各种资源的整体优势，避免资源的重复建设与浪费。

（四）树立思想政治教育资源发展观

网络时代，高校思想政治教育资源是同新媒体的发展和人的发展需要以及教育者的开发能力联系在一起的，因此便具有了历史性质，不仅其品类、数量、规模在不断变化，其功能也在不断发展。思想政治教育是精神文明建设的

---

❶ 曾玉真.高校思想政治理论课实践教学资源优化整合路径探析[J].湖北经济学院学报：人文社会科学版，2022，19（1）：143-145.

重要组成部分，客观上应与物质文明和政治文明同步发展。高校思想政治教育工作者应坚持资源化建设导向，主动充实网络思想政治教育资源；要善于将各类信息加以系统分类整理，变信息资源为网络思想政治教育资源。

二、发挥中华优秀传统文化的基础教育作用

习近平总书记指出："历史是一面镜子，从历史中，我们能够更好看清世界、参透生活、认识自己；历史也是一位智者，同历史对话，我们能够更好认识过去、把握当下、面向未来。"❶中华优秀传统文化是中国特色社会主义文化的源头。习近平总书记指出："要加强对中华优秀传统文化的挖掘和阐发，使中华民族最基本的文化基因与当代文化相适应、与现代社会相协调，把跨越时空、超越国界、富有永恒魅力、具有当代价值的文化精神弘扬起来。"❷综上所述，在整合高校思想政治教育文化资源的过程中，要充分发挥中华优秀传统文化的基础教育作用，通过多种有效途径带动大学生对中华优秀传统文化建立深刻认识，进而产生情感共鸣，最终形成继承、弘扬中华优秀传统文化的自觉意识。

（一）建立中华优秀传统文化课程体系

高校思想政治理论课是高校思想政治教育的主阵地，也是中华优秀传统文化教育在高校展开的重要渠道。在该类课堂中，教师应在课本原有内容的基础上，积极增加中华优秀传统文化相关内容，将传统文化教育与课程教育完美融合，丰富传统文化教学内容。除了理论讲授以外，也要将中华优秀传统文化融入实践教学环节。在高校各门专业课中，教师也要积极寻找本专业内容与中华优秀传统文化可紧密结合之关键点，指导学生将中华优秀传统文化与专业知识相结合，在未来的职业道路上继承、弘扬中华民族的优秀文化基因。另外，高校可开设与中华优秀传统文化相关的公选课，定期举办专题讲座，为学生了解、学习中华优秀传统文化提供更多的途径。

（二）建立校外实践教育基地

高校应适当选择周边的历史文化古迹、民间艺术发祥地、非物质文化遗产产生地、博物馆、艺术馆等，将其建设成中华优秀传统文化的校外实践教育基地，利用思政课实践教学、暑期社会实践、校外活动等途径，为学生尽可能多

---

❶ 习近平.论党的宣传思想工作（大字本）[M].北京：中央文献出版社，2020：263.
❷ 习近平.论党的宣传思想工作（大字本）[M].北京：中央文献出版社，2020：228.

地提供与中华优秀传统文化亲密接触的机会，使其通过耳濡目染深刻感知中华优秀传统文化的魅力，从而激发其对民族文化的热爱之情。

（三）建立中华优秀传统文化学习交流展示平台

鼓励学生建立与中华优秀传统文化相关的社团，鼓励生活艺术才能和传统技能的优秀学生代表在社团中发挥影响力和号召作用，吸引更多的学生投入传统艺术和技艺的学习中。学校、学院定期举办与中华优秀传统文化相关的艺术展示活动、文艺演出活动、技艺竞赛活动，激发学生的学习热情和动力，在学校中营造良好的文化氛围，使每位大学生都成为中华优秀传统文化的坚定继承者和积极践行者。

三、注重社会主义先进文化的示范教育作用

社会主义先进文化始终坚持弘扬社会正气和正能量，是中国特色社会主义建设的强大精神动力。以爱国主义为核心的民族精神和以改革创新为核心的时代精神便是社会主义先进文化的生动展现。社会主义核心价值观生成与中国特色社会主义建设实践同当今中国最鲜明的时代主题相适应，是当代中国精神的集中体现，是中国特色社会主义本质规定的价值表达。引导大学生培育和践行社会主义核心价值观是高校思想政治教育工作的重中之重。

第一，将中国精神教育和社会主义核心价值观教育贯穿高校教育教学全过程。中国精神和社会主义核心价值观相关内容本就是高校思想政治教育课程的重要构成部分，高校应充分利用思政课这一重要平台，深入挖掘这些文化资源的深刻内涵和教育价值，提高思政类课程的教学效果。同时，高校应在资源整合的基础上，将社会主义先进文化教育贯穿于高等教育全过程，贯穿于专业课、实践类课程以及日常的思想品德教育中，使其走进学生的生活，内化于学生的心中，外化于学生的行动。

第二，发挥先进榜样的模范带头作用。在高校中寻找中国精神和社会主义核心价值观的积极践行者，深入挖掘他们的优秀事迹，为大学生树立身边的榜样，使其在榜样示范作用的带动下，在榜样精神的引领下，进一步坚定崇德向善的决心，深入领会社会主义先进文化的崇高力量，自觉培育和践行社会主义核心价值观。

第三，以社会主义先进文化为依托，建立高校德育园地。高校应以社会主义先进文化为指导和依托，整合校内外资源，加强部门联动，建立校园德育园

地，为社会主义先进文化的宣传和师生在修德方面的相互学习交流提供平台，为大学生进行社会主义先进文化的理论学习和实践训练提供有效指导和广阔空间。

四、开发高校校园文化的引导教育作用

高校校园文化建设是通过开展一系列的文化活动来潜移默化地提升学生的思想境界和道德情操。可见，校园文化建设具有一定的思想政治教育功能，校园文化资源可以为高校思想政治教育的有效开展提供可靠助力。加强校园文化建设可以从以下几点着手。

第一，以社会主义核心价值观引领校园文化建设，以此为基础营造充满正能量的校园氛围，为大学生提供正确的价值导向。

第二，以自身历史发展为背景，以学科特色为参考，以未来发展目标为动力，本着既体现历史传承又结合时代特色的原则，培育大学精神。将大学精神作为高校极为宝贵的文化资源融入学生的日常生活和学习，引导学生深刻领会大学精神的含义，用大学精神灌溉自身思想、指引自身行为，激励自身不断前行、开拓创新。

第三，高校应定期在校内开展形式多样的文化活动，主题可以围绕弘扬中华优秀传统文化、弘扬中国革命道德等。例如，红歌合唱比赛、书法比赛、茶艺比赛、中华传统礼仪大赛等活动，活动目的是让学生在亲身实践中感受文化的力量，提升自身文化素养和道德情操，进一步坚定文化自信，提升自身的思想政治水平。

第四，积极加强校园网络文化建设，发挥网络文化的思想政治教育功能，借助新媒体的力量进一步激发学生的学习积极性和主动性。具体来说，高校可以通过建立弘扬正能量的微信公众号，制作弘扬正能量的微电影、动漫视频等网络文化产品，进一步发展校园网络文化建设。

五、坚持整合原则，规范资源整合

网络时代高校思想政治教育资源的整合是依据一定的目的和需要而进行的信息加工活动，是涉及技术可行性、整合后的知识间的关系性以及高校教育功能、学生的满意度等多方面因素的复杂工作，所以在整合的过程中高校要制定出相关的原则、标准来对思想政治教育资源的整合过程予以约束、规范，只

有这样才能充分发挥思想政治教育资源的强大功能和优势，更好地为大学生服务。归纳起来，高校思想政治教育信息资源整合原则有以下几种。

（一）开放性原则

开放性，是网络时代的重要特征。当今世界，全球化趋势日益加剧，只有致力于推进世界思想政治教育资源供应体系和需求市场的共同开放，不同思想政治教育资源才能借助于不断扩大的开放发挥互补效应。任何一个实行闭关锁国、地方保护主义政策的国家和地区都不可能在开放的时代背景中领先。要保证思想政治教育资源开发成果辈出，必须以开放的眼界，放眼整个人类资源市场。具体而言，就是要学会利用国际、国内两个资源市场，加强区域之间的思想政治教育资源整合，实现合理开发、有效使用。思想政治教育资源系统本身是一个开放的体系，它不断地同外界的其他不同系统之间发生着信息交流，实现不同地区之间资源的互补和动态交流。但同时也应当看到，新媒体技术的发展使得高校处于一个开放的信息环境之中，也使高校思想政治教育环境日趋复杂。因此，高校在构建思想政治教育环境时必须坚持社会主义的政治方向，开放高校校园媒体信息，在学生自由选择接收和发布信息的同时，学校应给予积极的、主流的引导和约束。

（二）创新性原则

创新是一个民族的灵魂和生命力所在。创新就是要突破已有的不合时宜的旧框框，建立起符合时代新需求的新方法、新体系。网络时代高校思想政治教育资源的整合也离不开创新，创新是思想政治教育资源整合应坚持的重要原则。人们总是希望能够看到新闻传媒中有新的东西出现，千篇一律的事物很容易让人产生审美疲劳，导致人们对校园媒体所传播的内容关注度下降，校园媒体的作用就随之减弱。因此，校园媒体思想政治教育资源在进行整合和利用的过程中，应该坚持创新的原则。

（三）系统性原则

高校思想政治教育资源整合是一项系统工程，坚持系统论基本原理，一方面高校思想政治教育资源整合系统自身的动态平衡，是维持该系统可持续存在的基础；另一方面各高校思想政治教育资源系统之间彼此释放的功能应互相契合，建立良性的互馈机制。在教育中，最忌讳的是各种教育因素的无系统性、不协调性所导致的各种教育影响的相互冲突，使教育的效果被抵消，甚至使被教育者产生思想混乱，导致负效应。因此，在系统整合高校思想政治教育资源的过程中，应在充分开发和利用人力资源的基础上，使优秀的高校教师掌握和采用最有效的介体资源，创造最有利的环境资源，充分利用雄厚的网络资源、文献资源，有效协调高校教育系统内部各部门、各单位之间的关系，使高校思想政治教育系统的内部各要素，目标一致、紧密配合，实现高校的各种思想政治教育资源的最佳整合，以充分发挥高校思想政治教育系统的整体功能。坚持系统性原则，最优化是系统论的一个组织原则，可以理解为选择解决某种条件下各种任务的最好方案，使之在资源整合过程中尽量高效、合理、协调。总之，保证高校思想政治教育资源整合系统的功能契合，保持系统内部的动态平衡，是网络时代高校思想政治教育资源配置环境协调发展的最基本原则，应严格遵循。

（四）实用原则

对高校思想政治教育资源进行整合与创新，最终目的是将其运用到思想政治教学过程之中，以实现教学效率和质量的优化提升，也就是利用。因此，实用原则是高校思想政治教育资源整合与创新过程中应该遵循的基本原则。实用原则强调实际效用，是在实现对资源利用最大、最优限度的基础上来满足教育发展的需求，而且高校思想政治教育教学发展的趋势是为了满足社会发展、自身发展与学生个体发展的基本需求，所以高校思想政治课教育资源的整合与创新也应该基于这一发展趋势和发展目的，确保教育资源整合与创新最终能够推动高校思想政治教育向这一发展趋势不断靠近，所以实用原则成为高校思想政治课教育资源整合与创新所必须坚持的最为基本的原则。

（五）服务原则

以人为本不仅是当前高校思想政治的教育理念，更是思想政治教育教学的服务观念。因为思想政治课是以激发学生的自主学习意识、促进学生思想道德素养和全面发展为核心目标，以服务于高校教育教学水平提升和社会经济政治健康发展为最终目的。而教育资源是教学活动开展和进行的基础与前提，教育资源的整合与创新最终是为了服务于学生的个体发展、高校教育教学的发展和社会的发展，因此高校思想政治教育资源的整合与创新必须树立服务思想，切实遵循服务原则。

（六）多元化原则

随着素质教育的不断推进和社会经济的发展，社会对全面、多样化发展人才的需求越来越大，但是传统的高校思想政治教育只局限于课本教学，对学生进行理论知识的灌输和讲解，并不注重学生的全面化、个性化、多样化发展，使学生的发展变得局限和单一。而思想政治教育资源的整合与创新便是为了适应社会多元化发展的趋势和不同学生差异化、多样化发展的需求，因此教育资源的整合与创新就必须从多方面、多层次、多角度出发，即坚持多元化的基本原则，从而为高校思想政治教育发展提供必要保障。

（七）可持续发展原则

可持续发展是一种遵循客观发展规律的、理想的社会发展形式，是促进我国社会主义和谐社会建设发展以及实现"中国梦"伟大战略目标的必经之路。为了实现高校思想政治教育的可持续发展，思想政治教育资源的整合与创新不能贪图短期效益和急功近利，而是要审时度势地改变可投入要素，遵循教育发展的规律和可持续发展的原则，实事求是地进行教育资源的整合与创新，为确保高校思想政治教育教学的科学、高效、健康发展打下坚实的基础。

六、加快高校网络思想政治教育载体平台资源建设与整合

（一）加强高校网络思想政治教育主平台构建

1. 加强高校网络思想政治教育网站建设

（1）高校思想政治教育主题网站建设

高校思想政治教育主题网站，常称校园"红网"或"德育网"（简称"主题网站"），它以大学生为主要服务对象，以中国特色社会主义理论为构建网络内容的理论支撑，以学生熟悉的网络软件和信息技术为手段，通过开辟学生喜闻乐见的栏目，补充现实思想政治教育手段的不足，有目的、有计划、有组织地全方位渗透马克思主义世界观、人生观、价值观，准确传达党的路线、方针、政策和政治主张，帮助学生排除干扰、辨别是非，提高政治思想素质，为实现伟大中国梦而勤奋学习科学文化知识。主题网站是高校思想政治教育的重要载体和集中表现形式，是高校传统思想政治教育的补充和延伸，是传播红色思想的平台、提供师生交流的平台、实现信息共享的平台、引导心理健康的平台、创新思维方式的舞台。正因如此，各级教育行政主管部门和各高校均非常重视加强主题网站建设，如山西省在"十一五"初期就出台了普通高校思想政治教育主题网站建设意见，要求省域内高校建成思想政治教育主题网站和网页，着力构筑高校网络思想政治教育的重要阵地，大力推进校园网络文化建

设，积极拓展大学生思想政治教育的有效途径。从实施的情况看，不少高校建成了有特色的主题网站，网站栏目和网页设计较新颖，内容紧贴时事和学生生活，更新较及时，特别是新媒体技术的充分运用，使网页愈加生动，吸引力进一步增强，网站点击率高，学生受到先进文化潜移默化的感染和熏陶，收到润物无声的效果。这些成功经验值得总结推广。

（2）党校、团校网站建设

高校的党校是在校党委直接领导下培养党员、党员领导干部、教学理论骨干和入党积极分子的学校，是高校学习、研究、宣传马克思列宁主义、毛泽东思想、邓小平理论和"三个代表"重要思想、科学发展观、习近平新时代中国特色社会主义思想的主要阵地。高校团校是高校对团员骨干和学生干部的培训机构，是高校团组织的一种重要教育组织形式，是加强和改进大学生思想政治教育的重要阵地，对于加强共青团的思想建设、组织建设和能力建设起到了十分积极的作用。积极分子的党性教育，具有特殊的教育优势和不可替代的作用。网络时代，高校党校、团校要充分发挥自身优势，通过开展政治理论的专题课堂教学，以时政热点为主题的研讨会、辩论会，知识竞赛等活动，在提升大学生的思想政治素质上发挥重要作用。一方面，高校的党校、团校是大学生进行理论学习的重要平台；另一方面，大学生参加党校、团校学习，还带有一定的学习任务性质，是促进大学生学习理论知识的重要途径，因此应大力加强党校、团校网站建设，尤其应不断丰富其内容，增强其吸引力和实效性。❶

（3）党委职能部门、学生事务管理服务部门网站建设

高校党委职能部门是按照《中国共产党普通高等学校基层组织工作条例》的规定开展工作的，即党的委员会根据工作需要，本着精干高效和有利于加强党的建设的原则，设立办公室、组织部、宣传部、统战部和学生工作部门等工作机构。各机构在履行其工作职责的过程中，其网页设置的基本栏目除了直接与工作相关以外，还应建有专栏，介绍党的基本知识。这些内容，构成了网络思想政治教育资源不可或缺的内容。高校的学生事务管理部门在教育、管理和服务学生的过程中，主要是在校园网上发布大量工作信息，特别是关于学生奖励、活动和违纪学生处分处理的信息，对学生的思想政治教育起着重要作用，构成高校网络思想政治教育资源的重要内容。

---

❶ 刘琳.高校思政教育"三全育人"资源整合路径探究[J].现代交际，2020（19）：182-184.

(4) 内设教学、科研机构网站建设

高校内设教学、科研单位包括内设行政机构、科研机构和教学单位。现在高校校园网络的建设，除了专题性的网站外，多属于工作平台性质。在这样的架构下，高校内设行政、科研机构的网页建设，多数没有思想政治教育价值取向的内容设计，但在事实上，这些内设机构网页上的内容是一种隐性思想政治教育资源，也应从思想政治教育视角对其进行建设，使其充分地发挥作用。高校的教学院系，作为教育教学的基层单位，其网页建设的学科专业特色较强，与学生所学专业关联度高，学生关注度高，实际浏览次数多。因此，教学院系网页中的党建栏目、学生工作栏目、团学活动栏目等，也应承载大量的思想政治教育资源，成为网络时代高校思想政治教育资源的重要阵地。

(5) 其他专题性网站建设

高校在开展党建和思想政治教育工作的过程中，总会结合一段时间的中心和重点工作建设专题性网站，如在"保持共产党员先进性学习教育""学习实践科学发展观""创先争优""群众路线教育"等活动中，建设保持共产党员先进性教育活动专题网站、学生党员科学发展观学习实践活动专题网站等。在网络时代，这些专题网站建设，应特色鲜明、主题明确、学生集中关注度高，成为开展高校思想政治教育活动的重要载体、高校思想政治教育资源的重要补充。

2. 加强论坛建设

论坛作为学生交流的平台，由于开始较早，现已发展得较为成熟，在学生中已经产生了较大的影响，在学校网络工作中也发挥着重要的作用，是各高校了解学生思想动态的一个重要途径。高校应当重视校园BBS及其他论坛的建设，使论坛在学生中发挥舆论引导与思想引领的重大作用。在加强监管的同时，高校更要进一步发挥主动性，充分利用这一较成熟舆论阵地的积极作用，组织协调大型讨论活动，在交流探讨的过程中渗入思想政治教育的内容。在这一过程中要注重激发学生的积极性，让学生发起话题展开讨论，建立学生话题评比机制，鼓励更多的学生参与进来，这样才能对学生进行积极正确的引导。在管理上建立学生、教师共管机制，突出教师的组织及监管作用，教师做好话题的把关和监督、引导，学生在过程中发挥积极有效的作用，如此不仅可以加强学生对时事的关注，更能增强论坛的吸引力和影响力。

（二）推进高校网络思想政治教育新兴自媒体平台建设

1. QQ群等即时交流工具

对于QQ群等信息交流工具，既要充分发挥其沟通交流的作用，也要高度重视其思想政治教育功能，积极主动地占领并建设这些阵地。一是，QQ群作为群聊工具，隐匿性较强，计算机、手机可以同时使用，方便快捷，群成员可以自由、及时、广泛、平等地发表言论，这些特点都有助于了解、掌握群成员真实的思想动态。二是，QQ群中易对一些共性问题、热点问题发起探讨，言论较具有煽动性，所以要重视这一阵地，及时疏导。

2. 重视QQ空间、博客等自媒体平台的内容建设

这些平台作为个体或群体的自媒体平台，发布信息及内容较深入、较稳定，已经成为大学生生活、学习、思想状态的写照，因而思想政治教育者要加大对这些平台的影响力。一是，教育者特别是年轻教师、学生队伍要及时关注这些平台，特别是对于不良信息及不良趋势的筛选，善于发现问题，线上线下结合给予学生及时的疏导与正确的引导。二是，思想政治教育工作者要建设并充分利用这些平台，对大学生产生影响，特别是年轻教师本身就对这些平台运用自如，更要充分利用其对大学生进行思想政治教育。

3. 利用微博、微信平台

目前，微博由于自由化、开放化的特点，在大学生中颇受欢迎，大学生可以面向好友及大众发布消息，同时可以浏览自己感兴趣的微博并发表评论。但是微博信息良莠不齐，且在发生危机事件时煽动力极强，所以要关注好、建设好这一阵地。一是，学校及各部门建立官方微博，针对学生关注的热点问题给予响应，积极引导，通过微博对公共问题进行解答并为学生提供服务或指南。二是，教师、学生网络队伍可以利用微博对大学生进行积极向上的影响，同时关注大学生的微博，以便发现学生的问题。

微信是一种新型的手机交流工具，不仅支持发送文字、语音短信，还支持发送视频、图片，可以单独交流也可以群聊，仅耗少量流量，可以装载在智能手机上，这对于大学生来说极为方便。利用这一平台适合进行个体或群体的思想政治教育工作，尤其是微信的语音短信适合进行大学生心理咨询及辅导，对于既想寻求心理咨询又不想面对教师的学生来说非常方便。

（三）加大宣传力度，推广校园平台

在矩阵管理的机制上，充分利用横向及纵向管理的快捷、高效，加大宣传力度，形成从新生到毕业生的针对性宣传，推广校园平台，加大服务与互动力度，使学校在学生的网络生活中产生积极、正面的影响。一方面针对新生、二三年级学生、毕业生进行不同重点的高校网络平台宣传推广活动，明确宣传推广目标及推广内容以达到更好的效果。另一方面策划校园推广活动，发放《校园网络使用手册》，使学生对学校网站的深入了解，特别是对方便学生的服务性网站的介绍及校园微博、微信等校园窗口平台的推广，只有让学生接触并关注校园网络资源，才能做好高校网络思想政治教育工作。

（四）主平台与新兴自媒体平台的有效整合

对于高校网络思想政治教育平台，要"两手抓，两手都要硬"，建设好、使用好传统平台；对于主平台，它们是进行高校网络思想政治教育的主阵地，不应舍弃，要坚持其精华部分，以创新为主，这样才能更好地进行高校网络思想政治教育工作。而鉴于网络思想政治教育时代性的特点，必须与时俱进，探索使用新兴平台，跟上大学生的步伐，更加契合他们的生活，一是在突发事件的应急处理中，积极关注并梳理新兴平台反映出的问题，并密切关注学生的思想动态，在此基础上进行传统平台内容的发布与调整，以达到贴合实际的效果。二是在日常教育中，结合新兴平台与传统平台，同步进行大型、阶段性主题教育。总之，一定要使新兴平台与传统平台结合，否则不易达到最佳效果。

第五节　高校思政教育中引入优质视频教学资源的对策

随着科学技术的进步和广大教师的不断探索，现代教育技术在教学过程中被日益广泛采用。教学视频就是其中一种较好的形式，它具有极强的真实感与感染力。如何更有效地发挥视频资源在高校思想政治教育中的作用，以更好地为教学服务，切实提高教学的实效性，是必须思考和总结的现实问题。

一、恰当定位视频资源在教学中的角色

　　高校思想政治教学视频的运用直接关系到课堂氛围和教学的实效性，是不可或缺的。借助视频资料感性教育的功能可以实现理论与实际的结合、历史与现实的对接，将教学内容变抽象为形象，有利于突破教学难点，突出教学重点，激发大学生对思想政治课程的学习兴趣。但是，要充分认识到它作为现代化教学手段之一，是课程教学的一种辅助手段、工具和载体，归根结底是为教学服务的，是帮助实现思想政治的教学目标和要求的，它起到的是画龙点睛、锦上添花和事半功倍的效果。所以，在运用中不能喧宾夺主和泛滥成灾，这是我们必须注意的。教学过程需要教师的组织，引导学生思考，更需要学生的配合，是一个"教"与"学"的有机结合。视频在教学中起到的是辅助作用，它不能取代教师的主导性，也不能取代学生的主体性。由于教学视频事先就已制作完成，如果教师在课堂上只按照事先安排好的顺序进行教学，以视频代替自身的讲授，把自己仅仅当作放映员，就不能充分发挥教师的主导作用，学生在学习的自主性与多样性上也会受到很大的限制。所以，在教学中视频的使用并不是越多越好，而是要在以教学为目的、以宗旨为指导的前提下适当地使用。任何教学载体都是为教学服务的，视频仍然是一种辅助教学手段，也仅能起到辅助作用。

二、积极优化视频资源在教学中的内容

　　高校思想政治教育视频教学内容的优化，其实质就是要精心地选择恰当、新鲜实用、有思想价值的内容来播放，以更科学、更艺术地为课程教学服务。笔者认为，选择视频资料要做到"三贴近"：一是贴近教材内容。比如，在讲授社会主义初级阶段理论的内容时，可选择播放有关人民公社、"大跃进"等的教学参考短片，以增强教师讲解和学生认识理解的准确性、客观性和直观性，使学生更深刻地了解那个时代发生这些事件的背景和原因。总之，教师在课上插播视频时，要紧扣教材，而不能脱离教材内容、偏离教材的主线，选一些与课程内容毫无关联或牵强附会的视频，甚至播放一些以娱乐、暴力为主的影视片。二是贴近现实生活。只有来源于生活的素材才具有较强的教育意义，学生才会愿意看、愿意听、愿意学，进而达到教学目的。如在讲授改革开放的内容时，可选择插播《复兴之路》等视频片段，使学生在相对宏观纪实的视角中深刻、直观地了解和感受中国曲折而富有开创意义的复兴道路，避免了教师

泛泛而谈的空洞介绍。三是贴近学生。如在讲授到大学生职业理想和职业规划的内容时，可截取编辑电视节目《在路上》《我们》中的一些专门针对大学生就业创业的片段视频播放，让学生对就业和在校学习包括提前自我设计、提前接触社会和企业等与学生自身利益密切相关的问题有一个更理性和更现实的认识，让学生不出课堂通过目睹别人的实践，就为自己增加了一次间接实践，使自己从中获益。❶

三、精心设计视频资源在教学中的应用方式

思想政治教育视频教学除了要精心选择内容外，还要精心设计规划好教学方式。首先，要把握视频应用的有效时机。视频资源一方面能够因其自身的鲜明特点——形象生动的情景、丰富多样的教学内容、生动的交互方式等吸引学生，提高学生学习的积极性，另一方面又常常因过量的多彩效果容易分散学生的注意力。所以要适度使用视频，在课堂上把握好视频使用的有效时机，达到既丰富课堂，又给学生留下足够思考空间的良好效果。一般来说，视频教学的使用要抓住三个契机：一是在讲授新课前。这时运用视频教学能引起学生的注意，激起学生学习的兴趣，抓住学生的心弦，调动学生的积极性和主动性，达到开篇制胜的效果。二是在讲授教学的重点与难点时。思想政治教学中的重点与难点往往具有复杂性和抽象性，单凭教师的分析与讲解缺乏力度、深度，如用视频教学设计情境，创造舒心和谐的教学环境，就能达到深入浅出、生动活泼、事半功倍的教学效果。三是在组织课堂讨论时。思想政治课教师在围绕或延伸教材内容提出问题、组织学生开展各抒己见的课堂讨论活动时，利用视频有助于学生"思想迸发"，达到"春雨润物"的效果。其次，除了播放视频，更多的时候还需要通过一定的辅助教学方式科学而艺术地对内容进行进一步总结、评价和升华，这样才能促使视频的功能发挥到极致，给学生留下深刻印象。在以往的视频教学中，许多教师一般只是单纯地播放视频，放完了事，很少进行讲评或组织学生讨论对相关内容进行辅助教学，导致有些自悟能力不高的大学生对内容的领悟和把握不够到位，不能很好地掌握内容承载的价值取向。所以，播放视频并配之一定的辅助教学是必要的。在播放一段视频后，教师应安排一定的时间引导学生自己去想、去说、去交流。如

---

❶ 赵秀文，金锋.西部边疆地区高校思政课优质教学资源共享研究[J].天水师范学院学报，2020，40（6）：7-11.

果课堂上的时间不够,还可以利用课下时间,可以大范围地讨论发言,也可以小范围畅所欲言地聊天等,让所播放的视频和及时的讨论对学生形成一定的冲击、震撼,使学生对自己的现在和将来有一定的思考、规划、设计和再定位。

四、引入微视频教学资源

(一)微视频教学资源的特点

微视频教学资源在高校思想政治教学中能够起到独特的作用主要取决于它自身的优势。它除了具有传统视频的优势外,还有自身独有的特点。

1. 短小

微视频教学资源是指时长不超过15分钟、速度快、内容精、适合在高校思想政治课堂教学中展示、帮助教师有效教学的视频片段资源。不难发现,微视频教学资源就是篇幅比较小的、能够辅助课堂教学的视频资源。因此,微视频教学资源最明显的特征就是"微""小",这一特性也是微视频教学资源同传统的视频资源最直观的区别。

2. 精准

微视频教学资源的时长必须保持在短时间内,如果时长超过规定的长度就不能称为微视频了。另外,能够被称为微视频教学资源的微视频资源必须用于教学,并且能够辅助教学,否则就不能称为教学资源。微视频教学资源需要在短时间内准确地表达出教学信息。因此,它输出的信息必须是准确的,必须具有精准性。所以,精准性是微视频教学资源的另外一大特点。

3. 易操作

微视频教学资源最显著的特征就是它的"微"。这里的微不仅指它的篇幅小、内容精准,而且指它的终极内存小,不需要占用大量设备空间。既然它的篇幅小、终极内存少,那么,当发现可利用的资源的时候,人们就可以随时随地用电子设备拍摄保存,或者是下载保存,不需要额外的大内存设备。另外,微视频只需要占用极小的终端空间,上传、下载都比较方便。加上微视频教学资源的时间不长,教师可以根据实际需要进行控制与调节。总之,微视频教学资源较传统的视频资源更容易被操作利用,所以,易操作性就成了微视频教学资源的又一特点。

4. 信息密度大

篇幅小，内容精准，短时间内要表现出大量的精确信息，造就了微视频教学资源信息密度大的特点。要想在短时间里表达出高校思想政治课中的某一知识或某一场景，就需要微视频教学资源的内容相当精确，也就是表达的信息相当精确，短时间内输出大量的信息。这就使微视频教学资源单位时间内包含的信息量大，因此信息密度比较大。

（二）微视频教学资源在高校思想政治教学中的应用原则

利用微视频教学资源辅助高校思想政治教学，能实现微视频教学资源的思想政治学科价值，增强思想政治课堂教学的时效性，但是前提是微视频教学资源必须得到有效利用。笔者通过对相关学者的研究成果进行分析，以及根据思想政治的学科特点得出，实现微视频教学资源的思想政治学科价值，需要遵循以下几个原则。

1. 方向性原则

高校思想政治课是一门方向性非常强的学科，带有浓厚的马克思主义色彩和中国特色社会主义色彩，具有很强的方向性和思想性。思想政治课的教学目的之一是使学生形成正确的世界观、人生观和价值观。在思想政治教学过程中始终需要坚持正确的方向，坚持以马克思主义理论为指导。因此，作为思想政治课堂教学辅助材料的微视频教学资源的运用，也就始终需要坚持方向性原则，坚持以马克思主义理论为指导，不能随意选取、利用与播放。

2. 实效性原则

微视频教学资源可以根据实际需要灵活选用，但是需要坚持实效性原则，必须能够促进学生的学习，防止长篇大论、主旨模糊不清。否则，学生将很难抓住微视频的重点和主题，或者是难以集中注意力，导致学习效果欠佳。同时，也要防止过于死板，否则不利于学生思维的发散。另外，在观看微视频之前也要注意提示学生主要针对的问题以及需要注意的地方，让学生观看视频更加有针对性，不偏题、不分心，让学生清楚知道观看微视频的最终目标，引导学生带着问题看、有方向地看，最大限度地发挥微视频教学资源的作用，坚持时效性原则。

3. 辅助性原则

微视频教学资源固然有其声色像同步、信息密度大、信息容量大等优势，能够增强课堂趣味性,丰富课堂教学方法;可以调动学生学习的积极性,激发学生的学习兴趣,构建轻松愉快的学习氛围。但是,思想政治课的目的是让学生通过学习理论知识来提升自身的素质,运用思想政治微视频教学资源的最终目的就是更好地服务于思想政治课堂教学,而不是为了学习微视频教学资源本身,微视频教学资源只是辅助性材料。所以在教学过程中,不能颠倒主次,不能把微视频教学资源作为课堂的主角。

(三)微视频教学资源在高校思想政治教学中应用的策略

微视频教学资源是一种新兴的资源,在高校思想政治课教学中合理利用,将凸显其独特的作用和优势。要使微视频教学资源发挥它应有的价值,就应该从选取、呈现及运用三方面入手。选取微视频教学资源时要考虑学生实际、课堂内容以及课堂需要;呈现微视频教学资源时需要考虑时长、数量、时机及方式;在课堂运用过程中,需要巧妙地设置问题,适当地拓展知识,以及结合多种教学方式。

1. 确立微视频教学资源的选取准则

微视频教学资源具有声色像同步的优势,能够辅助教学,提高思想政治教育的时效性。然而,在实际应用过程中,一些教师不会选取资源,不能科学地呈现、运用资源,导致微视频教学资源不能实现其自身的价值。高校思想政治课教师在应用微视频进行教学时,一定要有严密的选取准则,选择微视频教学资源时一定要根据课堂实际需要、教学目标和教学内容以及学生自身发展的基本情况来进行,使微视频教学资源更好地服务于思想政治教学,更好地促进教学目的的实现,促进学生在德、智、体、美、劳等诸方面健康发展。

(1)根据课堂需要选取微视频教学资源

微视频教学资源是高校思想政治课教学中比较常见的一种直观资源,有利于促进思想政治课的教学。但是,不同的教学环节需要不同类型的微视频教学资源,不同的教学资源适合于不同的教学环节,教师需要根据课堂需要来选取。在思想政治课的导入环节,主要是以创设情境、引起学生注意或是引出本节课所要讲授的知识点、提供学生学习的诱因、激发学生的学习动机为主要目的。教师需要创设一定的情境来激发学生学习的情感心理场,选取与本堂课相关联的,具有代表性、场景性的微视频作为教学资源。在思想政治课堂新知识讲授环节,为解释课堂教学中的某个概念、某个原理或者呈现某种现象,使这个具体的概念、原理或者是现象变难为易、变抽象为具体,在选用微视频教学资源时，就应该选取那些能帮助讲解的、能让学生直观了解知识的辅助讲解类微视频教学资源。在课堂知识巩固环节，为了巩固强化课堂教学中已经学习的知识点，使学生能有效把握课堂中的重要知识点，需要有针对性地选取与课堂内容相契合的、能对课堂中所学习的主要知识点起到补充说明和重现作用的巩固强化类微视频教学资源。同时，实现学生的情感态度价值观教育是思想政治课另一个重要目标。在思想政治课教学中，经常需要陶冶学生的情操，让学生得到情感上的升华，这时候就需要选择那些感染性较强的、能够陶冶情操的微视频教学资源。

（2）根据教学目标选取微视频教学资源

在网络时代，微视频资源铺天盖地、五花八门，给教师选取有效教学资源带来了一定的难度。教师要根据教学目标选取微视频教学资源，选取的微视频教学资源需要与教学目标保持一致，要能为实现思想政治课的教学目标服务。高校思想政治课是一门通过学习理论知识促进学生素质提高的德育课程，具有很强的方向性，强调知识与能力、过程与方法以及情感态度与价值观的三维目标的实现。微视频教学资源的选取必须依据三维教学目标，切忌厚此薄彼，否则就会使高校思想政治教育的方向偏离。在选取微视频教学资源时，教师首先要熟悉课本的知识结构和内在逻辑关系以及课堂的教学目标，设计好课堂教学内容，为合理选取微视频教学资源奠定基础。其次，在微视频教学资源选取过程中，要注重分析所选的微视频教学资源与教材内容间的关系以及它们之间的联系度，同时要分析各类微视频教学资源的内容、特点及其价值，将其与课堂目标、教材知识结构有效结合，使课堂教学能够严谨、高效，提高微视频教学资源的内在价值和吸引力。只有结合教学目标选取合适的微视频教学资源，才能避免因盲目使用视频造成教学效果不佳。

（3）根据学生身心特点选取微视频教学资源

了解学生情况是实现有效课堂教学的基础，也是现代教学观的必然要求，全面正确地认识所教对象的知识结构、兴趣取向、个性经验等是课堂有效教学的重要保证。大学生是一个特殊的群体，他们的心智尚处在要成熟但还未成熟阶段，可塑性非常强。因此，在高校思想政治课堂教学活动中，教师要注重了解大学生在心理、智力等方面的发展潜力，了解学生的实际情况，如年龄、个性、知识、经验等，针对学生的思想活动的多变性、可塑性、求新求异等特点来进行教学。对此，高校思想政治教师在选取微视频教学资源时，要根据学生实际的认知基础、心理特征等来进行，选取的微视频教学资源要贴近学生的思想特点、认知发展水平以及学生的实际生活，能最大限度地服务于高校思想政治课堂教学。

2. 构建微视频教学资源的呈现策略

有效地应用微视频教学资源不仅要善于选取微视频教学资源，而且要善于呈现微视频教学资源。高校思想政治教师在课堂教学中运用微视频教学资源时不能只是把自己当成微视频资源播放员，还应该更好地紧扣教学目标，围绕教学重难点，把握微视频资源播放的恰当时机、适宜的数量及播放时间长度，运用多种方式进行播放，使微视频教学资源能够最大限度地辅助教学，实现其应用价值。

（1）呈现微视频教学资源的数量适中

在高校思想政治课教学过程中，微视频教学资源在各个环节都有其利用价值。在导入环节，可以利用微视频教学资源进行导入，为课堂创设情境，激发学生学习思想政治课的兴趣。在讲解重难点环节，利用微视频教学资源，可以帮助体现重点、突破难点。在过渡环节使用微视频教学资源进行教学，可以起到承上启下的作用。在结课环节利用微视频教学资源，能够发散学生的思维，引发学生的思考。然而，在思想政治课堂教学过程中，并不是每个环节都必须使用微视频教学资源，微视频使用的数量并不是越多越好。微视频教学资源使用过多将会分散学生学习的注意力，使其将注意力过多集中在微视频资源上，而忽视课堂教学内容，使得微视频教学资源的价值大幅降低。笔者经过调查和观察发现，在一堂常规的高校思想政治课中，微视频资源的数量尽可能不要超过3个，并且多个微视频资源不宜集中在一起播放，最好较为均匀地分布在教学的不同时段。

（2）呈现微视频教学资源的时长适度

微视频教学资源可以活跃课堂氛围，使学生得以放松。但是，需要合理控制微视频教学资源的时长，如果微视频播放时间太长，学生将无法投入知识学习，也难以回到课堂中来，那么这堂课对于学生来说就似乎完全变成"视频欣赏课"，学生也会把思想政治课堂当成彻底的"放松课"，这将使课堂教学效果大打折扣。播放微视频教学资源的时长可以根据课堂教学的需要而灵活把握，课堂中播放的单个微视频的时长以课堂实际为标准，以能将现象和观点表达清楚为宜，如果问题能用30秒说清楚，就只需要播放30秒。笔者在实际教学过程中观察到单个微视频超过10分钟会分散学生的注意力，教学效果也会随之而降低；如果超过15分钟或者是更长时间，学生的注意力将会很难再收回来,或者收回来后一堂课的时间也将所剩无几,这大大降低了思想政治课的时效性。

(3) 呈现微视频教学资源的时机成熟

高校思想政治课是一门以理论为基础的培养学生情感、态度、价值观的实践课程,其中有比较难懂和枯燥的部分。那么,在讲到难懂或者是抽象的理论知识的时候,凭教师单纯讲授,会让课堂显得空洞、枯燥,学生可能会没有学习的欲望。微视频教学资源可以帮助提高思想政治课的课堂时效性,可以为课堂增添光彩,增强课堂的生动性。但是,播放微视频教学资源也要讲机遇、抓时机,这样才能发挥其最大价值,否则将会造成"画蛇添足"的后果。比如,新课堂开始的时候,学生还没有从课间休息或者上节课的情境中回来,教师就可以播放微视频教学资源,以微视频教学资源本身的生动直观性迅速引起学生的注意,使学生快速回到政治课堂中来。再如,当讲到理论性较强的地方时,学生会觉得枯燥无味而不想学习,这时教师如果能抓住机会,播放一段微视频,利用微视频教学资源的直观性特点帮助学生学习,就可以激发学生学习的兴趣,调动他们学习的积极性和主动性,使课堂教学达到事半功倍的效果。

(4) 呈现微视频教学资源的方式多样

笔者通过文献研究法查阅了很多文献,了解到前人研究过的视频播放方法有先播放再讲解、先讲解再播放、不讲解只播放以及边讲解边播放等。这些方法各具特点,各有各的优势,但同时也存在很多弊端。先播放再讲解,可以让学生先大概了解微视频播放的内容,然后听教师讲解,可以层层深入地学习知识。但是也存在弊端,学生看视频的时候津津有味,可是在微视频播放完毕后,学生可能还沉浸在视频内容中,而不能专心听教师讲解,或者是只看视频,根本不听教师讲解。长久运用这种方法,会让学生养成只关注微视频本身的习惯。先讲解再播放,可以让学生先学习知识,对知识有一个初步的印象,然后利用微视频教学资源来加深印象。但是有的知识比较抽象,由教师直接讲解学生根本听不懂,或者是根本没兴趣听。不讲解只播放,能为学生创设情境,但是缺乏教师指导,学生根本不能把握主旨,效果也就不言而喻了。边讲解边播放看起来很合理,然而有些知识连贯性比较大,这样断断续续会让学生摸不着头脑。所以,微视频的播放方式不能固定为某一种,而是需视具体情况而定,具体问题具体分析。

3. 掌握微视频教学资源的运用方法

有效地应用微视频教学资源不仅要善于选取、呈现微视频教学资源,而且要善于利用微视频教学资源。高校思想政治教师利用微视频教学资源进行教学不是简单地进行微视频播放，也不是简单地讲解微视频教学资源，而是以微视频教学资源为一种辅助材料来进行教学。在应用微视频教学资源的时候，教师可以采用巧妙设置问题、适当拓展知识以及与其他教学方式相结合的手段，最大限度地辅助思想政治课堂教学。

（1）巧妙设置问题

微视频教学资源作为一种生动的资源，受到广大师生的欢迎，它也具有其独特的优势，但是需要在微视频教学资源得以充分运用的前提下才能实现，否则它的优势也就只是观赏品，丰富的微视频教学资源也成了观赏品。使微视频教学资源得以充分运用最好的办法就是巧妙设置问题。巧妙设置问题可以保证知识点的落实，提高学生的参与度。以问题的形式既能抓住知识点，又能发散学生的思维，这将会促进学生的全面发展，有利于高校思想政治课程目标的实现。巧妙设置问题需要从创设和反馈两方面入手。

①问题创设的要求

第一，问题的内容要合理。巧妙设置问题首先要求问题内容要合理，也就是问题创设要具有有效性。这就要求设置的问题必须与微视频内容及教学内容具有一定的关联性。设置的问题还需要具有指向性、引导性，学生能通过这些问题明白自己观看微视频的目的与方向，能根据问题做好观看视频的准备。让学生带着问题来观看微视频更能增强学生观看微视频的效率，提高微视频的利用率，从而提高思想政治课堂教学的时效性。

第二，问题的难度要适中。创设问题时要考虑问题的难度，不宜设置过难或者是太简单的问题。因为过于困难的问题会超越学生的思维范围，导致学生不能思考，而对于太过简单的问题学生基本无须动脑，这都会降低问题的有效性。利用微视频教学时，设置的问题既要能够让学生产生一定的认知冲突，又要给学生留有一定的思考空间。

第三，问题的结构要紧密。问题结构紧密就是设置问题时要注意系统性。利用微视频教学资源时，不仅要注意问题内容的合理性以及难度的适中性，还要注意问题结构的紧密性。为了让学生更好地学习，一般一个微视频教学资源会设计两到三个问题。那么设计这几个问题时就要考虑它们之间的关联性。另外，问题设置应该有主有次，主次相结合。核心问题就是与课堂教学目标关系最紧密的问题，其他为分析解决核心问题做铺垫的问题则为次级问题，次级问题一般设置在核心问题的前面，这样才能激发学生的思考欲望，使学生层层深入地思考问题、分析问题，最终形成深刻的认识。

②问题反馈的处理

在微视频教学资源利用过程中，当学生参与问题解答后，教师要能做出正确的反馈与处理。合理的反馈可以激发学生参与课堂互动的积极性，提高微视频教学资源的利用率。

第一，要以肯定为主。在学生参与课堂教学过程后，教师要以肯定态度为主，经常鼓励学生，增强学生的自信心和成就感。因为大学生处于成长的敏感期，都有自己的思维和想法，荣誉感非常强，对教师或同学的评价十分在意。在利用微视频教学资源进行教学的过程中，多肯定学生有利于增强学生的自信心，使学生更愿意参与到课堂教学中来；能增进师生间的情感与理解，更能增强课堂互动效果。当然这样的肯定并不是无原则、无底线的，也要分清情况，对于那些故意扰乱课堂纪律的言行要及时加以批评指正。

第二，注重形成性评价。形成性评价是指在教学过程中为了解学生的学习情况、及时发现教学中的问题而进行的评价。在利用微视频教学资源进行教学的过程中，教师要注重形成性评价，不仅关注学生对问题的回答与理解，还应该关注学生在微视频辅助教学过程中的表现，以便及时了解学生在学习过程中存在的困难，做到及时反馈与总结，及时调整接下来的教学方案。这也将有利于教师课后进行教学反思，不断提高微视频教学资源的利用效率，不断调整和改进教学方法，从而真正实现微视频教学资源的思想政治学科价值，提高高校思想政治课的教学时效性。

（2）适当拓展知识

在播放微视频教学资源后，除了分析课堂上要讲的知识点之外，教师还应该适当扩充相关知识。因为，首先高校思想政治是一门发展性的学科，知识时刻在更新，所学的知识也是无止境的，相关知识的拓展有利于开阔学生的眼界，促进学生思维的发散。其次，微视频教学资源毕竟只是一种辅助课堂的资源，存在局限性，不可能全面表现出所有的知识，这就需要教师利用微视频教学资源时进行相关知识的拓展。

（3）灵活结合其他教学方法

微视频教学资源是一种生动直观的教学资源，是依靠科学技术发展起来的新兴资源，合理利用可以给课堂注入新的活力。但是使用微视频教学这一方法并不是万能的，它并不能代替其他的教学法，只是作为一种辅助性质的教学手段而存在。如果抛弃传统教学方法，夸大微视频教学的作用，比如一节课大部分时间都在使用微视频教学手段，教师的主导作用和学生的主体作用就会受到限制，使师生之间的交流和互动减少，思想政治课堂变成了观赏课堂。无论教育技术如何发展，现代多媒体技术也不能完全取代传统的教学方法，任何教学过程都必须重视教师主导作用的发挥，保证学生的主体地位不会发生根本性改变，是否使用微视频资源必须依据思想政治课教学目标和教学内容的需要。另外，大量使用微视频教学资源会冲击思想政治课程的知识体系，影响学生对知识点的整体理解。传统教学方法和现代多媒体教学手段都各有其独特的优势，所以利用微视频教学资源进行教学必须结合讲授法、讨论法、合作探究法等传统教学方法，这样才能充分发挥微视频教学资源应有的价值，思想政治课堂才会精彩，才能使课堂的教学过程和教学效果达到最优。

第六章 网络时代高校思政教育教学平台的创新研究

构建高校思政教育教学平台，能够对思政课教学起到很好的辅助作用，有助于实现自主式、协作式教学，弥补传统教育模式之不足，增强课程的教学效果。随着互联网普及程度的提高，高校思政教育教学平台的研究与建设受到越来越多的重视，获得了很大发展。

第一节 高校思政教育教学中教室空间的创设研究

随着互联网技术的快速发展和广泛使用，互联网与很多传统的行业相结合，产生新的产物。在"互联网+"的影响下，高等教育的教学实践发生了深刻变革，进而产生了新的教学形态。新形态的教学将互联网思维特征融入教学中，不仅促进了教学体系的构建、教学资源的整合，而且推动了教学空间形态的发展。

一、教室空间概述

（一）教室空间内涵

教室空间作为一种无形的力量，对学生的成长和发展产生着一定的影响。一般来说，教室是用于学生上课学习的具有一定空间作用的房间。教室空间是一种空间上存在的客观实体，更是人们精神上的具有"生命意义的空间"，可视为人们成长和学习的空间，也可视为超过真实存在的、不属于物理上和地理上的空间。因此，教室空间既是一种物理空间，又是一种社会空间。

（二）教室空间的构成要素

教室空间作为一种特殊的社会环境，其本身具有要素构成和环境特征，既是给学生传授知识的地方，也是学生自由活动、教师辅导学生学习的地方。教室空间的布置是否符合人们心中所想，那就是人们对教育方式的理解。实际上，人们对理想的追求从未停止过，对理想的探索与尝试也没有中断过。新的教育知识的出现，使人们对教室空间的需求又有了新的要求。在理论与实践互动中逐渐形成的探索新时期的教育改革，强调的是教育中的生命体，教室空间也在人们的思想方式下，具有自身的生命性。理想的教室空间所具备的生命性能够满足人们的需求，人们对思想教育的追求就是在不断改变理想状态下的教室空间的状态。

教室空间的变革以学生成长的过程为主，站在学生的角度考虑，需要注意以下三点。

第一，不要将"学生需要"当作"学生成长需要"。在成长的过程中，学生不能独立地选择发展的方向，所以，在学生的成长过程中人们常常将"学生的需要"与"学生的成长需要"混为一体，没有正确地引导学生，学生的喜好与成长需要之间是有很大区别的，学校应当在这个基础上对学生的发展进行指导。

第二，通过学生的成长状态，特别是从学生的问题状态发现学生的"成长需要"，由此切入进行指导，使学生进步。在集体交往过程中，很容易出现部分学生交往空间的缩小，局限在一个小的圈子里，排斥其他同学。这些问题出现的方式包含着多种可能性，或者是进步，或者是退步。

第三，在成长的过程中不仅要发现问题、解决问题，还要根据学生的成长状况，组织适合学生成长的实践活动。以学生的健康成长发展为目的建立教室空间，可避免出现很多错误的观点与观念。为了促进学生的成长，应当注意各个阶段的问题状态，在教室空间的设计上，不只是要注意建筑设计理念，更要参照教育理论观念，从各个方面考虑不同阶段、不同年级的学生的心理特征。应当认识到适宜学生成长状态的实践活动也能够促进学生的成长，这种成长的方式能够使学生成为教室设计的主人。

二、网络时代思想政治课教室空间的创设

传统教室空间是一个缺乏物质创新的教室空间，只重视对学生传授知识，而忽视学生的整体发展，必然会导致学生缺乏自我学习的意识。

（一）传统教学环境

以教师为主要中心，在课堂上对学生传授知识，同时对学生进行提问，并让学生在课堂教学之后对课堂上所学的知识进行练习。这种方式主要是由教师讲述，学生听讲并辅以练习以加强学科知识记忆。传统教学突出的是在教室中进行教学活动，教师是主要传播者，在学习过程中系统地安排整理课程内容，安排课程的进度，学生扮演的主要是接受者的角色，多数的时间是以学生的听讲为主，教学时间较短，最后通过练习、考试考评授课成果来判断学生的学习能力。

传统教室主要特征有：一是教师的身体语言对学生至关重要。教师在教会学生知识、与学生进行交流的情况下，表现出来的语言、声音等，都可以反映出教师的一种态度，这些对学生来说都是重要的。二是师生间的交互作用。在教学的过程中，教师的语言行为、情绪变化、心理状态的改变都会反映在教学课堂上，引起教室气氛的变化。三是学生之间相互影响。课堂上学生之间的相互竞争的氛围，可以激发学生的情绪或者抑制学生的情绪，从而都会对学生产生影响。四是学生的注意力必须高度集中。在传统的教学过程中，信息传输的过程是一个不可重复的过程，学生必须认真听讲，努力地记住教师在课堂中所讲述的重点。

（二）传统教室的不足与反思

高校思想政治课教学课堂一般采用多媒体教学，课堂从原来的"粉笔＋黑板"模式转变成"计算机＋投影"的模式，虽然避免了单调枯燥的照本宣科，使教学效果有了一定的提高，但又停留在了教学"表演"上，弊端没有发生根本的变化，难以满足网络时代教学形态的变革，仍然存在很多问题。

一是限制了教师课堂教学能力的发挥，影响了师生之间语言及形体的交流，让学生在被动环境下学习，难以达到思想政治理论课的教学目的。

二是内容更新缓慢，收效甚微。例如,有些教师在课件制作和备课过程中，只是将网络上下载的资料和课程内容进行简单拼凑，使课件内容枯燥乏味，结构层次不清晰，内容缺乏和时事、生活的有机连接，不能与时俱进。

三是统一固定的座位布局不利于教学活动的开展。课堂空间的封闭格局限

制了诸如活动学习、探究学习、项目学习、协作学习等多种教学活动的展开，并强化了学生的顺从倾向。

四是多媒体教室的配备和控制难以满足学生探究的需要。课堂是思想政治教育的主阵地，高校思想政治课教学试图通过技术装备的投入对传统教室空间进行一定的改造，但却不能满足信息技术时代学生学习的特点和需求。

基于此，教室的物理环境和心理环境都需要做出相应的改变，才能适应互联网时代教育教学的发展变革，应对新时期思想政治教育面临的机遇与挑战。

（三）思想政治课现代教室空间的创设

网络时代，物联网作为积极的教学元素与教室空间相结合，扩展了教室空间的范围。从形式上看，物理空间和虚拟空间得到了很多研究者的认可；从技术与教室互动发展来看，推动了教室由传统教室、多媒体网络教室到现代教室的发展；从教室空间的内涵来看，思想政治课现代教室空间应该是学习资源获取便利，教学内容呈现情景化、可视化，能够促进课堂交互开展，充分发挥课堂主体的主动性、能动性，促进主体和谐、自由发展的教与学的新型空间环境。对于思想政治课现代教室空间的创设要重点思考以下几个问题。

1. 现代教室空间优化的基本理念

关于现代教室空间建设的思想有很多不同的表述，但其理念基本是一致的，均强调以人为本，增强学生的主观能动性，促进主体人格的完善，最终实现学生的全面发展。

2. 思想政治课教室空间设计的主要目标

思想政治课教室空间设计的主要目标，应该体现为服务和支持思想政治课教学改革。

（1）支持思想政治课教学结构变革

高校思想政治课教学改革的关键是将教师主宰课堂的、以教师为中心的传统教学结构，改变为既充分发挥教师主导作用，又突出体现学生主体地位的新型教学结构。同时，思想政治课教室空间的设计必须具备灵活的空间布局、动态课桌椅组合、多显示屏空间、数字学习终端等。

（2）实现不同教室空间功能的互补

根据思想政治课教学的特点，将现代教室模块化，以适用于不同教学应用模式。从功能角度可以把现代教室的空间划分为以下几类。

①授课空间

传统教室绝大部分空间都属于授课空间。授课空间将分散于各区域的学生集中起来，进行统一的讲解、演示、练习和交流。教师既可以向学生描绘情景、叙述事实、解释概念、论证原理、阐明规律、教练指导，也可以指导整个班级学生，围绕一定的问题各抒己见，展开讨论、对话或辩论。

②团队协作空间

由于问题驱动、任务驱动、探究性学习等教学方法的盛行，课堂上出现了越来越多学生小组形式的协作和交流，课堂不再是整齐划一的行动。由于学习内容、教学方法、学生特质、分组方式的差异，小组学习的类型也不尽相同。团队协作空间可以为不同的学习组群提供多用途的学习空间，满足他们进行各式各样的学习活动的需求。在实际工作中，考虑到教室空间利用的情况，需要将座位按某种规则适当重排，其目的是通过空间的重构让学生在课堂上能与更多的同学接触、交流。

③媒体空间

媒体空间用于放置图书、杂志、教材、电脑、视听资料和设备，并且提供足够的电源和网络接口，学生可以自由使用。教师也可以利用媒体空间准备学习需要的教材及教具，并且可以根据教学内容，在课前、课后或者教学过程指导不同学生使用适合他们的资料。

④展示空间

传统的黑板报、名人名言的张贴、学生优秀作品展示，都属于展示空间的范畴。展示的内容既可以是学生的作业或作品，也可以是教学内容相关的知识介绍、规章制度提醒、日程安排、课外活动指引、励志栏目、师生合作栏目等。当然，展示区也可用于记录学生的行动轨迹，教师为每位学生建立一个档案袋，张贴在展示区，档案袋反映了每个学生的状态。

3. 在建设方案上遵循主导原则

在建设方案上主要遵循以下主导原则。

实用性与先进性：满足教学活动的实际需求，在保证方案实用性的基础上，还应着眼于提升整个教室环境的智能化水平，以适应未来智慧教室的发展趋势。

可靠性与高性能：采用成熟并有较多成功案例的技术装备与解决方案，保证系统的稳定、安全和可靠，同时为教学活动的全过程提供高效率、高品质的支持。

完备性与拓展性：充分考虑物理空间和各种技术装备的优化融合，发挥整体系统的最优性能，同时遵循各种标准化体系，充分考虑到未来系统的升级与扩充。

第二节　高校思政教育教学中智能手机载体的建设与运用

大学生是十分宝贵的人才资源，是民族的希望、祖国的未来，肩负着建设社会主义社会的艰巨任务和伟大的历史使命。当代大学生对数码产品有着天然的亲近性，喜欢追求新鲜刺激、多彩绚烂、高速通信的生活。智能手机媒体为大学生学习交流、获取信息、上网娱乐提供了广阔的平台。如今，大学生人手一部智能手机，部分学生甚至同时拥有多部智能手机。智能手机轻巧的机型、及时快捷的通信方式、丰富海量的内容、共享互动带来的喜悦、碎片化的娱乐功能，都使得智能手机成为继互联网之后最受广大高校学子欢迎的一种新兴媒体，并且在悄无声息中融入了大学生的生活，影响甚至改变着他们的生活、学习、交往模式，对他们的思想观念、价值取向、行为方式和人际交往等多方面都产生了深刻的影响。高校思想政治教育工作的途径因手机短信、手机报、各种App软件的出现得以扩展，智能手机媒体成为思想政治教育载体的可能性越发凸显。

一、智能手机媒体的特点

互联网在世界范围内发展多年，信息全球化进程在高速推进，全球手机的拥有量已经达到了相当的数量级。与此同时，手机的智能化以及3G、4G、5G通信网络的建设，使一个全新的移动媒体时代慢慢展现雏形。手机的媒体功能融合正在进行之中，并为通信技术带来了广阔的机会。此外，最新的一项融合则是社交网络媒体与移动通信的嫁接，社交网络媒体功能迅速成为手机的标准配置。

在智能手机媒体功能进化的同时，融合同样也在媒体领域发生着。今天的媒体越来越走向"平台中立"。互联网已经取代报纸等传统媒体成为人们获得新闻、搜索背景信息的首选媒体。今天，传统媒体中的先行者已经开始将同一篇新闻报道传至计算机、手机、报纸等各种不同的媒介上供读者阅读，这是一种典型的全媒体尝试。此外，融合还发生在受众身上。计算机、智能手机等媒介形式，互动性更强，受众扮演了双重角色——既是新闻的消费者，又是贡献者。

智能手机媒体有以下特点。

（一）传播特点

作为网络媒体的收发终端，手机媒体具有网络媒体的各种特点。同时，手机媒体又有自身的特点，其最大的优点是小，最大的缺点也是小，加上智能化，形成了一系列传播上的特点，主要表现在以下几个方面。

1. 便捷

可随身携带，接收便利；可随时随地传播，及时收发信息；可方便地采集、制作、选择、检索、储存、转发、评论。于是大大增强了传播的自由度、自主性和实时性、互动性，也增强了随意性和扩散性。

2. 综合

手机综合了人际传播、群体传播、组织传播、大众传播，综合了书报刊、广播电影电视和网络媒体的长处，成为媒体的延伸，成为功能最多、使用最多的媒体，使传播交流的覆盖面既广又密，并呈现群体化倾向。

3. 碎片

手机把许多整块时间"切碎"，人们的活动不断被手机打断。与之相应的传播也往往是断断续续、零零碎碎的。

4. 个性化

一方面受传者方便地进行个性化选择，另一方面传者方便地进行个性化推送。

（二）内容特点

上述传播上的特点必然带来内容上的特点。

1. 来源多

信息和意见快而新、广而全。许多内容没经过把关人的过滤，一方面鱼龙混杂，另一方面有许多反映民情民意和突发事件等稀缺内容。

2. 短而小

碎片时间、小屏幕难以容纳长而大的内容。于是短小精炼，能有更大的信息量，然而又有内容广而不深的问题。

3. 碎片化、肤浅化、娱乐化

手机传播可利用碎片时间，但其内容也相应碎片化。加上短而小，又容易肤浅化、娱乐化。许多人也倾向于接收碎片、肤浅、娱乐性的内容。

4. 个性化

手机使其用户方便地进行个性化选择。传者方便地进行个性化推送，一方面使个性化的内容更符合受传者的需求，另一方面会带来信息范围受限、内容片面以及"信息茧房"和"意见回音壁"问题。

（三）受传者特点

1. 主动性强

手机媒介的受传者不是信息的被动接收者，而是主动性很强的选择者、使用者和发送者。

2. 随意性大

受传者的选择余地和收发信息自由度都很大，传播时的随意性也较大，还往往情绪化。

3. 受传播环境影响大

受传者往往在人际传播、群体传播的过程中，或在碎片时间中接收和发送信息，传播内容和效果都易受到他人的影响和时间短促的制约。

二、智能手机作为思想政治教育载体的必要性及可行性

在智能手机成为人们生活必需品的今天，其功能已经不再局限于人与人之间沟通交流，还兼具着共享信息、生活娱乐的功能，它对高校思想政治教育的建设有着潜移默化的作用。作为现代信息传播交流的第五代先进媒介，手机媒体给我们带来了一种新的交流平台和新的发展机遇，智能手机媒体成为高校思想政治教育载体不仅"可以为之"，而且"必须为之"。

（一）智能手机对大学生的影响

1. 智能手机对大学生思想政治教育的积极影响

智能手机的使用对于大学生思想政治教育工作的积极影响可圈可点。无论是思想政治教育工作者还是大学生自身都从智能手机上获得了便利，具体来说

体现在以下几个方面。

(1) 手机使用的即时性为大学生思想政治教育搭建了新平台

首先,智能手机为大学生思想政治教育活动的开展增添了丰富的话题。无论是国家重点建设大学还是地方性大学,都应当高度重视智能手机在大学思想建设方面的积极作用。随着中国教育体制的持续性变革,毋庸置疑一个学校的校园精神影响到了身处其中的每一位学子,所以学校精神建设的成功与大学生思想状态水平的高低有着紧密的关联。为了加强大学生的思想道德教育,国家和政府的相关部门曾经开展了很多活动,如全国的网络短信作品赛,以帮助大学生能够更加积极文明地使用智能手机。智能手机之所以可以受到各高校的欢迎,不仅仅是因为其在丰富大学生课余活动方面具有非常大的优势,还因为可以利用其加深当代大学生对于中国传统的体验。❶

其次,智能手机改善了以往思想政治教育工作平台的时空局限性。也就是说,传统的思想政治教育模式极为单调,在开展大学校园文化宣传活动时,必然需要通过负责人的引导进行主题教育,完全丧失了教育工作的自由性。然而随着智能手机传播开来,大学生思想政治教育活动的形式开始变得丰富起来,不再拘泥于单一的时间地点和无聊的活动形式,凡是通过智能手机这种载体开展的教育活动,其内容必然生动新鲜,功能丰富多彩,因而其结果也更加行之有效,学生的主动性大幅度提升,同时提高了活动内容的可传播性。总而言之,一方面,凭借着灵活便携、信息传递速率快的优点,智能手机使得大学生思想政治教育工作的开展冲破了传统的时空局限,从而从真正意义上为大学生的教育搭建了新平台;另一方面,大学生在新的思想教育平台上也获益匪浅,借助智能手机方便及时的特点,大学生随时随地地能够与教师、同学之间建立交流和互动,答疑解惑,及时地分享了解最先进的学习经验等。随着时代的不断发展,思想政治教育活动的形式必将越来越新颖,越来越适合当代大学生对新时代的口味要求和性格特性,传统的教育模式也必将越来越失去大学生和教育工作者的青睐。

(2) 手机使用的倾向性为大学生思想政治教育提供了新手段

一个人所处的成长环境决定了其性格的养成,由于每个学生生活学习环境的不同,导致了他们之间性格方面的迥异。对于大学生思想政治教育来说,也是同样的道理,高校教育者要充分尊重每一位学生的性格差异,从而制定出

---

❶ 樊平."微时代"视角下的高校思政教育载体探究[J].读书文摘(中),2020(5):1-2.

因材施教的教育方式和方法，充分照顾到每一位学生的个性特点，尊重个性与共性共同发展，才能将思想政治教育的工作效果最大化、最好化。可以说，由于智能手机的使用，传统的大学生向教师、家长甚至同学寻求帮助的形式转变为现在的向手机寻求帮助，因为通过智能手机的互联网功能，他们能找到真正可以帮助他们解决实际问题的那些"专家"，同时，也会引起一个比以往范围更大的呼应，以从中寻求最佳答案。另外，由于互联网采用的是一种异于传统的匿名式的沟通方式，这种方法更加有可能让教育者接触到学生内心最深处的声音，而且可通过评论回复或者是在线聊天的形式非常及时地解决学生当前所面临的问题，传达给他们正确的教育信息。而对于大学生思想政治教育工作者来说，他们则可以通过长期观察研究这些网络上出现的大学生思想状态的真实反映，为以后的教育工作提出指导性的建议，提高解决问题的时效性和针对性。与此同时，相比于传统的枯燥乏味的思想政治教育模式，智能手机的应用使得当今的大学课堂从真正意义上走进了现代化，其教育形式更加直接，教育方法更加多样，教育模式更加新奇，受教育者也更加欢迎这样的教育方式，这样产生的教学效果才会大幅度提升。

（3）手机使用的交互性为大学生思想政治教育拓展了新资源

传播积极向上的教育思想、帮助引导大学生养成正确的人生价值观是新时代赋予大学生思想政治教育工作者的新要求。智能手机凭借着海量的数据信息、丰富的网络资源以及超快的信息传播速率等其他媒体不可替代的技术特征，成为最具有应用性和时效性的载体，得以与大学生接触，因而手机中蕴含的有关学校精神文化的信息也可以对大学生的身心产生一定程度的影响。所以智能手机的使用也为大学生的思想政治教育带来了新的资源。

2. 智能手机对大学生思想政治教育的消极影响

（1）不当的手机使用方式阻碍着大学生身心健康发展

首先，智能手机的使用使得大学生对于社会主义核心价值观的产生偏离正轨。因为智能手机拥有着传递信息速度非常快的功能，所以有些不良信息同样也会利用智能手机这条捷径与正常的信息一起在大学生群体中传播普及，如果不加遏制，这些不良信息很可能会逐渐地影响学生正常的思想和心理，妨碍大学生人格品质的发展。

其次，过分依赖手机，在使用方式上不加以自制，造成越来越多的大学生患上"上课低头症""游戏通关强迫症""晚睡拖延症"等。更有甚者除了睡觉，每时每刻都放不下手机，甚至是放下手机后不到3秒又忍不住拿起来看，即便已经没有任何更新却依然不肯放下手机,对于智能手机的依赖已经到了痴迷的地步。部分手机痴迷族经常出现手机幻听现象,总认为自己的手机在传递信息更新信号,导致其不得不反复翻看手机。更加明显的是,随着手机的升级,手机上的功能也变得越来越丰富,越来越智能化,运营商也不断地推出更加具有吸引力的服务功能来赢得购买力,比如手机上网流量套餐等优惠,这些各种各样的收费越来越成为大学生日常消费的一部分。但是当代大学生由于并没有参加工作,其经济来源很大程度上还是依赖于父母的家庭收入,因此额外的手机消费便在无形之中增加了家庭负担,反过来又会影响大学生自身的学习生活进步。

最后,智能手机使大学生变得更加自私、更加自我,智能手机中的不良信息破坏了大学生群体的集体团结意识。智能手机信息的匿名性以及手机网络的隐蔽性,使大学生可以沉浸在自己创造的一个虚假的网络世界中尽情地发挥,最终导致他们脱离了真实的世界,产生了与人沟通方面的障碍。如果大学生持久性地生活在自己的世界无法自拔,脱离现实生活的秩序和规律,与家人和朋友不能够进行亲密联络,就会非常容易脱离团队,甚至误入歧途。

(2)过度的手机依赖影响了思想政治教育教学效果

一方面,智能手机过度频繁使用,尤其是课堂上频繁使用,影响了思想政治教育教学进程。当代大学生中很大一部分都曾经在上课的时间使用过手机,这可能会影响到教师上课的心情,从而影响教学进程。有些大学生则沉迷在手机中无法自拔,甚至使用手机在线聊天或者玩游戏到深夜而不自知,最后影响了其后续课程学习的精神状态,无法完成听课的任务,更有甚者则索性直接旷课,长久发展下去,最终导致学业的废弃,甚至不能大学毕业。

另一方面,对智能手机的依赖削弱了思想政治教育的严谨性。无论是在行为上还是心理上对智能手机的过度依赖,导致学生遇到问题第一时间不是寻求教师或同学的帮助,而是借助手机,导致了快餐式的信息接收,可能出现还未消化就忘掉了的状况。并且网络上的信息五花八门、真真假假,对于辨别能力较差的学生会出现干扰甚至错误的指向。有不少学生认为在确实有事不能及时赶到教室上课时,没必要到课堂上课,不去上课的同学可以拜托去上课的同学利用智能手机录音、摄像、拍照的功能,记录课堂教学过程,或者可以在网上下载更多更丰富的精品课程,课余时间进行自学。这样的趋势为大学生思想政治教育增添了难度,对思想政治教育工作者提出了更高的要求,促使他们必须与时俱进,改变传统的思想教育方式,迎难而上。

（二）智能手机媒体作为思想政治教育载体的必要性

1.思想政治教育载体与时俱进的体现与要求

一方面，手机媒体已经成为大学生必不可少的生活用品。互联网是推动智能手机媒体发展的技术支撑，学生获取资讯的主要方式已经由纸媒过渡到手机网络，手机媒体已经成为信息集散地和民意聚集地，不仅对学生的价值观念、知识储备、技能训练、性格培养、人际互动有着不可忽视的影响，而且对高校思想政治教育的发展有着不可估量的作用。高校要重视智能手机媒体的建设、使用、管理、监督，努力使手机媒体为传播先进文化、深入社会主义核心价值观、实现中国梦搭建有效的平台，为高校思想政治教育理顺新思路、扩展新空间、创新新方式提供新的宣传阵地，为当代大学生学习马克思主义、毛泽东思想、中国特色社会主义理论体系的纵深推进创造条件。

另一方面，思想政治教育载体在实践中不断更新发展。随着时代的发展、科技的进步，思想政治教育载体的形式丰富多样，可利用的大众媒介也越来越多。可以说，高校思想政治教育载体的创新是信息时代的应有之义，是与时俱进的体现和要求。思想政治教育的内容在充实、形式在丰富、环境在变化，如果死守僵硬固化的老路，思想政治教育信息的传播将无法顺利开展，思想政治教育理念的内化将失去生存的土壤，思想政治教育的效果将事倍功半。高校思想政治教育的发展必须利用好智能手机媒体，必须有效引导这个舆论氛围，必须随着时代的发展、技术的进步走在手机媒体发展的前列，不断更新高校思想政治教育的手段，有效利用智能手机媒体为思想政治教育工作服务。

2.思想政治教育占领传播阵地和引领舆论环境的要求

其一，占领传播阵地的要求。智能手机媒体是高速兴起的新兴媒体，在学生中的占有率为100%，影响不容忽视。手机媒体的众多领域充斥着西方的价值观念和思想意识，相较之下，马克思主义的发展就显得十分滞后。手机领域中马克思主义意识形态的缺位，就亟须马克思主义占领手机传媒领域的阵地，建设社会主义核心价值观的手机信息传播阵地，用主流的声音和向上的精神文化抢占手机网络传播阵地。用社会主义核心价值理论体系和中国梦指导高校思想政治教育理论和网络平台的构建，让马克思主义在手机媒体领域"实心"而不是"真空"，不断满足大学生多样化、多层次的精神需求，坚持走社会主义道路，树立中国特色社会主义意识形态，坚定不移地拥护党的领导。

其二，占领舆论环境的要求。大学生容易被西方宣扬的所谓的"自由""民主"的价值观影响,滋生享乐主义、拜金主义和极端个人主义,导致对西方政体的盲目崇拜和对西方意识形态的向往,淡化了社会主义政治意识形态,道德意识形态也渐趋下滑,最终抛弃崇高的共产主义理想和社会主义信念。网络中发布的各种假信息和失真新闻为网络谣言滋生了温床,假消息会严重损坏媒体的权威性,甚至会危害安定有序的社会秩序,不利于营造良好的社会舆论氛围。负向的传媒信息长期干扰着大学生的价值判断,"噪音"的游离使其兴奋点和注意力都被"杂、乱、怪、奇"的信息吸引,许多网络中"漂浮"的信息还未经学生的理性分析就转化为潜在意识。少数意见领袖,即所谓的公知们有意影响和操纵舆论信息,以牟取自身利益。互联网革新了一直以来的以灌输为主的教育方式,网民是舆情的主体,表达思想的方式更直接、真实、流畅。不可否认的是,网民因其个人素质高低不同,舆情表达也存在差异,包括因网络虚拟化而忽视法律制约和道德规范的手机网民,因现实生活压力而恣意发表言论和散布谣言的手机网民,各种信息鱼龙混杂,言论应有尽有,有些网络言论不堪入耳,对文字的亵渎、对文化的曲解更是不堪入目,污染了网络环境,影响着高校校园,大学生是直接受害者。

充分重视智能手机媒体的舆论导向作用,必须在教育方式上与时俱进,教育内容上贴合现实、贴近学生情感,完善思想政治教育监管机制,净化手机网络环境。

(三)智能手机媒体作为思想政治教育载体的可行性

1. 智能手机媒体的功能为拓展思想政治教育载体提供了技术平台

智能手机媒体承载量大、移动能力强、传播速度快、覆盖面广、互动性强的优势,拓宽了高校思想政治教育的教学阵地。高校思想政治教育工作既可以借助手机媒体丰富的信息源,也可以借助传统媒介和传统教育手段,开展思想政治教育活动,还可以大范围、快速、主动地向大学生传播正向的思想观念、政治观点和价值理念,对相关理论政策的解读也可以在第一时间让学生知晓。学生在学习哲学经典、马克思主义经典著作、中国的马克思主义相关著作及文章遇到困难时,可以随时随地利用智能手机媒体上网查询相关材料,和教师、同学互动交流,智能手机媒体这种得天独厚的优势为高校思想政治教育内容和手段的不断创新创造了条件。智能手机媒体的发展,催生了各种应用程序,中国知网、维普网等知名学术网站都有属于自己的掌中App程序。利用手机媒体的新技术,随时了解学科理论前沿,掌握一手热点资料,有利于提高思想政治教育工作的效率。

学校的中心工作是教学，长久以来，这一中心工作任务并未发生改变，在分数称霸的校园，学校的工作重点始终紧紧围绕课堂教学。大学是一个开放性、社会性、实践性大课堂，仅仅依靠课堂教学并不能满足学生发展的需要和时代的要求，手机媒体将人际传播和大众传播有效地集合于一体，在很大程度上让信息传播提速、增道、扩路。特别是各种手机应用的开发，各种手机业务的发展，丰富了手机媒体的功能，将刻板的思想政治教育内容以更为形象、生动、鲜活的形式呈现给广大受众，学生乐于学习、愿意接受。在重大节日和热点事件中，教育者给学生群发信息，让学生及时了解相关情况，避免受到不良信息的干扰和误导，增强大学生的思辨能力。借助移动互联网平台，教育者主动发挥主观能动性，以饱满的激情和对学生真挚的关怀，搭建切实可行的校园手机办公平台，以此来增强该平台实际操作的可行性。

2. 智能手机媒体的特点为增强思想政治教育的针对性奠定了基础

传统思想政治教育的对象通常是群体，很难针对学生的个人情况开展思想政治教育，一是学生个人信息状态有隐蔽性和私密性，难以普遍悉知；二是没有足够的人力、物力，一旦学生发生突发情况，往往措手不及。以前的思想政治工作者在实际工作中经常会出现为了某个学生、某件事情跑断了腿、磨破了嘴的现象。

手机信息传播是"点对点""点对面"的传播方式，教育工作者发送信息的对象是固定的学生群体，信息发送的内容、结果和效果都可以很好地进行预判，很大程度上提高了思想政治教育的实效性。智能手机媒体让信息的及时送达、反馈成为可能。随着高速网络的普及、智能手机媒体的广泛运用，及时交互的手机通信软件可以成为思想教育工作者及时捕获学生思想动态的工具，一旦出现不良苗头，便可以果断出击，及早为学生做好思想政治工作，确保学生群体思想健康向上、乐观稳定，让思想政治教育工作更有针对性。世界上每一个个体都是独立的，每一个学生都是独一无二的，重共性、轻个性的理念方式与新时期广大青年的发展趋势相逆，也不利于创新性人才的培养。教育工作者针对不同的学生个体，利用智能手机媒体，采用不同的教育方式传递不同的教育内容，为学生的个性化发展创造了条件。

手机媒体的个人私密性让彼此间的交流成为隐藏在手机媒体背后的人—机—人交流，相较于传统的面对面的心理辅导方式，更易于被学生接受。很多学生由于个性腼腆、性格内向、表达含蓄、顾忌多虑不敢向教师吐露内心情感和思想上的困惑，致使很多教师难以全面获知学生情况，不能为学生制订有针对性的个性治疗方案，其结果通常是恶性循环。运用智能手机媒体，通过在线情感交流、咨询、互动能够有效克服上述障碍，为大学生提供一个隐秘的，但却能真实表达自己、宣泄内心情感的场所，可以让辅导教师及时了解学生的个人情况，与代课教师、学校相关负责人通力合作，帮助学生攻克难关，真正成长为对社会有益的人。

三、加强高校思想政治教育智能手机载体建设的对策

（一）强化思想政治教育智能手机载体的教育理念

1."以人为本"的教育理念

高校思想政治教育工作首先必须贯彻"以人为本"的教育理念，这不仅是坚持"以人为本"的教育理念，同时也是与时俱进的时代诉求，尤其是在手机网络高速发展的环境中，在运用智能手机媒体开展思想政治教育的过程中确立"以人为本"的教育理念，就是强调高校思想政治教育在新环境中，必须牢固树立以大学生为主体的教育理念，真正做到言传身教、以身作则、无私奉献，以增强学生的积极主动性、提高他们的自我教育能力为目的，不断丰富和创新教育内容、形式、方法、手段。

人的根本属性是社会实践性，只有社会实践才能使人的认识开始发生。人具有自然和社会双重属性，但社会属性决定了人的本质。学生的健康发展受自身生理、心理和智力条件的限制，外部环境对学生的塑造至关重要。学生在外部环境的影响中，并不是被动接受，而是发挥主观能动性。教育者对受教育者关心、爱护，为他们提供温馨良好的成长条件，有利于学生的健康发展。

"以人为本"的教育理念，首先是人文关怀。思想政治教育坚持"以人为本"，就是要尊重受教育者，尊重受教育者生存、发展、享受和被尊重的权利。手机网络的普及，使教育观念不再局限于课本中的条条框框，教育形式不再拘泥于课堂，四通八达的网络把教育观念、内容无形中渗透到学生的思想中，教育者关注的重点从课堂延伸到课外，从课外扩展到网络。受教育者可以随时提出见解，针对某一话题，主客双方可以各自发声，平等发表言论。通过自由对话，教育者可以了解受教育者的思想动态，给予受教育者支持和引导，让受教育者充分感受到被尊重、被重视、被关注。只有受教育者感兴趣的内容，才有利于思想政治教育活动的开展，才能更好地贯彻"以人为本"的教育

理念。手机网络的发展，各种交互式工具的盛行，为教育者提供了便利。只有以受教育者的客观要求为衡量尺度对思想政治教育内容和形式进行科学规划，才能最大限度地发挥手机媒介的功效。

"以人为本"的教育理念不仅体现在教学活动中，更要深入校园管理活动中。教育管理的人性化，要求管理者一切为了学生服务，一切为了学生便利。在学生的日常生活管理中，要急学生所急、想学生所想，时刻关心学生，时刻为学生服务。

"以人为本"的教育理念，其次体现在民主精神上。新时期运用智能手机媒体开展思想政治教育，应该充分考虑到师生之间的平等关系，在不违规违纪的前提下，尊重学生使用手机的习惯；了解学生使用手机网络的特点，针对网络人际关系特点，给予学生充分的话语权，让学生敢于表达、善于表达、乐于表达。教育者与受教育者之间民主平等的关系，让教育者在运用智能手机媒体开展思想政治教育活动时，尊重学生的观点，尊重学生自由表达的权利，在自我学习和师生相互学习间促进双方共同成长。

"以人为本"的教育理念，最后体现在及时的心理疏导上。在多元化的信息世界中，学生成长发展的环境不再是封闭的、纯粹的，复杂的舆情信息，多元的价值理念，各种社会的压力，让学生出现各种各样的问题。教育者必须以"以人为本"的理念及时解决学生的心理问题。在日常的学习生活中，运用各种手机交互工具，关注学生的网络动态，认真分析每一位学生的精神状态，制作针对学生的个性化档案，定期和每一位学生谈心，特别关注某类学生，及时提供帮助，让关爱缓解学生内心的焦虑，让关怀免去学生的后顾之忧。

2. 开放多样化的教育理念

网络文明倡导民主、平等、开放、自由的精神映射到当前的大学生思想政治教育，显得十分迫切。网络是一个不同于以往单一传播方式的立体式的传播载体，信息覆盖范围更大，传统点线的教育格局已经不能适应当今学生学习的需求，必须以一种全新的立体式、网格化的教育模式取而代之。科学的开放性的教育理念除了表现为教育目标、教育内容、教育观念、教育方式和教育过程的开放，更表现为教育要以开放的观念和心态为学生营造宽松、民主、和谐的学习环境，引领学生在学习中探索，在开放的信息世界中获取有益于自身发展的信息。

智能手机媒体庞大的用户基数，为智能手机媒体成为思想政治教育载体提供了可能性。用马克思列宁主义、毛泽东思想和中国特色社会主义理论体系来武装青年学生的头脑，用社会主义核心价值体系引领青年学生思想，不仅要开发好"有字之书"，更要注重生活实践中的"无字之书"。信息技术高速发展的时代，让高校思想政治教育工作迎来了"春天"，但要警惕"春天的过敏性现状"，特别是教育理念的继承与发展，不能因为有危险就不去接受，也不能因为害怕改变就不去改变。思想政治教育理论内容本身多是乏味的、枯燥的，开放的教育理念引导教育工作者积极探索适合大学生思想政治教育的多种方式，吸收各种先进的教育方式和教育内容，借助手机媒体，将一切经典的、时代的、民族的、世界的、现实的、虚拟的资源用于教育活动，激活教育实践。利用手机网络吸收世界上优秀的教育思想和教育方式，为我所用，不断提高大学生自我发展的能力，增强未来的社会竞争力。

多样性教育理念需要教育工作者转变教育观念，"以分论好坏"的评价标准已经不能对学生做出客观公正的评价，不利于学生未来的人生规划。智能手机媒体的广泛应用，让更多的学生在网络世界中大放异彩，教育工作者应该及时看到这一点，不拘泥于分数，充分挖掘学生的潜力，对学生的思想政治教育工作也不局限于某一种刻板的形式，按照学生各异的成长轨迹和人生规划，为学生量体裁衣，制订针对性强、实效性强的"个人终极培养方案"，让每一位学生都能充分发光发亮。

（二）创新智能手机的思想政治教育工作方法

1. 利用手机应用软件宣传主流价值理念

智能手机在大学生群体中的流行，增强了学生之间的沟通与联系，为单调的大学生活增添了趣味。智能手机最受大学生青睐的地方就在于各种各样有趣的手机应用软件功能。然而在智能手机应用软件的使用过程中，依然涌现出了很多问题，也就是说现代的智能手机制度依然不完善，依然需要健全发展。智能手机是促进大学生思想政治教育工作发展的非常重要的工具，而这个工具的最有力保障就是良好的手机网络氛围。因此，利用手机传播主流价值理念正是思想政治教育工作中重要的一个环节。

一方面，针对我国的国家性质，高校思想政治教育首当其冲应该建设完善社会主义的智能手机主流价值理念，增强高校思想政治教育对于智能手机主流价值理念建设过程中的引导效应。社会主义核心价值体系是我国智能手机新媒体主流价值理念建设的最终目的地和最佳标准。由于现在国内对于手机网络的监督管理方面的制度还不够完善，导致网络上布满了各式各样的不良信息，比如黄色、反动、虚假信息等，因而教育者一定要加强对大学生的手机文化教育以及社会主义核心价值观教育，告诫其避开不良信息。同时，手机营业商、软件开发者、学校、国家和政府的相关部门可以多多提倡开展一些相关的活动，研发一些和教育有关的手机应用软件，通过合作的方式共同宣传主流手机价值理念。

另一方面，要积极研发倡导健康文明的智能手机应用，尽最大可能避免大学生进入智能手机使用的误区，以手机应用系统和思想政治教育内在结合，帮助学生养成自我管理的意识。另外要注意，教育工作者进行教育教导的方式应是顺向的而不是逆向的，使学生自愿地去形成合理的智能手机行为习惯。当代大学生最鲜明的特点就是充满活力、充满个性，因而在智能手机的使用方面，他们也常常以自我为中心，不顾及旁人的感受，出现了各种各样的问题。现在无论是在教师正在讲课的课堂上，还是在原本应该保持安静的图书馆里，都可以看到学生旁若无人地进行手机通话、手机聊天、手机上网等，他们不自知这些行为不仅影响到了教师讲课的进程和情绪以及图书馆安静的氛围和他人安静的心态，最主要的是影响了自己的学习状态，这些都是己于人不负责任的表现。更有甚者，竟然沉迷在智能手机的世界，要么上网与网友聊天，要么沉溺于手机游戏，于是当下一个十分流行的群体——"低头族"出现了。这种习惯会给学生带来很大伤害，上课使用手机的"低头族"影响自己的学习和教师的讲课心情，走路玩手机的"低头族"则不顾自己和他人的安全，甚至曾发生过付出生命作为代价的惨痛事例。

2.利用手机社交网络构建交流平台

当前，智能手机不断升级更新，越来越成为当代大学生进行信息传播的重要工具和日常学习、生活、娱乐不可缺少的调剂品。将智能手机应用到大学生思想政治教育中时，必须时刻注意采用的方式是否满足了新时代的需求，是否适应了广大学生群体的个性化，然后再进行相对应的教导和管理。总而言之，创新思想政治教育方法应注意智能手机网络社交平台的构建。

第一，现今手机技术越来越成熟，以前非常陌生的一些手机软件如QQ、微信、微博等现在都已经可以成功地应用在大学生思想政治教育中。即使当前大部分高校所建立的思想政治教育网络平台依然存在着问题，比如平台的建立没有做到信息的全方位公开、对于大学生的影响力度不够、教育平台的宣传力度不够、学生参与人数过少等，对此应在做好思想政治教育平台建设工作的基础上，再做好平台相应的宣传工作，这样才能够使得更多的学生参与其中，从而发挥其真正的效果。

第二，高校思想政治教育者一定要利用好智能手机现有的应用软件，如微信、QQ、微博等，这些平台是大学生闲时经常光顾的网络应用，如果可以对这些平台好好加以利用，不仅可以省去很多时间和精力去建设一个新平台，而且为高校思想政治教育方面的一些通知、新闻、政策等的传达分享带来了极大的便利，学生也可以轻松地参与其中的讨论和沟通，充分利用了学生的课余时间，顺应了学生的手机使用习惯，一举多得，增强了思想政治教育的效果。

第三，充分地利用学校信息技术方面的人才，设计应用一些系统以提高大学生传播信息的速率，比如归纳、设计、分享个人信息、班级信息、图书信息等，以提高思想政治教育工作的时效性和便利性。❶

3. 利用手机即时通信工具即时沟通

随着手机技术的不断革新发展，智能手机越来越成为每一位在校大学生不可或缺的生活工具，然而这并不代表学生对于智能手机做到了真正意义上的理解，智能手机中还隐藏着许多陷阱和误区，需要被教育工作者予以正视与警示。尤其是近些年在大学生的智能手机消费方面的误区屡见不鲜，越来越多的学生愿意购买价位更高、品牌更响的智能手机，即使这已超出了自身可能有限的经济条件。有些学生则将自己几乎所有的时间都应用在了智能手机上，导致了自己成绩急剧下滑，甚至沉迷手机游戏无法自拔。对于上述现状，部分大学生在智能手机的使用行为上已经偏离了手机即时便利的功能主旨。因此，大学思想政治教育者要做到创新教育方法，利用好智能手机即时通信的功能，采用正确方式进行引导，帮助学生养成健康使用手机的好习惯。

具体来说，要做到：大学思想政治教育者要主动举办相关的心理咨询活动，细致地了解学生的智能手机使用状态和心理状况，主动干涉那些不正确的、不健康的手机使用状况，积极地引导学生走出因为使用智能手机产生的一些不良情绪，加强对沉迷手机游戏、过分依赖手机的学生的思想政治教育；思想政治教育者要及时地向学生宣传新出台的关于智能手机方面的规章制度，加强大学生自身的法律意识和法律基础，把他们培养成为能够应用法律法规进行自我约束、自我管理和自我保护的人才；思想政治教育者要积极培养学生形成使用智能手机的良好行为习惯，比如在校园的一些醒目地区张贴关于智能手机

---

❶ 王明，颜丽娟．"三全育人"理念下智能手机在高校思想政治教育中的应用路径研究[J]．东华理工大学学报：社会科学版，2022，41（1）：57-60．

使用方面的文明用语，在自习室、图书馆等学生常常聚集的醒目的地点进行智能手机文明使用行为规范准则的宣传，另外，教育者可以尝试在图书馆等地点建设专门的手机接听房间，以用来给学生做紧急通信使用，防止对其他人的学习、工作产生不良影响，同时在课堂上，可以设置手机保存箱，即上课之前将学生的手机集中收入一个箱子中，下课之后归还给大家，这样既杜绝了大学生上课玩手机的现象，提高了听课效率，又使教学达到了最佳效果。

（三）培养思想政治教育工作队伍的理论素养和媒介素养

高校思政教育工作者、辅导员和班主任是开展高校思想政治教育的主力，利用智能手机媒体开展思想政治教育更离不开这些主力的群策群力。我国思想政治教育队伍存在"红""专""又红又专"三种情况，"又红又专"这种理论素养过硬、技术水平又高的队伍是少数。在第五媒体时代背景下，既要提高教育工作者的理论素养，也要培养其运用智能手机媒体开展思想政治教育的能力。

一方面，思想政治教育者必须具备过硬的理论素养。古语有云："师者，传道授业解惑者也。"传道是教育者的根本任务。要想教会学生如何做人、做什么样的人，教育工作者需要具备坚实的理论基础。首先，思想政治教育者的工作性质决定了他们必须不断提高思想政治道德素质，坚持正确的政治方向，树立坚定的共产主义理念，始终坚持党的领导，完善自我。其次，思想政治教育工作者需要不断扩充自己的科学文化知识，以广博的知识体系为基础适应当今时代的变化发展，把最新的前沿命题运用到实际工作中。最后，思想政治教育工作者需要不断提高自身能力，这里专指沟通能力。在日渐多元化的时代，学生的变化也让教育者猝不及防。教育工作者需要真正树立"以人为本"的教育理念，尊重每一位学生，保护每一位学生的梦想。利用智能手机媒体的各种交互工具，随时随地与学生取得联系，不论线上的沟通还是线下的交流，都要站在学生的角度思考问题，使巧力而不是用蛮力，做朋友而不是树敌人，在互相沟通交流中探究学生的真实想法，形成互动的和谐关系。

另一方面，在信息技术高速发展的今天，思想政治教育工作者必须提高自己的媒介素养。我国受众长期以来尽心尽力扮演着信息接收者的角色，忽视了对信息的分析、研判、辨析和提取。因此，提高思想政治教育工作者的媒介素养十分必要。

第一，提高教育工作者对文本的分析、批判能力。智能手机传播的信息并非都是有益的信息,也并非都利于大学生的健康成长。这就需要教育工作者充当信息把关人,通过信息表象思考创制信息的机制,学习使用和创制信息的方法,深刻理解媒体语言,着重关注语言、意识形态和信息再现问题。

第二,提高跨文化沟通交往的能力。全球化是以经济为载体的,其逻辑必然导致标准的统一,面对其他国家将自己的文化精神、思想理念和行为准则悄然渗透在文化产品中,思想教育工作者要致力于在一系列教学活动中保持民族的批判精神和传统文化的独立与繁荣。在正确获取信息、分析信息、评价信息和传播信息的基础上,不断增强自身的自主性、判断力和个人责任感来指导自己的行动。喜欢国外的文化生活但不会盲目崇拜,尊崇国外的价值理念但不会照搬照抄,借鉴国外的先进经验但不会全盘接收,保持自我意识独立性和民族文化的自豪感。

第三,培养理性的民主意识。面对热点话题和突发事件,思想政治教育工作者要保持头脑冷静、思维清晰,提高对信息的筛选能力和辨别能力,容忍不同意见的表达,尊重个人表达意见的权利,但是要始终站在马克思列宁主义、毛泽东思想和中国特色社会主义理论体系的角度上应对冲突,增强协调能力和解决问题的能力。

第四,学习网络语言,运用网络语言,走在学生之前,走进学生之中。在和学生的日常交流中,善于运用精炼的网络语言、幽默的网络语言符号、生动的网络语言动画,建立和学生的共同语言,为思想政治教育的顺利开展创造条件。

另外,要始终坚持"以人为本"的教育理念,通过专业的手机媒体知识培养,提升对思想政治教育者运用智能手机开展思想政治教育能力的培养。思想政治教育工作者要熟练使用并且要善于利用各种手机自带的交互式软件、音视频软件和电子阅读软件,将思想政治教育内容渗透到手机软件的每一个角落。

(四)完善思想政治教育运用智能手机媒体的监管机制

依托智能手机媒体开展高校思想政治教育工作,离不开行之有效的制度规范。制度化是高校思想政治教育顺利开展的有力保证,是一个发展过程,其主体是众多群体和组织,目的是使这些主体日趋成熟。为了保证高校思想政治教育手机载体的运行顺利畅通,确保思想政治教育工作者能够运用手机媒体达到预期的教育效果,必须建立相应的制度。

第一，完善权责管理制度。坚持"以人为本"的教育理念，创新大学生思想政治教育的动力机制，建立健全切实维护大学生权益的权责管理制度、应急预警机制和鼓励机制。思政教育工作者要各司其职，实行网络导师到岗服务，与个人绩效成绩挂钩，确保在利用手机媒体开展思想政治教育活动时，每一个环节都有专人负责，让更多的教师、后勤、管理人员都能够投入思想政治教育活动中，充分发挥监督、管理的职能，确保手机思想政治教育活动的顺利实施。

第二，重视意见反馈机制。完善手机信息沟通制度，在信息的获取、交换、表达和意见产生的过程中，充分利用反馈的信息，针对学生处理信息的不同阶段采取不同的措施，保证手机活动能取得收益的最大化。注意区分手机网络中学生群体中存在的灌水者、讨论者和发问者，因势利导，有针对性地开展活动，汇集校园舆情信息，积极主动地引导舆情导向，做学生思想的风向标。

第三，制定效果评估指标体系。效果如何是通过学生的思想和行为体现出来的，思想政治教育效果的好坏，直接影响着学生的个人发展。效果评估指标体系的拟定落实，需要根据智能手机媒体的独特性、智能手机媒体对思想政治教育的特殊影响来进行，在评估的过程中，充分尊重学生的个体差异性和多样性。对手机媒体开展思想政治教育活动的评估，其目的不是鉴别手机功能，而是要强化手机媒体的导向功能，让学生善于利用手机，以正确的、积极的、向上的态度对待手机信息。

第四，优化监控手段。加强对手机网络中呈现出的不同社会心态的检测评估等网络预警机制，对于手机网络中出现的不良心态及时进行引导，协调校园中存在的不和谐的声音。利用智能手机媒体，加大对学生的心理健康教育辅导，强化思想政治教育效果，在整个过程中充分体现人文精神和心理疏导，各个部门全力配合，优化监控手段，抵制不和谐因素，引导校园舆论导向。

第五，健全思想政治教育手机媒体的法制建设。法律规范是手机载体思想政治教育顺利开展的根本保障。将手机媒体的相关法律运用于高校思想政治教育的日常管理中，借鉴国外高校关于学生使用手机媒体的法律规范，有利于高校思想政治教育工作者对学生运用手机媒体的管理，减少有害信息对学生的危害，确保学生能够文明使用手机媒体。

第三节　高校思政教育教学中社交沟通平台的搭建与运用

网络时代，越来越多的大学生借助网络社交平台参与社会生活、发表观点、表达见解，纷繁复杂的网络社交平台对大学生的思想行为产生了巨大影响。壮大主流思想舆论，切实加强高校意识形态引导管理，做大做强正面宣传，是加强和改进新形势下高校宣传思想工作的主要任务之一。因此，在新的媒体环境下，高校思想政治教育要积极把握网络社交平台带给我们的新机遇，主动占领网络新阵地，牢牢把握思想政治教育主动权。

一、高校思政教育教学中QQ平台的搭建与运用

（一）QQ平台作为大学生思想政治教育载体的内涵

QQ平台作为大学生思想政治教育载体，是指思想政治教育主体利用QQ平台将思想政治教育内容或信息传递给思想政治教育客体，促使思想政治教育主客体之间相互作用的一种活动形式或信息平台。它具有虚拟性和隐蔽性，因此它既不同于传统的开会、谈话、理论学习等活动形式，又不同于报纸、书籍等物质实体，是一种新的思想政治教育载体形式——信息平台。

（二）充分利用QQ平台加强大学生思想政治教育

大学生思想政治教育的实施虽然受很多因素的影响，但关键还是靠人，思想政治教育者作为思想政治教育的主体，是思想政治教育工作的组织者和实施者，对思想政治教育效果的实现起关键作用。而教育主体对某一事件的态度又决定了该事件能否成功。因此，必须从思想上重视QQ平台在大学生思想政治教育中的作用；从手段上构建QQ群，充分利用QQ空间加强大学生思想政治教育。

1. 重视QQ平台在大学生思想政治教育中的作用

大学生处于青年时期，容易接受新事物，学习新知识，在较短的时间内就能掌握网络技术，对QQ平台进行熟练操作。而作为思想政治教育主体的教

师，有的则对网络和QQ平台持否定和怀疑的态度，不愿意主动使用QQ平台，这不仅使思想政治教育主体不能适应网络时代思想政治教育工作的要求，而且对提高思想政治教育的效果极为不利。因此，广大教育者对利用网络进行大学生思想政治教育的重视程度还有待进一步提高。这就要求教育者要潜心学习互联网知识，学习运用新兴媒体与大学生进行交流，了解大学生的思想发展状况、心理状况，以便有针对性地开展思想政治教育活动。苏霍姆林斯基曾经说过："有一套很精致的钳工工具。它们都放在那里，各有各的位置，各有各的用途。可是，当人的手还没有接触它们的时候，所有这些工具是什么呢？是一堆金属而已，只有到了匠师的手里，才能变成工具。"因此，思想政治教育者要高度重视QQ平台这一网络工具，充分发挥其便捷、快速、功能强大、易操作、深受大学生喜爱的特点，把思想政治教育内容有机地融合在日常使用QQ平台中，使大学生受到潜移默化的影响，提高思想境界，最终树立正确的世界观、人生观、价值观。

2. 提高利用QQ平台进行大学生思想政治教育的能力

马克思指出："教育者本人一定是受教育的。"思想政治教育者素质的高低与思想政治教育工作顺利开展与否直接相关。网络的发展对其素质提出了更高的要求，教育者不仅要具备较高的思想政治教育素质、良好的道德素质、精湛的知识素质、健康的身心素质，还应掌握网络技术，提高运用网络技术的素质。因此，教育者必须通过自己学习、向学生学习、向同行请教等多种途径加强自身学习；通过自己开通QQ账号，进入QQ界面，熟悉QQ的各项功能，挑选出能够承载思想政治教育信息的功能加以利用；根据QQ功能的不断升级，不断挖掘新的功能服务于思想政治教育；加强与同行之间的学习，交流使用QQ平台的经验、注意事项、受教育者对用QQ平台进行大学生思想政治教育的反响等，不断提高个人利用QQ平台进行大学生思想政治教育的能力。

3. 构建QQ群丰富思想政治教育载体

QQ群是腾讯QQ的一种附件功能，QQ用户级别在16级及以上可建立一个普通群，该建立者就是群主，群主享有管理群的权利和允许其他人加入群等权利，群主还可以选择三个群成员作为普通管理员，代替群主行使管理群的权利。普通群的人员上限是500人，如果要开通超级QQ群就必须是VIP会员。这样，高校班主任或者辅导员可以根据班级管理规模决定应该建立普通群还是高级群。QQ群功能强大，影响范围广，使用方便快捷，因此班导师或者辅导员可以通过构建QQ群、挖掘QQ群的群社区、群共享、群相册、群讨论组等功能，加强大学生思想政治教育。

群社区是一个虚拟的公告社区，在这里群成员可发表新鲜事、查看群聊天记录、开展群讨论、上传资料等。其中，群讨论具有BBS的功能，群成员可以发帖、跟帖。思想政治教育者可以挑选一些社会热点问题，学生关注的学习、生活方面的问题，对教学、后勤服务等方面的意见等都放在群社区里讨论，这种讨论可以是一对一、多对一、一对多、多对多中的任何一种方式，经过思想政治教育者与受教育者的平等交流、思想碰撞，得出正确结论，从而辨明是非，形成正确的舆论。如果某些学生持有不同意见但又不敢在群里公开表达，可以通过私聊的方式进行单独交流，以便于了解其真实想法，帮助其正确分析问题。

群共享是QQ群的另一个重要功能，方便地上传和下载功能使其具有独特魅力。在群共享里不仅可以上传日常班级管理的通知、文件、学习资料等信息，思想政治教育者还可以利用群共享的优越性上传一些党的路线方针政策、重要会议讲话、时政新闻、马克思主义经典著作、党的发展历史、形势政策等方面的知识，供受教育者下载、学习，从而丰富思想政治教育载体。

群相册记录了群成员日常学习、生活的点滴，对大学生来说不仅具有展现自我风采的功能，而且记录着他们参加集体学习活动、实践活动、科研活动、参观游览活动的照片，也深刻地体现着大学生的爱国情怀、积极乐观的心态、集体合作精神、创新精神、竞争意识等，这对于激发他们的爱国主义精神、集体观念、创新意识、竞争意识有着潜移默化的作用。因此，应该鼓励把这些照片及时上传至群共享，同时，其他具有爱国意义、集体精神、创新意识的照片也可以上传至群相册，并鼓励群成员把自己喜欢的照片上传至群相册，使群相册变得更加丰富。当然，QQ群的其他功能有待思想政治教育者去挖掘和使用。

二、高校思政教育教学中微信公众平台的搭建与运用

（一）思想政治教育类微信公众平台的特点

由于不同网络平台的信息传播方式各有侧重，思想政治教育网络意见领袖可以按照主要活动场域进行类型划分。作为依托微信公众平台开展思想政治教育活动的网络意见领袖，思想政治教育类微信公众号的传播内容更精细、传播

方式更精准、用户社交黏性更强，能够充分适应和满足开展网络思想政治教育活动的要求。

在传播内容方面，理论灌输法是思想政治教育最主要、最基本的方法，在网络空间开展思想政治教育，不能放弃对网民的理论灌输。微信公众平台的单次推送以文章为单位，文本容量大，且订阅号每天一次的推送限制也避免了信息泛滥造成的精力分散，使用户逐渐形成了深度阅读的使用习惯，为思想政治教育类微信公众号的深度表达提供了可能，使其能够通过更长的篇幅进行细致透彻的说理，通过系列专题文章开展系统的正面宣传和理论教育，从而对受众思想产生更加深入的影响，更好地解决思想政治教育内容在网络中过度碎片化和娱乐化而导致的教育效果削弱问题。

在传播方式方面，微信公众平台的信息传播模式为定向主动传递，传递过程具有半封闭式的特点，由传播者将内容主动地传递给平台关注者，而未关注者则不会接收到传播者发出的信息，使垂直化运营成为微信公众平台的行业趋势。同时，相比于微博内容扩散的不确定性，微信公众平台的每一次信息推送都能够不加遗漏地直接到达用户的接收端，落点也更加明确。因此，思想政治教育类微信公众号能够实现信息传播的"小而精"，通过精细化的生产创作，为关注者提供更具有针对性的内容和服务，在进一步增强用户黏性的同时，还能够更加及时地将信息发送至目标人群，实现精准传播，有效提升思想政治教育实效性。

在传播对象方面，人与人之间的亲密关系能够增进对彼此观点的认同，人际传播能够帮助思想政治教育网络意见领袖更好地传递信息和发挥影响力。与其他新媒体平台相比，微信的社交价值更为突出，而微信公众平台作为微信应用的附属功能板块，能够依托微信用户间的人际关系网络进一步拓展传播范围、增强传播效果。因此，思想政治教育类微信公众平台能够通过用户间的社交黏性实现一种扩散式的人际传播，使推送内容在到达关注者之后，通过转发和分享功能在好友聊天、微信群、朋友圈内进一步扩散，使教育内容的传播效果和影响作用得到放大。

在互动沟通方面，心理咨询法也是开展思想政治教育的重要方法。微信公众平台在通过群发功能实现"一对多"信息传递的同时，还能够与关注者开展"一对一"的互动沟通。因此，思想政治教育类微信公众号能够通过在留言区与用户的实时互动更有针对性地开展思想引导，并根据文章评价和反馈在内容创作上不断做出改进。除了公开场合的互动外，思想政治教育类微信公众平台还可以与用户在后台开展更加深入的私密沟通，帮助他们澄清思想困惑，纠正错误观点，疏解不良情绪，解答学习、工作和生活中的问题，在人生理想、职业选择和道德观念等方面给出正确的价值指导。

（二）高校思政教育教学中微信公众平台搭建的着力点

1. 坚持正确的价值导向

在思想政治教育类微信公众平台推文中，以"思想教育""政治教育"为主题，以"历史事件""社会热点讨论"为行文主轴的文章影响力相对更高。同时，在内容价值中，"内容思想性"指标与文章影响力之间的正相关关系也进一步表明，适当的理论教育和思想引导并不会引起学生的反感和抵触。这说明，在纷繁复杂的网络世界中，面对信息恐慌，学生有一定的政治引领和思想引导需要。准确、权威的信息不及时传播，虚假、歪曲的信息就会扰乱人心；积极、正确的思想舆论不发展壮大，消极、错误的言论观点就会肆虐泛滥。思政类微信公众号要实现可持续发展，在迎合平台传播特点和学生阅读喜好的同时，还要始终坚持正确导向，保证文章选题的政治性和思想性，积极宣传马克思主义，用新时代中国特色社会主义思想教育人，用社会主义核心价值观引导人，用中华优秀传统文化滋养人，对于学生普遍存在的模糊认识和错误观点，要积极为其解疑释惑；而对于网络舆论和热点事件中的恶意造谣和无良炒作，要进行彻底的揭露和批判，帮助学生提高警惕、明辨是非。同时，文章选题的生活化和活泼化并不等同于随意性，在学生生活类的文章创作中，不能仅限于就事论事的探讨和分析，还可以通过对学生学习、娱乐、人际交往等日常生活中具体问题的指导，在潜移默化中向学生传递正确的思想道德观念和政治观点，帮助学生形成正确的世界观、人生观和价值观，实现教育引导常态化和潜隐化。

2. 恰当地使用教育案例

在思想政治教育教学中，案例的使用能够将教育的理论内容与社会生活实际更好地联系起来，有助于理论教育效果的提升。同样，在思想政治教育类微信公众平台推文中，案例的运用也能够增强文字的说服性和感染力，有效提升文章的影响力和教育引导的实效性。同时，不同案例的传播效果也不同，其中，"历史事件""政治事件"和"社会事件"三类案例明显更受读者青睐。因此，要提升文章的传播效果，打造高影响力推文，恰当的案例选择和使用也十分重要。思政类微信公众平台要广泛收集案例材料，善于从亲身经历和身边事例中积累素材,从学生广泛关注的热点话题和热门事件中提取议题,从中华民族悠久的历史文明和灿烂文化中汲取精髓,按照不同的教育内容和目的来选择适合的案例类型和运用手法,通过讲故事向读者阐述深刻道理,通过评时事调动读者的讨论热情,从而使理论教育和思想引导更加通俗生动,帮助学生更加深入地理解理论知识,逐渐形成正确的价值观。

3. 形成特色化的语言风格

思想要有境界,语言也要有魅力。一定的语言风格有利于作者更好地表达态度、传递情感和营造情境,使文章更加具有感染力。要提升文章传播效果,思想政治教育类微信公众平台就不能靠一个腔调、一种风格包打天下,还要善于根据不同的文章内容和教育效果选择适当的语言表达方式,把要讲的理论、道理和事实用学生更加喜闻乐见和易于接受的语言和方式呈现出来,以获得更加广泛的认同。在理论教育中,要改变以往枯燥、晦涩的文字讲解,多运用一些生活气息浓郁的大白话、大实话,通过讲故事、举例子、打比喻等方式深入浅出地解释理论、阐明道理,通过生动活泼的语言表达逐渐消除学生的抵触和戒备情绪,使大家听得懂、听得进;在思想引导中,在条理清晰、用词准确地传递思想观点的同时也要投入真情实感,善于通过聊天式、谈心式的亲切语气娓娓道来,引用诗文典故抒发情怀,使文章更加具有温度和情怀,从而更好地获得学生认同;在正面宣传中,还要积极营造和渲染情境,充分调动读者情绪,让学生为马克思主义的科学真理光芒而赞叹,为悠久灿烂的历史文化而自豪,为国家发展的辉煌成绩而骄傲,为社会主流的真善美而感动,从而充分鼓舞精神、坚定自信。另外,思政类微信公众平台在内容创作中还要注重对文章语言进行一定的个性化处理和设计,在充分考虑学生网上阅读习惯和接受心理的基础之上,逐渐形成自身独有的语言风格,为文章和平台增加辨识度。

(三)高校思政教育教学中微信公众平台的运用对策

1. 高校可借助微信对思想政治教育内容进行改革,增强内容吸引力

供给侧结构性改革理论在推动经济发展理念转变的同时,也为高校推进思想政治教育提供了一种新的思维和方法。为取得预期效果,马克思主义中国化必须使其内容和形式适应当今时代要求和青年大学生切实需求。供给侧改革理论要求高校教育工作者提供优质的可供选择的"当代中国马克思主义菜单",激发受教育者对高品质"中国化马克思主义产品"的自觉追求。

微信内容上的供给侧结构性改革就是要对高校大学生"三贴近",即发布的内容要贴近学生的生活、实际、需求,灵活地推进思想政治教育,对高校学生进行"活"的马克思主义教育。大学生思维活跃、关注现实,高校教育者可以抓住当今社会热点问题,从大学生角度剖析问题,因势利导,利用微信推送一些对当今形势政策解读的内容和相关活动,设置大学生关心的议题,用马克思主义立场和观点引导大学生的思维;依托学生所关心的成长困惑、成才方向、生活服务、心理咨询、就业实践等方面,利用微信推送科学的马克思主义世界观和方法论。

2. 高校要利用微信加强意识形态领导权,提升网络舆论的引导力

高校要关注和把握微信内容发布和转发链接、评论动态的方向。高校教育工作者要通过微信掌握学生思想动态,在发布内容和转发内容时加强审核和思考,加强微信公众号规范化建设,对微信平台内容做系统规划。在涉及马克思主义与外来思潮交锋和国家热点事件时,要始终站在党和国家高度思考问题和解决问题,不随意对不确定事件评论扩散。毕竟高校是大学生群体聚集地,教师所发布的言论会直接影响学生的认知方向。高校教育工作者要时刻保持政治意识、大局意识、核心意识、看齐意识,坚持唱响社会主义核心价值观的主旋律,绝不给错误意识和言论提供传播渠道,要准确理解马克思主义和党的基本路线以及方针政策,要敢于同微信中的错误言论做抗争,澄清事实,积极引导大学生思想,让微信成为传播马克思主义理论的前沿阵地,掌握微信上传播意识形态的话语权和领导权。

3. 高校要培育专门的微信宣传运营队伍,提高信息传播的驾驭力

建立一支高素质的微信宣传队伍,要培养一批既懂网络技术又擅长马克思主义理论、政治意识强的复合型人才。高校可以通过政策重点培育大批优秀的中青年马克思主义理论者,提升队伍的知识结构水平,也可以通过学生组织和社团,把优秀的学生党员骨干纳入进来。通过了解学生的实际需求和实际情况,宣传队伍可以做出快速反应,利用微信传播速度快、传播范围广等特点,发布时新的内容,始终在高校朋友圈中保持一种正能量,抓住学生的"兴奋点"和"聚焦点",依托一些重要节日和纪念日、大事件来开展丰富的微信线上活动。队伍还要善于对微信上的文化进行分析和鉴别,密切关心学生思想动态,及时科学地解答大学生通过网络反映出来的问题和矛盾,充分发挥心灵导师的作用。高校始终用高素质的宣传教育队伍,保持在网络时代对社会思潮的

引领，掌握舆论宣传的主动权，不断提高驾驭新媒体的能力和开展思想政治教育工作的能力。

4. 高校要利用微信构建"大思政"格局，提升思政工作的辐射力

打造"大思政"格局要以课堂教学为主渠道，利用微信等新媒体使思想政治理论课在改进中加强。利用微信变革思想政治理论课，激发大学生学习马克思主义中国化最新成果的内在动力，进而推进思想政治教育。通过微信建立生动活泼的学习机制，突破以往政治理论刻板僵硬的模式，以新媒体网络改善以往居高临下的说教，使广大高校学生眼前一亮，受到大家的欢迎和接纳，促使马克思主义理论对于高校学生入脑、入心、入行。

打造"大思政"格局要以第二课堂为分渠道，依托校园文化，利用微信将课堂教学与课外教育相结合。高校微信在通过校园文化来推进理论大众化时，要注意把"线上"与"线下"活动结合起来，把马克思主义宣传工作虚功实做，把党团、社团活动的初期宣传、中期进行和结束融入微信的运营当中。比如，在微信中增添"微信投票""微信墙"等新颖的形式吸引大学生的参与。"线上活动"是"线下活动"的延伸，"线下活动"也是"线上活动"的具体实践，"线上"和"线下"形成了双向互动的良性循环。最后，高校的微信运营要完善考核形式，把宣传思想工作的"虚"化与考核标准的"量"化结合起来。高校组织对本校各单位微信公众号进行排行，排行指标主要是每周总计阅读量、头条阅读量、平均阅读量和点赞数，鼓励各单位创作出越来越多的优质宣传作品。因此，在培养大学生成长的大学校园内，要努力营造"以科学的理论武装人、以正确的舆论引导人、以高尚的精神塑造人、以优秀的作品鼓舞人"的良好校园文化氛围，促进大学生真正理解和接受马克思主义中国化最新理论成果，更好地加强和创新高校思想政治教育工作。

第四节 高校思政教育教学中主题网站的建设与运用

加强高校思想政治教育必须重视主流意识形态在网络环境下的传播。主流网站一直是我国网络媒体建设的重点，也是传播社会主义主流意识形态的重要阵地。

一、高校思想政治教育主题网站的特点

一方面，一般门户网站所具有的开放性、交互性、平等性、虚拟性、即时性、广泛性等共同特点必然在高校思想政治教育主题网站中有所反映；另一方面，高校思想政治教育主题网站在网络条件下对传统思想政治教育既有继承又有创新，其特点必须通过与传统思想政治教育特点的比较来把握。因此，必须在共性与特性相结合的视角下对高校思想政治教育主题网站的特征加以概括。

（一）网站信息内容的限定性

综合类或娱乐类网站是依靠吸引广大网民注意力谋求经济效益的网站，是一种眼球经济，它需要广大网民的关注，浏览量和点击率是其存在价值的全部体现。为了最大限度地博取网民眼球，趣味性和娱乐性也就成为综合类或娱乐类网站首先要考量的因素。与综合类或娱乐类网站有所不同，高校思想政治教育主题网站的主要目的是唱响主旋律、打好主动仗、提振精气神和传播正能量，从理想信念、思想道德、行为培养、心理健康等各个层面对当代大学生进行思想教育、道德教育、政治教育和心理教育，从而为他们树立正确的世界观、人生观和价值观奠定良好的基石。因此，高校思想政治教育主题网站解决的是当代大学生的理想、信念、方向、立场和道路问题，它对于信息内容的选择和传播在一定程度上受到限制，凡是与思想政治教育主题网站主旨相悖的、虚假的、反动的、毫无关联的"信息垃圾"，都应该加以分辨和剔除，以免影响和阻碍主题网站信息内容的有效传播。

（二）网站传受群体的特殊性

传者，顾名思义，就是传播者、宣传者，其实也就是主体。高校思想政治教育主题网站传者是指在高等院校中借助主题教育网站这一新型传播载体从事网络思想政治教育工作的个人、组织和团体，是思想政治教育主题网站的组织者、承担者和实施者，主要包括学生辅导员和班主任、党政管理人员、思想政治理论课教师、校园网站监管人员和学生骨干等。受者，是传播内容的接受者，又称为受教育者或受众。高校思想政治教育主题网站受者是指通过主题教育网站接收思想政治教育相关信息内容的特定人群，主要面向高校教师和学生网民，其中高校大学生在网站信息享用中发挥着主力军作用。不难看出，高校思想政治教育主题网站的传受双方都是校园人，以教师和学生为主体，面向群体具有鲜明的针对性和狭隘性，而一般的网站则不存在这个局限性，其面向的群体更为宽泛，有的网站甚至面向全国乃至全世界的普通网民。尽管网络环境

具有开放性的特点,但是高校思想政治教育主题网站的传受双方都在校园内,因此主题网站的传播环境具有一定的封闭性,同时不同高校的主题网站也折射出各自学校不同的文化氛围和人文气息。

(三)网络教育过程的交互性

教育上常说的交互性往往是指学习者在学习过程中通过媒介(体)与教师或同学或其他人之间的互相交流,这种交流对提高其学习的效果起着十分重要的作用。与传统面对面的单向线性教育模式不同,高校思想政治教育主题网站的信息传播模式发生了质的变化,从传统的"人—人"交互转变为新型的"人—机—人"交互,且网络环境下教育者与受教育者的主客体关系并非一成不变,而总是处在一个动态的流变置换过程之中。在这个过程中,教育者和受教育者双方在网络空间中形成了一种特殊的思想政治信息、知识和情感之间的互动交流关系。这种特殊的社会互动过程起着十分重要的作用,它打破了教育者与受教育者的固定地位,变被动式教育为互动式教育,教育者与被教育者都是网络的主体,教育者要尊重并认识受教育者的主体性,在更加平等的环境中共同面对问题;受教育者的主体意识也被极大地调动起来,可以在网络上平等地发表自己的思想看法,与教育者或其他受教育者互相沟通探讨,最终形成了高校思想政治教育主题网站网上、网下相结合的立体化信息传播模式。

二、高校思想政治教育主题网站的功能

功能是事物或系统所表现出来的特性和能力,是事物或系统内在本质的外在集中显露。高校思想政治教育主题网站的功能是高校借助主题网站开展大学生思想政治教育所表现出来的特性和能力,具体包括思想政治教育的一般功能、互动交流功能、资源共享功能和咨询选择功能。

(一)思想政治教育功能

高校思想政治教育主题网站是网络思想政治教育的重要组成部分,是在传统思想政治教育的基础上发展起来的,是现实思想政治教育的一个关键环节,因此它具备了传统思想政治教育的基本功能。这是因为高校思想政治教育主题网站与传统思想政治教育的目的和任务是一致的,都是对受教育者进行思想教育、政治教育、道德教育和心理健康教育,使他们形成良好的思想政治品德和健康的心理素质,最终培育和造就"四有"新人。因此,高校思想政治教育主题网站和传统思想政治教育一样具有立德树人的基本功能,主要表现为导向功

能、保证功能、育人功能和开发功能。

（二）互动交流功能

高校思想政治教育主题网站的互动功能是指思想政治教育主题网站具有使教育者和受教育者通过主题网站进行交流的能力，这也是网络思想政治教育功能区别于传统思想政治教育功能的显著特性。传统思想政治教育遵循的是只讲灌输不求互动的硬性填鸭模式，采取的是一种行政指令般的单一操作方式，其信息内容一般是单向传播的，很难形成教育者与受教育者之间交流互动的局面；而互联网的即时性、交互性、移动性等特点促使高校思想政治教育主题网站为教育者和受教育者之间搭建起沟通的桥梁，开设诸如BBS论坛、博客、电子信箱等形式的网上互动栏目，从而实现传受双方的直接双向交流。当然，高校思想政治教育主题网站的互动功能不仅体现在开设网上互动性栏目的形式上，还必须体现在积极引导传受双方加入交流讨论之列、彼此交换意见的行动上。

（三）资源共享功能

在高校目前的思想政治教育活动实施过程中，思想政治理论课教师、学生辅导员、班主任和党政管理人员等承担着大学生思想政治教育组织者、管理者和实施者的角色，这些人员处于不同的工作岗位，隶属于不同的部门管辖，各司其职，从不同方面对同一教育对象进行思想政治教育，缺乏统一的管理和部署，不可避免地存在着各自为政、相互脱节的现象。高校思想政治教育主题网站恰好为大学生思想政治教育工作提供了新的载体、平台和巨大信息资源，使得各方都能在这个平台上沟通和协调各种复杂关系，最终加速了思想政治教育的一体化进程。另外，由于受到时间、场地、人数等因素的限制，传统思想政治教育的覆盖面和影响力是有限的，而高校思想政治教育主题网站则不会受到时间和空间的限制，具备上网条件的教育对象都可以充分接收思想政治教育网站上的信息和内容，最终实现教育资源的共享。

（四）咨询选择功能

传统思想政治教育是一种金字塔状的教育模式，在师生关系上囿于主客绝对二分的思维模式，单纯地认为教育者是主体，受教育者是客体，两者的地位天然不平等，受教育者的主体性地位往往得不到尊重和维护；在教育的方式方法上，教育者居高临下，处于金字塔的塔尖，掌握着有限的教育资源，对受教育者实施的是填鸭式灌输；在教育内容的选择上，教育者通常根据自己的喜好和倾向单方面决定，而受教育者缺乏选择的权利和自由，只能被动地接受。这样一来，教育者与受教育者之间的矛盾、教育的内容形式与受教育者需求之间的矛盾就会在一定程度上减弱思想政治教育原本预期的效果。而高校思想政治教育主题网站充分尊重大学生网民的主体性，为他们提供选择的权利和自由，并且能够为网民对网上的信息，特别是网上的思想政治信息的选择提供引导、劝告、建议和解疑等服务，切实为不同学生群体的学习生活、就业实习、心理健康等问题提供咨询服务。

三、高校思政教育教学中主题网站建设与运用对策

（一）加强互动栏目开发，满足学生的社会性需要

在网络虚拟世界中实现现实交流是大学生网络受众的渴望，虚拟社区的存在为网络受众提供了一个精神家园，在这里，人与人之间可以抛开性别、年龄、社会地位等，在平等的地位上进行畅谈。在虚拟社区中的讨论很容易进入现实生活中回避的问题，气氛也相对活跃。因此，思政主题网站自身的论坛建设或交流版块的完善就显得尤为重要。网络具有交互性，参与网络互动是大学生网络受众群体自主性、参与性的最好体现。他们用掌握的网络技术、网络语言符号与他人进行互动沟通，并使用各种方法让沟通变得具有自身个性的特点，这样能使得网络受众获得极大的心理满足，一旦话题得到认可，就会实现其在网络中所寻求的价值，激发网络受众更高的参与性。

高校思想政治教育主题网站要开设具有开放性和交互性的栏目，开展网络征文，设计比赛或知识竞赛等校园网络文化活动，以吸引大学生的积极参与，同时完善思政网站论坛的建设，对学生上网的时间、浏览的内容实行自由管理。思想政治教育工作者可以与学生在线进行平等的沟通交流，认真听取学生的心声，给学生精神上的鼓励和潜移默化的引导，有针对性地开展思想政治教育，提高教育的实效性。

（二）不断充实网站内容

高校思想政治教育主题网站的内容是根据网络时代思想政治教育目标和任务内在规定的丰富性以及目标受众素质发展多方面、多层次、多样化的教育需要而确定的，这就决定了网站内容应该是全面的、广泛的和具体的。而网站的频道与栏目从整体上反映了网站的层次结构，从中可以浏览网站全部内容的概况，以便迅速锁定所要查找的目标内容，一般可做如下设置。

新闻动态类频道。该频道主要供应一些与学生实际生活紧密联系的诸如校园新闻、院系动态等内容，并收集和转载师生普遍比较关注、关心的国内外时事政治热点和重大社会新闻。

思政教育类频道。该频道最能体现出高校思想政治教育主题网站的特色所在，是整个主题网站的核心部分。它主要提供马克思主义的经典著作、丰富的时政资料、党史党章等，其目的就是要对青年学生进行人生观、世界观和价值观的正确引导，把他们塑造成为品德情操高尚、政治立场观点正确、思想道德素质过硬的社会主义"四有新人"。

特色服务类频道。该频道要充分考虑到青年学生多方面、多层次、多样化的现实需求，为学生提供全方位的信息资讯服务。

（三）建立一支专兼结合的网站工作队伍

高校可以根据形势发展和实际工作的需要，培养和造就一支由学校党政干部、思想政治理论课教师、高校网络管理人员、辅导员和班主任教师、学生骨干等人员所组成的结构合理、专兼结合的网站工作队伍。专兼职相结合的工作队伍不仅能够保证网站建设与发展的可持续性，确保思想政治教育主题网站的正常运行，而且能够促进资源的整合和力量的聚合，发挥协同配合的整体优势，最终形成上下联动、齐抓共管的生动局面。在高校思想政治教育主题网站队伍建设的过程中，尤其要注意到学生群体的特殊性：一方面，大学生网民是网站教育的主要对象，是网站信息的消费者；另一方面，大学生也可以主动参与到网站的建设、管理与维护中，担任网站管理员、各栏目采编人员、网页制作人员、网站记者等，从而成为网站信息的生产者。学生在参与网站建设与管理维护的过程中，不仅能通过网站获取自己所需的知识与技能，而且能增强政治意识和责任意识，从而达到在网上进行自我教育、自我管理和自我服务的目的。同时，学生还能利用熟人效应来获得周围同学、朋友和家人对网站的支持与认可，从而成为网站宣传与推广的一支重要力量。一言蔽之，高校思想政治教育主题网站的队伍建设必须坚定不移地走专兼职相结合的道路，必须充分调动学生群体的积极性和主动性，必须不断开拓创新、锐意进取，努力形成学校党政干部、思想政治理论课教师、高校网络管理人员、学生辅导员和班主任教师、学生骨干的网站建设合力，从而构建全员育人的良好氛围。

（四）提供条件和物质保障

思想政治教育主题网站建设是一项长期而复杂的系统工程，需要各地教育部门和高校从人力、物力、财力各方面给予切实保障。高校思想政治教育主题网站的建设、管理和维护，需要培养和造就一支高素质、高水平的主题网站工作队伍，从而为之提供坚实的人才保障和智力支撑；需要采购和配备先进的网络硬件设备和其他必要的服务设施，从而为之提供有力的技术支持。而人才的培养和设施的筹备都需要充足的资金作为坚强的后盾，从而为之提供雄厚的物质基础。因此，各高校应该明确学生思想政治教育工作的资金来源，设立思想政治教育主题网站建设专项经费，以确保落实网站建设所必需的人员、设备、技术和场地等要素。只有依托大量的人力、物力和财力，高校思想政治教育主题网站建设才能"背靠大树好乘凉"。

（五）建立网站评估机制

要想知道高校思想政治教育主题网站建设的成效如何，必须对主题网站进行全面的评估。网站评估本身就是对高校思想政治教育主题网站建设规律的一种有益探索，只有对高校思想政治教育主题网站建设的现状及其效果进行客观公正的评价与判断，才能对其得失成败做全面科学的总结，从而吸取教训、积累经验，以便准确地把握其特点和规律，最终为网站建设的进一步发展指出明确的目标和方向。各地教育部门和高校必须充分认识到思想政治教育主题网站评估的重要性，通过构建科学合理的评估机制，对主题网站进行一次综合性评估，并在此基础上对网站教育的技术水平、使用情况进行全面了解，从而以评促进、以评促改、以评促建，不断加强和改进网站建设的质量和水平，最终促进教育价值的增值。

（六）加强宣传推广

思想政治教育主题网站对于高校而言，不是一种"人有我也有"式的追风，也不是一种装饰性的点缀，其建设既不可能一蹴而就，也不可能一劳永逸。要想增加网站的浏览量，提高网站的点击率，发挥"红色网站"该有的功效，就必须设法让更多的人知道网站的存在。这也就意味着网站推广已迫在眉睫，不推广不如不建站。因此，本着对网站推广工具和校园资源的合理利用原则，可以通过多种途径对高校思想政治教育主题网站进行有效的宣传与推广。

1.师生间的口头传播

即使在网络时代，人类最为古老和原始的口头传播也仍然是生活中必不可少的信息传播方式之一。在很多情况下，人们往往是在茶余饭后的闲聊中通过熟人的介绍知道某个网站的存在的，熟人之间的口头传播甚至比其他渠道让人觉得更为可靠与信服。因此，高校也应当十分重视这种传播方式。一传十、十传百，教师与教师之间、学生与学生之间、教师与学生之间都可以通过熟人的熟人将本校的思想政治教育主题网站传播开来。

2. 注册搜索引擎

作为网站推广最为主要的途径，注册搜索引擎也可以成为高校思想政治教育主题网站宣传与推广的一种方式。百度、搜狗、新浪等都是常见的搜索引擎，高校思想政治教育主题网站可以在这些搜索引擎上加以注册与推广，广大师生只需输入关键词，就很容易找到相关内容。这样一来，高校思想政治教育主题网站被访问的概率会大大增加，其影响力也会随之扩大。

3. 建立友情链接

友情链接或称交换链接、互惠链接，常作为网站推广的一种基本手段，是具有一定互补优势的网站之间的简单合作形式，即分别在自己的网站上放置对方网站的Logo或网站名称并设置对方网站的超级链接，使得用户可以从合作网站中发现自己的网站，达到互相推广的目的。高校思想政治教育主题网站要积极与其他网站建立友情链接，以互利互惠、相互推荐、资源共享的协作方式达到网站宣传与推广的目的。

第五节 高校思政教育教学中微博平台的运用

微博的出现在给高校思想政治教育带来机遇的同时带来了不少的挑战，这要求高校思想政治教育必须进行创新。所以，高校思想政治教育究竟如何运用微博载体进行创新，值得认真研究。

一、利用微博开展高校思想政治教育的原则

利用微博开展高校思想政治教育必须坚持一定的原则，才能保证达到预期的目标。

（一）始终坚持"以人为本"原则

随着高等教育不断发展，学生的主体性越来越受到重视，这就要求高校在运用微博开展思想政治教育时必须重视学生的主体性，也就是必须坚持"以

人为本"。思想政治教育工作者在教育实践活动中必须以教育客体为本，调动客体的积极性，以平等的姿态进行与客体的互动，以促使其实现自身的全面发展。需要注意的是，首先必须保证教育主体与客体处于平等的地位，教育主体要了解客体使用微博的特点，尊重他们的习惯，主动借助微博与客体打成一片，以营造和谐的教育氛围。其次，微博的特性促使教育客体敢于在微博中表达出真实的想法，主客体之间的互动更加通畅，这为教育主体及早发现客体在现阶段的思想倾向及问题提供了更为方便的条件，在这个互动过程中，教育客体又能够通过反思来得出正确的结论。最后，在整个思想政治教育实践活动中，教育主体要引导客体进行自我调整，积极主动地把教育要求内化为自身素质的思想追求，继而外化为符合思想政治教育要求的行为，从而实现个人的全面发展。❶

（二）始终坚持方向性原则

坚持方向性原则是开展高校思想政治教育活动的必然要求，利用微博开展思想政治教育活动当然也是如此。随着微博的高速发展，微博舆论得到了越来越多当代大学生的支持，成为校园舆论的重要组成部分。目前，我国微博舆论总体状况良好，但放眼全球，我们可以看到很多社会变动都有微博舆论的参与。这说明了微博舆论在某种程度上很可能会受到西方价值观念的影响，特别是高校大学生，他们在心智发育程度和辨别是非的能力方面还有所欠缺，因此要对大学生进行必要的引导。

需要注意的是，微博的运营主体是商业公司，这些公司运营微博的目的在于盈利，很多原本并不是微博舆论热点关注的问题，在其操作下往往都会瞬间"火"起来，这种本末倒置的做法往往会造成社会不当舆论的蔓延。再加上微博上信息"鱼龙混杂"，其中包含了不少的如暴力、色情、欺诈等丑恶信息以及似真实假的伪舆论，要正确地辨别这些信息，单靠大学生本身的认知往往是不够的。这要求高校思想政治教育工作者必须时刻关注微博舆论，特别是校内的微博舆论，及时地发现问题，运用马克思主义理论指导把教育客体引导到正轨上来，避免其陷入偏离主流、真假难辨的局面，从而实现思想政治教育的目的。

（三）始终坚持与时俱进原则

高校思想政治教育的内容、形式等会随着时代的变化而变化，创新是保证高校思想政治教育有效性的重要基础，也就是必须坚持与时俱进原则，这是当

---

❶ 肖伟华.微博对高校思想政治教育的影响及对策[J].智库时代，2020（5）：190-191.

前高校思想政治教育工作的关键。历史表明，一个国家、一个民族要不断向前发展，始终保持旺盛的生命力，就必须坚持与时俱进。

在信息时代背景下，高校思想政治教育面临更多难题，微博虽然可以成为高校思想政治教育的新平台，但也会增加思想政治教育的难度。例如，目前高校对微博载体建设不够重视、在监管上极为困难、相关理论和实践研究较为缺乏、能熟悉运用微博技术的专业化教师队伍缺少等。这些情况要求高校思想政治教育必须进行创新，以应对微博给高校思想政治教育带来的挑战。同时，传统的思想政治教育工作方法已经无法解决微博给客体带来的问题，这要求思想政治教育在方法上必须创新，只有创新，才能更好、更快地解决现实问题。此外，微博的发展不断加快，要求高校思想政治教育必须不断加快创新，只有这样才能适应工作的需要。因此，高校思想政治教育运用微博载体的创新显得非常重要。

二、利用微博开展高校思想政治教育的方法与途径

（一）引导大学生树立正确微博观

网络的发展为人们带来了便利，但也带来了大量无用甚至有害的信息，因此必须加强对大学生微博观的引导，加强大学生的网络媒介素养教育已经成为大学生素质教育的重要组成部分。在微博的世界里，引导大学生树立正确的微博观也是极其重要的。微博观实质上就是人们对于微博的认识，其中包括微博的本质是什么、如何正确地使用微博、怎样避免微博所带来的弊端等相关的问题。信息社会需要的不是信息的简单传递者或使用者，而是具有较强信息意识和能够运用现代信息技术手段，对大量支离破碎的信息与数据进行归纳与综合，使之条理化的有较高信息素养的人才。微博从本质上来说就是一个传播媒介，是一个工具性的存在，它对人能产生多大的作用关键是看人如何使用它。若能正确地看待和利用它，则可以为我们提供一个新的开阔视野、沟通交流的工具，否则就会沉溺于其中，给人们的身心带来不利的影响。

1. 引导大学生提升自律能力

微博是把"双刃剑"，它在给人们带来巨大利益的同时，带来了许多负面影响，可以说在微博上大学生既是行为者，又是监控者、评论者，这无疑对大学生的思想素质、道德水准、文明程度提出了新的要求。因此，高校思想政治教育必须探索和加强大学生的自我教育，培养大学生自我教育、自我管理、自

我约束、自我负责的意识和能力，培养大学生对微博上各种信息的选择能力、辨别和分析能力，从而帮助大学生培养和锻炼自主、自律的主体意识和能力，使他们在微博上的行为符合法律法规和社会公德的要求，最终确立能经得起各种挑战的微博价值观。

2. 引导大学生树立微博责任意识

微博搭载于网络平台，具有很强的自由性和随意性，这也是微博用户规模如此庞大的一个重要原因。然而自由是相对的，自由也就意味着一定的责任。要教导大学生认识到微博上的绝对自由势必会给人带来一定的损失和灾难，而并非像有的人认为的那样——自由是绝对的，是神圣不可侵犯的。微博虽然赋予了人们高度的自由话语权，但作为一个具有社会责任感的人，应该珍惜这种权利，并且做到自觉维护这种权利，否则言语的过度自由会给微博带来致命的硬伤，从而造成微博在互联网上昙花一现。因此，大学生在使用微博时，既要充分享用微博给他们带来的便利，又要培养正确的微博观。大学生正确的微博观应该是：微博是自由的，同时微博是自律的，它追求思想的共享，更追求利他的奉献精神。

3. 开展形式多样的微博宣传与教育活动

高校应该开展各种形式的宣传教育活动，以此引导大学生对微博有一个全面、正确的认识，让他们清晰地意识到微博只不过是带给人们便捷的一个工具，人类是不可能脱离现实的世界而生活在虚拟的网络世界的。微博在中国的兴起时间并不长，近几年才真正地发展起来并为人们所知。然而对于这样一个新兴的事物，多数大学生都是通过网络或是同学相互传播而得知的，因此他们对于微博并没有太多的认识。针对这一情况，高校可以开展各种各样的有关微博的活动，开展网络指导和微博知识讲座，让学生真正地认识微博，这样既满足了大学生对于新事物的好奇心理，也让他们知道了如何正确地使用微博。

（二）创设高校思想政治教育微博集群

对于高等院校来说，其思想政治教育工作的开展需要全体师生的共同努力。同样，要想将微博应用于思想政治教育工作，需要全校人员的努力，而要想实现这一目标，就必须不断完善和优化高校思想政治教育微博集群，提高高校思政教育的系统性和时效性。近年来，微博在高校思想政治教育工作中的作用越来越突出，但是目前专门关于思政教育专题的微博还比较少，因此高校应当结合自身的实际特点，建立思想政治教育专题性官方微博平台，站在全局发展的高度，开展思政教育工作。思政教育官方微博平台应当配备专门的人员进行管理，可由学校宣传部门人员，或者指定有一定的新媒体操作技术的思想理论课教师负责。同时相关的工作人员还应当做好相关的微博资料内容查阅、回复等工作，紧随时代发展潮流，紧扣时代发展主题，有效提升大学生思想政治水平，进而为高校思政教育效果的提升打下坚实的基础。❶

（三）建立线上、线下相结合的思想政治教育机制

在重视微博视域下高校思想政治教育的同时，也不能放松传统思想政治教育手段的运用。利用微博的线上平台，是高校传统思想政治教育手段的有益补充，其效果还需要线下思想政治教育的进一步强化和检验。在高校思想政治教育中，只有形成线上、线下多种手段综合运用的机制，使线上微博思想政治教育与线下传统思想政治教育互动，才能形成思想政治教育的资源共享、优势互补、全方位覆盖，发挥思想政治教育的整体合力，提升高校思想政治教育的实效。

（四）加强队伍建设、制度保障

"互联网＋"时代的高校思想政治教育工作，需要一支具备过硬政治素质、丰富工作经验、较高网络信息素养的教师队伍，主动参与到微博的传播、互动中去，丰富高校思想政治教育的资源和形式，保证思想政治工作的实效性；需要从大学生中遴选出一批思想素质过硬、网络能力优秀的学生微博领袖，积极配合做好大学生舆论引导。同时，高校还应建立健全微博管理制度，规范大学生在微博空间的网络言行，加强对大学生微博的监管，营造高校和谐的微博环境。另外，还需要一定的物质保障，促进高校网络思想政治工作的不断发展。

（五）依托微博，搭建网络心理咨询平台

大学生心理健康问题是一个严重的社会问题，必须引起重视。当前，心理咨询越来越受到高校的重视和支持，许多高校也都有了自己的心理咨询室，心理咨询在解决学生心理问题和预防心理危机方面发挥了重要的作用。但是，随着大学生人数的不断增加，现实中的心理咨询工作已不能满足大学生的需要，使得许多大学生的心理问题不能得到及时的解决。

---

❶ 蔡淼.巧用微博文化提高高校学生思政教育管理的实效性[J].教育教学论坛，2020（24）：46-47.

随着经济社会发展，社会公众承受的压力与日俱增，大学生也是如此，这就导致大学生心理健康问题日益突出，高校及相关各方必须高度关注学生的心理健康，把心理健康教育作为思想政治教育的重要组成部分，培养广大学生良好的心理素质，使其以正确的心态面对自己与社会、面对现实与未来。因此，高校应积极开展大学生心理健康教育和心理咨询工作，将思想政治教育与心理教育相结合，对大学生心理健康予以有效的指导和关爱，真正做到"常把脉搏，常用心药，防止思想感冒"；应建立心理健康教育网站，通过网络以及校报等媒体宣传心理健康知识。可以说，解决大学生心理问题的方式应该是多种多样的，不能局限于课堂上教师的理论说教，也不能局限于现实中心理咨询师的辅导。通过网络开展大学生心理健康教育已成为当下学生思想教育的重要途径之一，而微博的出现为大学生的心理健康教育提供了一个新的网络平台。由于微博上传递信息有一定的隐蔽性，人们在利用微博进行网络交流的时候通常无所顾忌，表露出潜藏在内心深处的需要、情感等，而且微博的即时交互性满足了大学生随时进行咨询的需求。可以说，微博自身所具备的特性在一定程度上满足了大学生心理健康教育工作的需求。因此，高校应该鼓励心理咨询教师开通微博，并与学生相互关注，在这样一个非刻意的环境下可以与学生建立平等的对话关系，利用微博来了解大学生的心理状况、发展水平及存在的问题，为大学生提供指导帮助，促进大学生心理健康发展。

第七章　网络时代高校思政教育队伍的建设研究

互联网的出现为高校思想政治教育工作提供了新的载体。互联网作为一个新颖而富有生命力的信息传播媒体，既拓展了高校思想政治教育工作的新渠道、新手段，也使高校思想政治教育工作面临新的挑战。高校思想政治教育工作必须直面挑战，顺应时代发展要求，通过组建思想政治教育工作队伍来加强思想政治教育工作。

第一节　网络时代高校思政教育队伍建设的必要性

思想教育工作队伍是高校教师队伍的重要组成部分，同时也是管理干部中的重要力量。思想政治教育工作队伍积极作用的发挥，对于学生政治思想建设具有积极的引导意义。同时，高校思想政治教育工作队伍还具有较多的优势功能，如组织、宣传、教育等。因此，在网络时代，应该加强高校思政教育工作队伍的建设，这样才能够更好地促进大学生身心的健康成长。具体来说，加强网络时代高校思政教育队伍建设有以下必要性。

一、是提升高校思想政治工作质量的重要保障

思想政治工作是我们党做好各项工作并不断赢得胜利的制胜法宝。无论是在浴血奋战的战争年代，还是在改革开放不断发展的和平年代，善做、巧做

思想政治工作始终是我们党的优良传统。思想政治工作是高校各项工作的生命线，在当前新形势下，高校中不同思想文化观点交流、交锋、交融，特别是随着互联网、自媒体等新的信息传播渠道的迅速发展，高校思想政治工作面临诸多挑战与难题，如何引导学生自觉树立正确的理想信念，培养学生理性、科学、客观、全面的思维品质，辩证看待历史演进和国家发展进程中的成就与不足，是思政课教师亟须研究的时代课题。2017年教育部发布《高校思想政治工作质量提升工程实施纲要》，提到要建大建强工作队伍，把思想政治表现和育人功能发挥作为首要目标，引导广大教师不忘立德树人初心，牢记人才培养使命。作为高校思政工作队伍中的核心力量，思政课教师是高校思想政治工作质量提升的关键因素，对于开创新时代高校思想政治工作新局面尤为重要。因此，加强思政课师资队伍建设，强化队伍的使命担当意识，全面提升队伍的素质与能力，是提升高校思想政治工作质量的重要保障。

二、是落实立德树人根本任务的必然要求

高校立身之本在于立德树人。立德树人是育人和育才相统一的过程，其根本在于铸魂，固本在于教育，基础在于实践。引导青年坚定理想信念，做到明德修身，是立德铸魂的关键之举；教育青年认识世界的正确之道、传授改变世界的科学之道是育人的根本任务；通过丰富多彩的社会实践活动深化青年对社会主义核心价值观的认同和践行，以达到知、意、行的辩证统一是育人成才的基础。没有哪一支教师队伍像思政课教师这样更需要具有这种立德树人的教育自觉和使命担当。思政课教师作为践行立德树人的主导，必须对"培养什么人""为谁培养人"及"怎么培养人"等基本问题有明确的认知和强烈的认同，并始终做到率先垂范、以身践行，这对教师队伍自身的思想觉悟、能力素质、教学水平提出了更高的要求。因此，要承担立德树人根本任务，培养担当民族复兴大任的时代新人，思政课教师使命光荣、责任重大。加强思政课师资队伍建设是落实立德树人根本任务的必然要求。

三、是培养高素质人才的需要

大学生是我国开展社会主义事业的主要力量，他们身上肩负着实现中华民族伟大复兴的重要使命，大学生政治素养的高低也直接关系到他们能否成为符合社会所需要的合格人才，关系到以后我国社会主义事业的发展。因此，高校

必须努力加强学生思想政治工作队伍建设，培养学生形成正确的世界观、人生观、价值观，培养他们成为德智体美劳全面发展的全方位人才，为我国的社会主义事业提供一支高素质人才队伍。

四、是新时代办好思政课的重要着力点

课程是学校教育的核心，课堂是课程的核心，教师是课堂的核心。教师的政治素养、道德品质、理论水平、教学理念、人格魅力等都影响着课程的教学实效和育人成果。关于如何深化高校思政课改革，积极推动思政课程教学发展创新，习近平总书记在讲话中给出了明确的答案："办好思政课关键在教师。"[1]思想政治理论课程是高校开展思想政治教育的主渠道和显性载体，是兼具政治性和学理性、价值性和知识性、理论性和实践性的关键课程。思政课教师作为课堂教学的主导者、组织者和实施者，如何在教学过程中切实遵循大学生成长成才规律，充分发挥自身积极性、主动性、创造性，激发调动学生的学习热情和兴趣，有效提升课程实效和育人水平，是对其自身政治素养、业务水平、教学能力的重要考验。

因此，网络时代办好思想政治理论课，应着力打造一支思想政治素质过硬、道德品质高尚、理论素养精深和教学能力出众的教师队伍，这既是遵循高等教育规律的必然选择，也是遵循高校思政课教学和大学生成长成才规律的必然要求。

第二节 网络时代高校思政教育队伍建设的总思路

网络时代大学生思想政治教育工作队伍作为高等院校开展大学生思想政治教育的骨干力量，担负着教育、管理、培养学生的重要使命。这支队伍的能力、素质和水平的高低不仅影响着思想政治教育工作的效果，还关系到学校的改革、发展和稳定。因此，必须高度重视高校思想政治教育队伍的建设。高校思想政治教育工作队伍包括思想政治教育课教师、专业任课教师、辅导员及与学生直接日常交流的相关职能部门的工作人员，其素质如何、水平高低，直接

---

[1] 习近平.论党的宣传思想工作（大字本）[M].北京：中央文献出版社，2020：388.

关系到思想政治教育的成效。因此，积极探索加强思想政治教育队伍建设的途径和方法，全面了解思想政治理论课教师队伍建设中存在的问题，分析其矛盾和原因，并理清其解决思路，提升思想政治教育队伍的整体素质水平，是加强和改进高校思想政治教育工作的当务之急。

一、网络时代高校思想政治教师要树立"三大理念"

（一）互联网理念

随着信息技术的快速发展，各大高校已经对教师的互联网化逐步地展开实施。根据当前形势来看，各大高校也都意识到互联网在教育中的重要作用，其是当前进行高校思想政治教育的一块"高地"，广大思想政治教育教师必须将它拿下，才能更好地发挥信息技术的载体作用，增强高校思想政治教育的实效性。互联网是人类进程中一种新的实践手段、新的生存方式、新的体验方式，有着自身独特的功能、作用、本质以及特征。高校思想政治教师必须清晰地认识到这一点，树立正确的互联网理念，从而促进思想政治教育知识的传播。

（二）服务理念

大学阶段是大学生思想和心理快速成长成熟的阶段，这个阶段大学生的思想极易受到外界的影响。

在当前社会，多元文化、多元价值观以各种方式冲击着大学，大学生的思想和心理也在一定程度上发生着变化。这就需要高校思想政治教师改变原有的工作态度和方法，运用网上、网下协调互动的方法，与学生建立亦师亦友的关系，以学生为本，实事求是地开展工作，全心全意为学生服务。

（三）实时理念

当前是一个高速发展的信息时代，作为高校思想政治教育队伍，如何正确地把控和引导信息传播，是一项正在面临的巨大挑战。

诸如很多信息被多次点击关注后成为焦点，而后在大学生的参与下演变成群体性事件的例子屡见不鲜。面对社会热点问题的客观存在，高校思想政治教育队伍必须树立实时理念，即对大学生的思想动态进行实时关注，关心事态的发展，并对事件合理解决，扩大正面消息的影响范围，把负面影响范围缩小，尽可能地保证学生不受影响。[1]

---

[1] 马莉莉.新时代加强高校思政教育队伍建设探究[J].名汇，2020（4）：81-83.

二、网络时代高校思想政治教师要培养"四大意识"

（一）阵地意识

高校思想政治教育队伍要重视对阵地意识的强化，重点对待新时期高校思想政治教师工作面临的挑战和问题，同时对新时期出现的一系列新情况、新问题进行深入的研究，不断增强思想政治教育队伍工作的战斗力。

（二）安全意识

当前大学生为"00后"，他们乐于接受新事物，也善于接受新事物，但是在这一过程中也产生了一定程度的安全隐患，"文化殖民主义"、文化糟粕、西方意识形态渗透和传播也有机可乘，对大学生的成长造成了严重的影响。

目前，对于高校思想政治教师来说，最为艰巨的任务就是正确地对大学生进行引导，让大学生增强防范意识，自觉甄别和抵制不良信息。

（三）学习意识

对于思想政治教育教师来说，只具有基本的思想政治理论知识是远远不够的，只有在循序渐进、持之以恒的学习过程中不断地充实和提高自己，使自己的知识形成结构上的完整，同时具有一定的时代性，才能面对时代的挑战，才能顺利完成艰巨而复杂的思想政治教育任务。

（四）创新意识

作为思想政治教育教师，应该具备更高的创新意识。从某种程度上来说，创新意识是教师队伍迎接挑战、处理问题的关键点所在。

当前，面对复杂多变的新情况、新问题，教师队伍必须做到解放思想，对原有的旧观念进行更新，把握机遇，开拓前进。

三、增加思想政治教师培训和学习交流的机会

调研表明，思想政治教师有参加培训、学习、交流、提高的迫切愿望，他们希望学习优秀教学经验，参加学术交流，能经常更新知识以适应不断变化的教学实际。尤其是年轻教师可塑性强，培训学习对他们的成长更为重要。然而调查发现，思想政治理论课教师参加培训的比例较低，甚至有些教师没有参加过任何级别的培训，参加国家级和国外的培训就更少，这显然不利于思想政治理论课教师的提高和学科的发展。因此，相关部门必须采取多种措施满足思想

政治理论课教师的愿望。

四、增强学科建设，为思想政治教师提高理论、科研水平创造条件

较高的思想政治理论学科建设水平和高质量的科研成果是改进思想政治理论课的关键，也是增强该课程实效性的重要保障。因此，相关部门和高校应对思想政治理论课教师的科研问题予以高度重视，必要时采取一些倾斜政策，使思想政治理论课教师更多地关注国家、社会以及人才培养中的重大理论问题，提高他们的理论、科研水平。

五、建立科学的思想政治理论课教师考核机制

（一）对思想政治课教师的考核重点应是如何实现思想政治理论课的功能

思想政治理论课的功能，主要表现为对当代大学生"德"的塑造和政治信仰的教育，引导和帮助大学生树立正确的世界观、人生观、价值观，成为中国特色社会主义事业的合格建设者和可靠接班人。为实现这一功能，教师应当研究教学方法，保证教学质量，提高教学效果，使思想政治理论能"进学生头脑"；应当深入学生，及时了解学生的思想状况，对学生的思想趋向进行及时引导和有效调控。高校思想政治理论课的考核机制应围绕此特点进行，对思想政治理论课教师的考核更需要实事求是地制定科学可行的考核体系、考核内容、考核指标。

（二）对思想政治课教师的考核应根据学科特点确定考核标准、考核内容

不同学科的量化考核，应有不同的侧重点。思想政治理论课教师与其他学科教师的考核标准统一，考核工作简化了，却不符合客观实际。如果过于突出强调论文和科研课题，忽视教书育人功能的发挥，对思想政治理论课教师的考核就是不科学的。对思想政治理论课教师的考核，应突出教学效果，突出教师对学生思想状况的了解，突出教师解决学生的思想问题，课题与论文的要求应当为次。学校的考核部门也应当对此予以充分重视。

第三节 网络时代高校思政教育工作者的媒介素养建设

媒介素养是一个全新的素质概念，它是传统听、说、读、写能力的延伸，是现代人在复杂传播环境中必须学习的一种能力。20世纪30年代前，媒介素养教育基本上是被忽略的。20世纪30年代，诸多学者认为媒体是一种"文化病毒"，认为文化一旦经商业媒体传播，就会变质，破坏了高雅文化，混乱了语言结构，滋长了低俗文化及娱乐活动。因此，1933年英国学者利维斯（Leavis）和汤普森（Thompson）撰写了文化批评专著《文化和环境：培养批判意识》，倡导媒介素养教育以抵抗大众媒介的流行文化，首次提出了"文化素养"概念，并就学校引入媒介素养教育的问题做了专门的阐述，第一次系统地提出在学校教授大众媒介的建议，并在书中采用了从新闻、广告方面选取的材料。该书指出，媒介素养教育旨在保护本国的文化传统、语言、价值观和民族精神，批判大众文化的欺骗性、虚伪性。此后，媒介素养教育逐渐成为世界各国的共识。

互联网技术的迅猛发展，对思想政治教育工作的"媒介化"发展提出了新的要求。在利用网络进行大学生理想信念教育时，高校思想政治教育工作者要充分承担起"舆论领袖"的角色，主动面对新形势下的新挑战，全面提升自身媒介素养，有效地利用网络技术开展教育工作，开拓思想政治教育工作新局面。

一、高校思想政治教育工作者应具备的网络媒介素养

高校思想政治教育工作者的网络媒介素养包括媒介认知能力、媒介使用能力、媒介批判能力和媒介创造能力。

（一）网络媒介认知能力

网络媒介认知能力是指在人们头脑中形成的对于网络媒介这一事物进行信息加工和信息处理的能力，具体涉及对网络媒介的本质、构成及其发展的动力和基本规律等认识，并在此认识的基础上进行的有关网络媒介的信息加工和信息处理的素质结构。即思想政治教育工作者应对以电脑为代表的固定终端网络

媒介、以手机为代表的移动终端网络媒介和其他混合式网络媒介的本质、构成及其发展的动力和基本规律等有清醒的认识，并具有对这些网络媒介的信息进行加工和处理的能力。

（二）网络媒介使用能力

网络媒介使用能力是指人们能够科学有效地运用网络媒介和使用网络媒介为社会发展和自身发展服务的素质结构。媒介使用能力包括单向接收信息的能力，即从个体已有的媒介素养出发，单方面地对媒介信息进行解读、筛选和接收，由此形成的媒介使用能力，如对书籍、报刊、电影、电视等传统媒介的使用就属于单向的媒介使用能力；包括媒介互动使用能力，一般是指以互联网为代表的新兴立体媒介所形成的素质结构，也就是网络媒介使用能力。网络时代思想政治教育工作者不仅要具备单向的媒介使用能力，而且要具备媒介互动使用能力。

（三）网络媒介批判能力

网络媒介批判能力是指将现有的媒介知识以及与媒介相关的经验结合起来，对网络媒介的运作、使用、更新和创造等过程和机制进行分析、反思和批判的素质结构。它包括网络媒介分析能力、网络媒介反思能力、网络媒介伦理意识和网络媒介道德实践能力。思想政治教育工作者在使用网络媒体时，既是网络信息的采集者，又是网络信息的监督者、被监督者及网络信息的管理者，因此，必须提升媒介批判能力。

（四）网络媒介创造能力

网络媒介创造能力是指对网络媒介内容进行技术处理和变革，以及对网络媒介这一物质本身进行革新和创造的能力。未来的媒介融合的趋势显著，信息对象的采集面越来越广，其中文本、图像、音频、视频、动画等都会增添很多新型的制作方式。思想政治教育工作者不一定能对各种技术手段全部应用自如，因此，思想政治教育工作流程的创新既包括思想政治教育者个体的创新，更应注重群体的创新。比如，由掌握不同技能的思想政治教育工作者一起策划、甄选、整合、编辑，许多思想政治教育网站编辑协同工作，各司其职，发挥各自技术优势，以提高思想政治教育的吸引力、感染力、战斗力。

（五）网络媒介道德水准

媒介道德是指在媒介活动中的信息接收者、使用者、加工者和传递者之间各种行为规范的总和,即整个媒介活动中的道德。新媒体时代引发了一系列媒介道德伦理问题。在这种情况下,思想政治教育工作者只有自身具备崇高的社会道德,才能帮助大学生树立媒介道德意识,学会正确使用新媒体,从而避免新媒体给大学生带来的负面影响。高校思想政治教育工作者的媒介道德素养主要包括以下几个方面。

1. 媒介伦理道德意识

在新媒介中,人们把媒介伦理道德称为"第一道防火墙"。高校思想政治教育工作者自身应在思想和心理上建立抵御互联网不良信息的防线,树立正确的新媒体伦理道德观念,恰当地控制自己的媒体行为,自觉抵制不良信息的侵袭,成为一名合格的媒介使用者。

2. 媒介法制观

高校思想政治教育工作者只有具有媒介法制的观念,全面增强媒介法律法规意识,才能在法律规定的范围内正确使用媒介及利用媒介信息开展思想政治教育。在此基础上,才能针对学生开展有说服力的媒介素养教育,全面提升思想政治教育工作的实效性。

3. 社会责任感

高校思想政治教育工作者除了要担负大学生的思想政治教育职能外,还要承担起媒介与舆论导向的责任。因此,其媒体道德水平、社会责任感就显得尤为重要。只有具有较高的社会道德水平,并在实际工作中坚持知行合一,自觉强化媒体观念,才能真正树立为学生、社会服务的意识,进而做好新时期的大学生思想政治教育工作。

二、提升高校思政教育工作者媒介素养的必要性

随着新媒体的广泛应用和在校园中的快速普及,部分学生一天使用新媒体的时间甚至超过了十多个小时。由于学生缺乏良好的信息判断能力,一些不良信息、错误观点随着新媒体信息的广泛传播也深刻影响着青年学生。这一问题也引起了有关部门的高度重视,国内的多数教育者把重点放在了培养学生的媒介素养上,却忽视了对高校思想政治教育工作者开展媒介素养教育的必要性。思政教育工作者是面对学生的直接教育者和管理者,先行一步对他们进行媒介素养的教育和提升,已是势在必行。

（一）有利于增强对学生媒介素养的培养

作为新媒体技术的主要使用者，大学生的媒介素养水平普遍较低，对媒介信息的辨识能力不足。思政教育工作者只有自身具备了较好的媒介素养，较为熟练地掌握了与新媒体相关的使用技能，才能及时了解和掌握学生利用新媒体发布信息、互动交流的情况，同时自身能够理性地驾驭和判断各种媒介信息，科学地引导学生对接收到的表层信息做出正确的判断和有效的取舍，教育学生提升媒介素养，在接收和传播信息的过程中做到独立思考、科学研判，不受煽动和蛊惑。

（二）有利于最大化拓展教育途径，促使思政教育与时俱进

新媒体的普及和广泛应用，已经是社会发展的一种趋势。思政教育工作者也应该顺应这一趋势，与时俱进，采取积极的措施有效应对各种问题。思政理论课教师可以利用网络技术建设资源共享的教学资源库，并实时更新，让学生接触到最前沿的信息，寓教于乐，发挥好主渠道的作用；其他行政和学团干部也可以充分挖掘新媒体的优势，抛弃传统的"说教式"教育模式，打破时间和空间的限制，利用媒介的实时交流功能，拉近与学生的距离，以"潜移默化""润物无声"的方式开拓校园隐形教育的新途径。

（三）有利于实现自我提升和自我发展

在大众传媒时代，媒介素质教育主要是以培养受众的媒介素养为目的，使受众能用理性和独立的视角审视媒介信息内容，具备抵制、抗拒负面信息影响，对大众媒介进行建设性识别和运用的能力。媒介素质教育现在已经发展成为社会公民素质教育的重要组成部分。提升媒介素养使思政教育工作者具备了创造和传播信息的能力，时刻处于接收信息、掌控信息的最前沿。因此，思政教育工作者应把如何提升自身媒介素养当成一个理论课题进行研究，把传播学、新闻学、心理学、教育学等知识联系起来，提升自身的信息化水平和研究能力，不断实现自我发展。

三、网络时代高校思政教育工作者媒介素养建设的途径

（一）加强媒介素养教育师资培训

为了在短时间内培养出大量的适应岗位需要的师资，建设一支质量过硬的师资队伍，有必要创新师资培养的方式。一方面，把相关教师选送出去，对

他们集中采取在岗进修、培训,并把这种培训作为现行教师专业发展中的一部分;另一方面,对他们每年进行一次集中培训,纳入相关的考核标准,并促使这种做法朝常态化、制度化方向发展,以便不断地更新教师的教学理念。同时,要采取一系列的措施,充分调动他们的积极性,激励他们的探索精神,使他们通过探索不断地积累经验,从而提高整体高校师资的媒介素养水平。

(二)有针对性地构建高校教师媒介素养教育的内容体系

高校教师的媒介素养教育要针对教师的群体和职业特征展开。一方面,高校教师,尤其是中青年教师,由于接受过长期、系统的学校教育,学历层次高,对现代信息技术的接触程度、关注程度和认可程度都较高,具有一定的媒介素养;另一方面,高校教师在与学生的教学互动关系中,实际上处于"意见领袖"的地位,教师本身对媒介本质及其特点的认识、批判及其使用程度,即媒介素养程度的高低,对受其直接影响的大学生有极强的示范作用。因此,高校教师的媒介素养教育具有极强的针对性。

第一,提高高校教师的媒介意识和认知能力。前者指的是提高高校教师对媒介的性质、特点及其作用的关注程度和敏感程度;后者指的是培养高校教师对于媒介"环境监视、社会协调、社会遗产传承"等正面功能,以及媒介创造拟态现实等功能的认识。同时,意识到媒介素养教育对于教师专业发展的不可替代性。

第二,培养高校教师多层次的媒介素养能力。这包括三个层次:首先是认识并掌握媒介的概念、种属、功能、使用规律等基础知识,尤其要掌握教师教学活动中经常使用的基础媒介工具,如PPT、多媒体制作等;其次是在使用媒介从事教学活动的过程中,在掌握媒介特点和规律的基础上,批判性认识媒介的作用;最后是强化媒介为我所用的意识,即强调人在与媒介关系中的主动性和主导地位。

第三,正确辨析媒介素养教育的内容与教育技术教育的内容之间的关系。在教育中,需要强调的是要避免将高校教师媒介素养教育简单理解为教育技术教育,应在教育技术教育的基础上,实现更高层次的提升。

(三)积极利用新媒体,强化对新媒体正面功能的认知

网络时代思政教育工作者要主动占领网络思想政治教育新阵地,各高校要充分发挥校园网、主题教育网站的教育辐射功能,牢牢把握网络思想政治教育的主动权。新媒体不断涌现出新的载体和传播模式,它的互动性、即时性、个

性化等优势受到大学生的青睐,甚至出现过度依赖的现象。而思政教育工作者要在新媒体时代把握学生的思想动态,对学生做出正确的引导。

思政教育工作者要正确地认识新媒体,采取正面疏导的方式鼓励学生充分挖掘新媒体的"正能量",在使用新媒体的过程中传递正面信息,注重培养自己对媒介信息识别的敏感度,转发分享有效信息,坚决抵制不良信息,同时运用新媒体手段以"润物细无声"的方式向学生传递正确的世界观、人生观、价值观。

(四)积极建立校内、校外的培训机制和实践体系

高校应根据本校的实际情况设立专门的思政教育工作者媒介素养培训机构,可以单独设立也可以隶属思政研究会或宣传部门,统一负责课程安排和教学内容设计,采取集中授课、交流学习、专题讲座等方式进行,对实际工作中遇到的媒介鉴别、管理等问题进行专题讨论,提出可行对策。

目前由新华社、人民网、中国教育报等权威机构组织的针对新媒体的管理运用、校园舆论监督的培训和讲座非常多,培训效果也很明显。高校领导者应该高度重视新媒体的运用、网络舆情管理等工作,大力支持教师多参加社会培训,开阔视野,加强交流与学习,提升个人媒介素养。

高校应当利用好目前所拥有的校园广播、电视、校园网、微博、微信、移动App等媒介资源,鼓励思政教育工作者积极参与节目编排和制作,策划有深度的校园节目品牌,可以与校内媒介素质培训相结合,将校园媒体作为理论结合实践的实验项目,使思政教育工作者在参与校园媒体组织活动的过程中,充分发挥新媒体的育人功能,同时也使个人的媒介素养得到提升。

第四节 网络时代高校思政教育工作者的心理素质建设

心理学认为,一个人创造力的发挥不仅取决于他的知识和技能,还取决于他在一定场合下的心理状态。这已被实践证明并引起人们高度注意。所以,一个勇于改革、不断创新的学生思想政治工作者,除了要有良好思想品质和知识才能外,还必须具有良好的心理素质。

一、高校思政教育工作者应具备的心理素质

思想政治教育工作是一门科学，是一门塑造人类灵魂的高尚艺术。高校思想政治教育工作者的心理素质，正是由这种特殊的工作性质与要求决定的，是在实际教育工作中由主客观相互作用而形成的。要使学生思想政治教育工作效能提高，思想政治教育工作者需具备如下心理素质。

（一）强烈的革命事业心和政治责任感

这是高校思想政治教育工作者做好工作的前提。革命事业心和政治责任感是认识、情感、意志心理过程的综合反映，也是思想政治教育工作者世界观、革命理想、信念在实际工作领域的具体化，是一种高尚的道德情操，具体体现在为社会主义建设事业培养各种合格人才的坚定信念上。这种坚定的信念，应表现在对各自所负责的工作范围、工作目标、思想教育工作发展前景，心中要有一个蓝图，并能励精图治、鞠躬尽瘁。

（二）良好的情感品质

情感是高校思政教育工作者对学生和本职工作喜爱与否的心理体验，高校思政教育工作者的情感对学生有直接而深刻的影响。大学生往往因感受到高校思政教育工作者真挚的爱，而打开紧闭的情感之锁，倾吐心底秘密。因此，高校思政教育工作者要善于驾驭自己的情感，在需要的时候可以热得发烫，去融化冻结了的心灵；可含而不露，帮助学生冷却热昏的头脑。高校思政教育工作者的崇高职责是培养国家所需要的一代新人。要使教育获得成功，高校思政教育工作者首先要对自己的工作对象充满爱，即爱学生。心理学家罗森塔尔（Rosenthal）在智力测验中发现，教师对学生的爱和期望，会对学生心理产生潜移默化的影响，从而促进学生的智力和人格发展。这就是著名的"皮格马利翁效应"，或称为"罗森塔尔效应"。

高校思政教育工作者对学生的情感是由学生在德智体美劳方面得到发展的过程中产生的。当学生符合社会期望，健康地成长时，高校思政教育工作者会产生欣喜、愉快的情感体验；反之，则产生焦虑、忧愁的情感体验。为了提高教育效果，高校思政教育工作者的种种情感不能简单外露，而是要根据一定的教育目的、具体环境和学生状况而决定情感倾向，表现为爱而不纵、怨而不弃，炽热的爱与原则的、公正的、合理的要求相结合。这是最有力量的情感。

（三）坚强的意志

意志是高校思政教育工作者调节自己的行为，克服各种困难，积极完成本职工作的心理过程，是高校思政教育工作者动员自身力量战胜不利因素的内部条件。这表现在他们对工作往往是没有结果不撒手，不出成绩不罢休；遇到困难时，不是把困难看成前进中的障碍，而是当作前进的阶梯，争取工作成功的希望，工作受挫也能经得起考验，吸取经验教训，继续努力。具体表现在以下几个方面。

1. 对预定工作目标的坚定性

即对已定目标确信无疑，具有为实现目标百折不挠的坚毅精神。

2. 决策的果断性

果断性就是处理问题速度快、能量大、效果好，做到令行禁止、扬抑得当。例如，学生发生打架斗殴事件，高校思政教育工作者能迅速、有效地分析这种冲突发生的原因和所产生的后果，恰当地加以处理，否则会失去时机或控制不了局面。塑造学生灵魂、转变后进生的过程，往往是高校思政教育工作者与教育对象意志力的较量过程，当遇到不懂礼貌、不讲道理、不遵守纪律甚至公开顶撞的学生时，高校思政教育工作者应是意志坚定、沉着冷静地去处理事端，以实现预定教育目标。高校思政教育工作者的坚强意志是学生形成良好意志品质的具体榜样和力量所在。正如俄国教育家乌申斯基所说，只有在"以理性影响理性、以道德影响道德、以性格影响性格、以意志影响意志的情况下"，高校思政教育工作者才能取得教育的成效。

（四）良好的人际关系

良好的人际关系有助于提高人们的工作效率。高校思想政治教育是一项复杂的系统工程，要使这一工程有效实施，达到预期目的，思想政治教育工作者就要恰当地协调同事之间、师生之间的关系。这个过程，一方面是知识经验、情报信息和专业知识等方面相互交流，从而发展个人才能的过程；另一方面是人的思想、信念、情绪、态度、价值观等方面相互摄取，从而提高人的精神境界的过程。因此，高校思政教育工作者应具有良好的相容心理，善于处理人际关系，严以律己，宽以待人。

（五）创新的意识

不断探索、改革、开创学生思想政治教育工作新局面，是高校思政教育工作者良好心理素质的核心和主要标志，这要求高校思政教育工作者既要有实事求是、少说多干的科学态度，又要有勇于创新、敢担风险的变革气概；既能有效地吸取别人的经验和成果，又不落后于他人、步前人之后尘；对上级政策指示不是机械执行，而是结合实际，创造性执行；对常规不是轻信盲从，而是勇于挑战、大胆创新。新时期、新任务、新问题要求有相应的新思想、新作风、新方法。高校思政教育工作者只有具有创新意识，才能不断改善思想政治教育，正确引导学生，激发他们求知、求新、求异的成才积极性。如果高校思政教育工作者缺少创新意识，仍沿用拘谨、闭锁、思想单一的传统模式教育学生，那么会严重地阻碍学生接受新观念、发展新意识、形成优良的心理品质。

（六）网络心理调适能力

思想政治教育工作者的网络心理调适能力包括对自己网络心理的驾驭能力和对受教育者网络心理的调适能力。

1. 对自己网络心理的驾驭能力

网络拥有海量的信息和无穷的吸引力，现代思想政治教育工作者必须具备良好的认知能力和情绪素养，并具有坚强的意志，以驾驭自己的网络心理，正确运用网络这一现代社会思想政治教育的载体，不断地丰富自己的知识，优化知识结构，有效地开展思想政治教育。

2. 对受教育者网络心理的调适能力

受教育者的不良网络心理会给思想政治教育带来消极影响。现代思想政治教育工作者必须从受教育者的实际出发，引导他们的网络心理需求，加强思想政治教育的导向性；注重他们网络心理需求的差异，加强思想政治教育的针对性。网络认知心理过程的动力是网络需求，情绪情感是网络认知过程的调节因素，而网络认知效果的提高则与人的意志和思维模式有着密切的联系。现代思想政治教育要针对网络认知的心理特点，提高网络受众的思想理论学习需求与道德需要，强化网络认知的动力；解决信息超载问题，集中网络认知的目标；提高网络认知信息深度，优化网络认知的思维；弥补网络认知情景信息的不足，加强网络认知的情感投入；对受教育者因过度上网和不当上网引起的心理障碍或心理疾病，如网络成瘾症等，也要具备鉴别和转介治疗的知识。

（七）良好的认知能力

良好的认知能力是思想政治教育工作者从事思想政治教育工作必须具备的

心理活动认知过程中的心理品质，包括敏锐的观察力、良好的记忆力、较强的分析研究能力、丰富的想象力和一定的创造力。其中，敏锐的观察力、较强的分析研究能力和一定的创造力非常重要。

1. 敏锐的观察力

思想政治教育工作者必须具备敏锐的观察能力，是由思想政治教育工作性质决定的。思想政治教育工作是做人的思想工作，而人的思想并不是看得见、摸得着的，只能通过多种现象表现出来。思想政治教育工作者只能是通过观察自己工作对象的言论、行为、表情等，来掌握他们的思想状况及其变化，从而加强思想政治教育工作的针对性、预见性、主动性，提高思想政治教育的效果。思想政治教育工作者敏锐的观察能力主要表现在三个方面，即善闻其言、善观其行、善察其情。因为任何一个人的思想，都通过自己的言论、行为、表情表现出来，而善闻其言、善观其行、善察其情，就是善于从自己工作对象的言谈话语中，行为的积极消极、主动被动中，以及喜、怒、哀、乐的情绪表现中，发现他们的思想倾向以及对某一事物的态度，以了解他们心理活动的特点。敏锐的观察力还包括对教育对象的直接观察和间接观察能力，这是了解教育对象学习、工作、生活、思想、个性等各方面情况的重要手段。

2. 较强的分析研究能力

思想政治教育者要有对客观事物的去粗取精、去伪存真、由此及彼、由表及里的功夫，具备客观、全面、深刻地认识事物的能力。具备这种能力，对客观事物就能既看到它的正面，也看到它的反面；既看到它的现象，也能透过现象看到它的本质；既能认识它的现状，也能比较准确地预见它的未来。较强的分析研究能力包括科学分析能力、调查研究能力和理论研究能力。科学分析能力主要指能自觉运用马克思主义的立场、观点、方法，严格区分两类不同性质的矛盾，对问题进行定量、定性和系统分析。调查研究能力主要是指能够对教育对象的现状进行调查研究，如对现实社会观点的调查研究。理论研究能力主要是指能够独立进行思想政治教育学科的研究，理论联系实际，推动学科的发展。没有很强的分析研究能力，既不可能掌握思想政治教育规律以把握教育的主动权，也不可能使思想政治教育工作得到进一步提高。

3. 一定的创造力

在敏锐的观察、较强的分析研究基础上发挥想象力进行创造性活动，就是创造力，或称创新能力。一定的创造力是对思想政治教育工作者较高层次的要求。现今社会，正处在社会主义现代化建设的新时期，需要大批开拓性人才，开创社会主义建设的新局面。在新的形势下，进一步加强社会主义精神文明建设，加强和改进思想政治教育，使思想政治教育工作收到更好的实效，需要思想政治教育工作者的实践、探索、创新。

总之，高校思政教育工作者只有具备了良好的心理素质，才能为打开思想政治教育工作的新局面奠定心理基础，才能在学生中树立起威信，真正成为学生的良师益友。

二、高校思政教育工作者良好心理素质的培养途径

（一）加强政治修养，树立正确的世界观

思想政治工作是一门科学，高校思政教育工作者是人类灵魂的工程师。这就要求高校思政教育工作者首先要树立科学的世界观，正确指导思想政治工作沿着科学的方向发展。科学需要正确的哲学做指导。恩格斯指出："不管自然科学家采取什么样的态度，他们还是受哲学的支配。"世界观和方法论渗透在每个科学工作者的头脑之中，自然科学如此，社会科学也如此。这就需要高校思政教育工作者努力掌握马克思主义基本哲学原理，提高马列主义理论水平，坚持从实际出发，理论联系实际，正确地宣传、贯彻党的路线、方针和政策，正确地回答和解决实际工作中提出来的各种思想、理论问题。除此之外，随着科学技术的不断发展，高校思政教育工作者还须学习和掌握系统论、控制论和信息论以及耗散结构论这些新的科学思维方式。只有有了正确的世界观作指导，才能开创新时期思想政治工作新局面，为良好心理素质的形成提供先决条件。❶

（二）强化角色意识，确立思想政治工作的优越感

高校思政教育工作者的崇高职责是培养和塑造适应21世纪经济社会发展需要的一代新人。思想政治工作这一特殊的职业，决定了他们应具有良好的心理素质，也使他们形成了高校思政教育工作者这一角色意识。高校思政教育工作者的角色意识不仅包括对职业意义、价值的认识，对职业要求的行为规范的认识，还包括对职业的苦乐、荣辱、褒贬的情绪体验，以及由认识、情感激起的动机和行为。然而，对高校思政教育工作者工作的真正价值的认识，只有通过

---

❶ 王博潮.新形势下高校思政队伍素质能力提升研究[J].教育研究，2022，5（5）：71-73.

思想政治工作实践，通过与学生的交往及其他教育情境的人际交往获得。高校思政教育工作者在工作实践中、在交往中得到的反馈，可使他们产生积极或消极的情绪体验，从而强化或削弱高校思政教育工作者的角色意识。这种反馈可以来自社会、各级领导，尤其是学校领导、同事、学生及自己。因此，高校思政教育工作者要善于运用这种反馈作用，来强化自己的角色意识。

（三）热爱事业，培养自己的有益兴趣

兴趣是高校思政教育工作者努力探究思想政治工作的重要心理倾向。兴趣产生于对事业的强烈追求的心理，当自己能在从事创造的领域内自由驰骋时，便会形成对事业稳定而又持久的热爱。一个人一旦对自己从事的事业和工作不仅发生了兴趣，而且达到了"入迷"的程度，他就能废寝忘食地去钻研，直到成功。高校思政教育工作者的兴趣对学生有极大的感染力，特别是当高校思政教育工作者的兴趣、爱好和专长更广泛时，更会受到学生的尊重和赞扬，也只有当高校思政教育工作者的兴趣、爱好、专长与学生产生同步共鸣时，才能提升思想政治工作效益。因此，高校思政教育工作者应当有追求新事物、新成果、新经验、新知识的巨大热情和兴趣，想方设法改进工作方法，增添工作的新意，来激发学生的"兴奋点"，争取良好的工作效果。

（四）加强意志的锻炼

意志是人们支配与调节自己的行为，支配各种困难，从而达到预定目的的心理活动，是人的意志能动作用的表现。高校思政教育工作者的意志包括自觉性、耐压力、自制力、创造力等。

自觉性表现为：对行为目的认识的自觉性；行为目的的坚定性；正确对待别人的意见。

耐压力，主要指对超常心理压力的承受能力。高校思政教育工作者的压力源大体有两个因素：一是负重因素。如在新形势下，思政课难讲，有时与社会现实脱节；在网络环境条件下，大学生接受教育面多元化，给高校思政教育工作者提出了更高的要求，要求高校思政教育工作者不仅懂得国学为根、马列为本、西学为用，而且要学会做人、做事。特别是在社会主义市场经济条件下，要正确对待利益与奉献。二是挫折因素。思政课好懂难讲，针对大学生不愿听思政课、上课睡觉、上课说话等表现，高校思政教育工作者需要使课堂达到知识性、趣味性、互动性的统一，不断学习新知识，使课本知识向深度和广度拓展，使大学生打开心灵的窗户，愿意接受所讲知识。

自制力，就是自己控制自己的能力，大学生无论在课堂上还是在课堂外出现什么问题，无论自己遇到什么样的困难，都要控制情绪，泰然处之。

创造力，就是高校思政教育工作者要跟上时代的发展，在教学方式、方法上有所创新、有所创造，把旧知识讲出新意来。

另外，意志还要讲科学性，绝不能违背规律而为所欲为。总之，意志是成功的大门，是胜利的基石。

（五）学校要有一个思想政治工作的最佳环境

学校思想政治工作环境，是师生员工的精神面貌包括思想品德、习惯、风格、纪律、人际关系的综合反映。在一个充满正气的思想政治工作环境里，先进自有人学，后进自有人帮，正气能得到充分发扬，邪气能得到及时去除。学校就像一座革命熔炉，不断使先进的思想升华。在这样的环境里工作学习，必然会导致积极的、向上的、进取的群体意识和共同行为，从而成为一种优良的风气、习惯。最佳思想政治工作环境不是自然而然、一朝一夕形成的，而是靠学校的领导、党员、干部、教职员工的理想、道德、情操、作风促成的，同时也是各级领导以及教学管理、服务部门共同创造的。不良的工作环境导致心理状态恶化，良好的工作环境有利于高校思政教育工作者保持良好的心理状态。根据现代管理心理学的研究，人的需要产生动机，动机激发行为。高校思政教育工作者需要得到尊重、信任，需要树立思想政治工作的权威，需要有一个大家认可满意的工作环境。一旦这些需要得到满足，他们便会在思想上消除压抑、心理上产生平衡，激发出工作的积极性和创造性，从而使良好心理素质得到培养。

第五节　网络时代高校思政教育队伍建设的重要途径

随着我国教育事业的不断发展，人们对于青少年思想素质的培养更加重视。尤其是信息技术以及世界发展新形势对于当代大学生的影响较大，各高校应该在重视大学生思想政治教育的基础上加强网络时代思政教育队伍建设。本节将根据前文所述网络时代思政教育队伍建设的总思路，来分析网络时代高校思政教育队伍建设的途径。

一、建立完善长效机制，为队伍建设提供制度保障

机制指制约或决定某一系统存在或发展状态的深层次各相关因素或各相关过程，遵循一定规律或规则相互作用形成的连锁互动的过程和内容。作为系统管理的一种形式，思想政治教育队伍内部有其独特的一套机制，即内部各要素之间有独特的运行方式，相互关联、相互影响，包括选拔、考核、激励、发展、流动机制。

（一）选拔机制

思想政治教育从业者的整体素质直接影响到高校思想政治教育队伍建设水平和教育效果。因此，在建立完善长效机制时，首先应该把好入口关，只有建立和完善选拔机制，形成公开、公正、科学、有序的选拔程序和方式，才能将人才引入思想政治教育队伍。

在选拔过程中，一定要明确"德才兼备，以德为先"的选拔标准。"德"不仅要求具备高尚的职业道德和远大的教育情怀，还要求具备私人道德，在平常生活中也要具有品行，这样才能对学生以身示范。

"才"应指从事相关工作所拥有的专业化技能。对于思想政治教育者而言，"才"首先指政治素养，即作为一名坚定的马克思主义信仰者、实践者，拥有强大的中国特色社会主义道路自信、理论自信、制度自信和文化自信。对于辅导员队伍选拔，要在职业资格、教育背景方面实现队伍的专业化，要保证教育者具备坚定的政治立场、充足的政治教育知识储备和丰富的心理教育方法。对于思想政治教育教师队伍的选拔，目前已经对考虑其职业资格和教育背景形成了一定共识。但是在具体选人过程中，不能过分看重其科研能力与科研成果，而是要重视其讲课水平和讲课经验。

同时，为了保障选拔人员符合既定标准，完善选拔程序尤为关键。在选拔程序上，可参照国家公务员录用考试的程序和方法，公开用人信息、预设招考比例、组织笔试面试、组建专家组进行选拔。同时，还应建立全方位的监督体系，全面实行层级监督。

（二）考核机制

科学、有效、公平的考核机制对于提高队伍的积极性、主动性和创造性，稳定队伍，有着不可替代的作用。由相关的职能部门对高校思想政治教育队伍的业绩进行公平、公开、公正考核，对于队伍建设有着非常重要的意义。

从考核主体来看，考核内容主要包括自我考核、管理者考核和学生考核。

通过三方考核，能够立体全面地反映被考核者一年的工作效果，防止考核过程中出现误差。在考核中引入学生考核非常重要，作为思想政治教育队伍的服务对象，学生的考核能够反映队伍的实际工作效果。

从考核对象来看，考核形式分为实际工作量的考核，以及其所教育学生的表现情况的考核。在实际工作量考核方面，应尽量采取一些可量化的数据使评价工作更科学、易操作。在学生表现情况考核方面，应该注意将学生所取得的成绩以及学生队伍有无重大责任事故纳入评价体系。但是也要注意，不应出现"学生重大事故"一票否决制。

从考核形式来看，存在客观考核和主观考核。客观考核也就是用一系列指标来衡量教育者的工作情况。客观考核侧重于对教育者教育过程的体验。在考核的过程中，还应注意考核的周期性和实效性，在不断形成长效考核机制的基础上，也应该根据具体情况调整考核的方式和内容，进而使考核的结果能够更准确地反映高校思想政治教育工作者的实际工作情况。

在实际工作中，除了年终考核外，还可以定期进行先进集体、先进个人等评比，树立典型人物，宣传典型人物，形成相互学习、相互竞争、相互促进的氛围。

（三）激励机制

一般而言，激励就是一个组织通过设计适当的外部物质等奖酬形式和优良的工作环境，以一定的行为规范，通过奖惩来激发和引导组织内成员的行为，进而有效地实现组织及其成员个人目标。因此，在建立考核机制后，应该建立完善激励机制，奖优罚懒，才能激发队伍活力。

在激励方式上，要注重物质与精神相结合，以荣誉奖励为主要激励形式。对于在实际工作中思想政治教育成绩突出的个人、集体都可以予以精神和物质的奖励，提升其成就感、获得感，给予其继续努力的信心。

在激励内容上，要注重正激励和负激励相结合，即不能只对优秀人员进行表彰与奖励，对于不符合规范的行为也要进行必要惩罚。负激励相较于正激励不受人欢迎，但对于队伍建设尤其重要。负激励机制运用得当，能有效督促受罚者改正错误，提高认识，更好地关爱学生。在负激励机制建立方面，应该坚持三项原则：一是坚持适度原则。目前高校思想政治教育队伍面临新的挑战与压力，在确定惩罚标准时，要综合出现事故和违纪的主客观原因，坚持适度原则，确定惩罚的等级。二是坚持教育原则。负激励机制是一种教育机制，通过惩戒，引起受罚者的自我反思与检讨，从而改正错误，不断进步。三是坚持公平公正原则。负激励机制对于受罚者会造成一定的伤害，因此在标准与程序上，都应该坚持公平、公正、公开原则。

总体来说，在激励的过程中要考虑到教育者的具体情况，考虑到不同教育的需求层次和需求类型，不违背公平原则的差异化和个性化的奖惩措施能够优化奖惩的效果。

（四）发展机制

发展机制，是尊重和保障从业人员能在工作中得到全面发展的重要规定。健全高校思想政治教育队伍的发展机制，能够有效地稳定队伍，助力队伍走向专业化、职业化。健全高校思想政治教育队伍的发展机制，主要是加强对队伍的培养和保障。

1. 加强对高校思想政治教育队伍的培养

高校思想政治教育队伍的思想、业务素养和道德品行对大学生都有直接和深刻的影响。因此，为了更好地育人，应加强对这支队伍的培养，使他们在工作中能够展现、加强相应素质。

在辅导员队伍方面，目前，许多高校的辅导员都是刚迈出校园的学生，虽有较为扎实的专业知识，但却不熟悉心理学、管理学、思想政治教育等相关知识，缺乏丰富的实践知识。因此，高校应建立经常性、系统性、分层次的培训体系，将岗前培训与在职培训、专题培训与日常培训结合起来，鼓励辅导员继续深入研究思想政治教育、心理学、教育学、管理学，攻读学位，组织参加社会实践、挂职锻炼、学习考察等活动，提升辅导员的专业性和职业精神。

在思想政治教育教师队伍方面，首先，应针对网络思政教育队伍进行思想观念培训。理念是行动的先导，思政教育工作者的思想观念是指导网络思政教育实践的重要内容，所以要想打造一支高质量的网络思政教育队伍，必须对其思想观念进行培训。各大高校应将网络思政教育队伍观念培训纳入党委日常工作中，从多个维度运用多种手段和方式，强化网络思政教育队伍的政治素质以及思想品德。其次，对网络思政教育队伍进行信息素质以及媒介素养培训。在网络环境下，网络思政教育对教师的信息素养提出了更高要求，思政教育工作者必须对网络文化有充分了解，进而更好地选择网络思政教育方法。同时，网络思政教育要求教师应用计算机设备和网络技术开展教学，所以应通过计算机知识和网络技能培训，促使每个高校思政教师均能够灵活运用网络信息技术手段开展思政教育。除此之外，网上沟通能力同样是不可或缺的培训内容，思政教育工作者不仅要与学生展开线上的互动交流，还要通过网络渠道实时了解大学生的思想动态发展，并采取合理的方式与学生进行沟通交流，加强对大学生思想观念的引导。所以高校必须注重培养网络思政教育队伍的沟通能力，使其善于与学生沟通，进一步提升网络思政教育质量。最后，进行综合素质培训。网络技术当今仍然以突飞猛进的趋势发展，要求网络思政教师的综合素质不断提高，不仅要掌握思想政治教育理论知识，还要涉猎人文以及社会科学等领域的知识，体现出较强的组织能力、管理能力、创新意识与实践能力，还应在当前复杂的网络环境下，具备良好的辩证思维和信息筛选能力。高校应基于此对网络思政教育队伍展开针对性培训，使其不断拓宽自身的知识面，更好地开展网络思政教育工作。

2. 加强对高校思想政治教育队伍的保障

在物质保障方面，要认真对待高校思想政治教育者在津贴、住房等方面的诉求，并且按照有关规定落实对高校思想政治教育者的待遇，进而解决高校思想政治教育工作者生活上的后顾之忧，为其努力工作提供良好的物质基础。在晋升通道保障方面，要认真对待职称评定、晋升等职业发展保障，确保上升渠道畅通，增强教育者的信心，激发教育者的活力。工作职责保障对于辅导员队伍来说尤为重要。辅导员作为大学生思想政治教育工作的组织者和教育者，不应被其他事务所缠身而无暇投入学生的思想政治教育工作。因此，应明确辅导员岗位职责范围，强化职业规范，明确分工，避免辅导员承担过多的行政事务。

（五）流动机制

流动机制即引入、退出机制，能够保障队伍的生命力。在确保数量、结构能支撑队伍良性运作的基础上，如果思想政治教育者有意愿调换到其他岗位，且服务年限已经足够，可以允许其通过多种渠道和方式转换到其他岗位锻炼。同时，针对有意愿进入思想政治教育队伍的教师，则需要严格执行选拔条件，补充队伍。除此以外，多次考核不合格的教育者已经不再适应当下思想政治教育工作，需要被安排到其他岗位，退出思想政治教育队伍。

二、加强学科建设与研究，为队伍建设提供理论保障

（一）加强思想政治教育学科建设

思想政治教育工作的发展离不开思想政治教育学科的建设，二者相互依存、相互影响。学科建设为思想政治教育工作提供学理支撑，离开了学科体系，思想政治教育工作就失去了基础；思想政治教育工作为学科建设提供实践平台，离开了思想政治教育工作，学科建设就没有意义。

作为具有明显意识形态的学科，思想政治教育学科服务于思想政治教育工作，推进高校思想政治教育队伍建设自然以思想政治教育学科为基础。思想政治教育学科主要是关于思想政治教育工作理论基础、规律、本质、原理的研究。针对这些内容开展深入、有效的研究，并将理论研究成果应用于高校思想政治教育工作，对提升教育者的理论素养和工作技能都有指导意义。

在实践中，高校思想政治工作关系到高校为谁培养人的根本问题。因此，在思想政治教育学科建设中一定要注意突出政治导向。政治导向在思想政治教育学科建设中的突出地位主要体现在：思想政治教育学科建设的任务是传承和发扬党和国家的优秀传统和政治优势；思想政治教育学科建设的目的是培育人们树立正确的政治观；思想政治教育学科建设的出发点是为贯彻落实党和国家各项政治任务；思想政治教育学科建设的落脚点是把党的政治任务变成广大群众的意志和自觉行动。思想政治教育学科政治导向的核心是树立共同理想信念。没有思想基础、理想信念，就没有党的吸引力，没有人民的向心力，就没有民族的凝聚力和战斗力。因此，思想政治教育学科建设的重要任务就是解决理想信念的问题。离开解决理想信念问题，离开提高人们的思想觉悟和道德素质，思想政治教育学科建设就丢掉了根本，失去了目标。可以说，是否做到帮助高校学生牢固树立正确的理想信念，是检验思想政治教育学科建设有无成效和成效大小的重要标准。[1]

在学科建设中，也要注重思想政治教育本、硕、博专业建设。只有抓好专业建设，才能培养出符合新时代要求的专业人才。因此，学科建设的实际成果必须应用于教学工作以及教学工作者，形成反哺，最终形成学科建设的成果真正向专业建设、人才培养转化，形成学科建设、专业建设、人才培养之间的良性互动机制。

---

[1] 单文鹏.高校思政课教师队伍后备人才的角色定位及基本要求[J].学校党建与思想教育，2021（3）：74-77.

（二）加强关于队伍建设的理论研究

除了对思想政治教育学科开展研究，以获得对思想政治教育规律的科学认识外，直接以高校思想政治教育队伍建设为主题展开研究也是非常必要的。

目前，学术界对于队伍建设的研究已经很多，提出了许多具有价值的观点。但目前，学术界对于队伍的界定仍然存在争议，有的将其界定为从事学生思想政治教育的教职工；有的将其宽泛化，认为高校所有教职工都是思想政治教育队伍的一员；有的认为思想政治教育队伍不仅是高校教师，家庭人员、社会都包含在内。这样宽泛界定，对于高校自身发展、队伍建设意义较弱。同时，目前学术界主要将提高大学生德育工作实效作为目的而进行队伍建设研究，无论从深度、理论性来讲，都有所欠缺。除此以外，在整体性研究上较为欠缺，几乎是对单一的从业人员，如辅导员、思想政治课教师等进行论述。

针对目前的研究状况，应该通过课题立项、基地建设和专项科研奖励等各种途径，对现阶段思想政治教育队伍建设所面临的困难进行理论回应。应该将研究重点放在新时期大学生在政治法律和思想道德素质方面存在的新特征，以及国际、国内环境变化对思想政治教育工作带来的挑战上。同时，还应从人力资源的角度，对实现高校思想政治教育队伍的专业化、职业化展开研究。在研究主体方面，高校既可动员或鼓励专门科研团队，对上述重点、难点、热点进行攻关，也可鼓励或要求处于大学生思想政治教育工作第一线的教育者总结自身工作经验，吸取教训，并上升到一定的理论高度，为以后提高自身素质提供理论储备。

只有全面总结目前高校思想政治教育队伍建设的得与失，对现实问题进行理论指导与回应，才能促进高校思想政治教育队伍的科学化建设。

三、提升网络思政教育平台与网络思政教育队伍之间的契合性

在网络思政教育工作中，需要认识到网络思政教育平台与网络思政教育队伍之间的关系。教育平台既要适应于思政教育队伍的工作特点，也要满足现阶段学生、教职工的思想政治水平提升需求。

首先，在网络思政教育平台中课程模式的安排上，需要重视课程的灵活性。在线课程中课程功能更为完善，教师与学习者能够实现即时的信息交流。然而，在这种模式下，仅能够体现网络课程在学习空间上的优势，其所具有的

时间优势则没有表现出来。为此，要以时间优势为中心，在提供在线课程的同时，对相关课程进行录制并且上传到网络教育平台中，为学习者提供可以自由选择观看时间的线上课程。网络思政教育队伍需要根据课程的具体安排以及课程的重要性，选择录播的内容。当前一些高校中网络平台的空间有限，难以实现对全部课程内容的上传。因此，根据课程的重要性进行内容选择，成为网络思政教育中课程体系的重要环节。对于一些非课程体系中的重要讲座，也需要进行录制、筛选以及上传。其次，网络思政教育模式需要通过教育平台表现出多元化的特点。针对必修的学生，可以应用上传其课程视频的模式，将课程视频作为学习复习的资料。为了确保课程内容与学习内容之间的契合性，网络思政教育平台需要为不同的学生设立独立账号，不同班级的学生能够会看相关的云课程，同时思政教育队伍要为学生应用线上模式提供答疑与指导服务。目前，高校中的网络教育平台一般是综合性的，能够满足这一要求。另外，教师也要做好对于网络教育资源的整合，除了应用本校的思政教育网络课程之外，针对学生的不同学习需求，也可以向其推荐国内高水平院校的课程，通过多角度的学习提升学生的思政综合素质。对于一些素质较高、研究深入的学生，多面导向的课程具有重要意义，有助于其思维维度的拓展，对思政学习内容形成更为全面的认识。

四、提升思政教育队伍应用网络进行学情分析的能力

在以往的思政教育中，教师对学生的了解是较为有限的。思政教育课程一般采用集中授课的模式，因此一名教师需要面对的学生数量较大。在这种情况下，教师对于学生的了解少，课程的内容不具有针对性。为了使得情况发生变化，需要认识到网络思政教育的先进性，教师要通过网络的形式对学生进行学情分析，并且根据学生的需求提供课程。

首先，可以通过浏览学校论坛、贴吧，或者通过其他的社交软件，对学生的思想状况进行广泛性的了解。例如，通过浏览学生的个人微博，就可以发现其在思想中存在的一些问题。通过对学生思想状况的了解与思想问题的收集，教师的针对性教学就可以得到方向性的明确。其次，教师可以通过与学生群体沟通的方式，了解其思想中存在的问题。例如，通过网络教育平台发布相关的投票信息，也可以应用课前预习作业或者课后作业的方式，获取具体的信息内容。网络教育平台可以自动进行数据信息的整合，应用信息的过程将会更为便利。另外，在在线课程教学中，教师可以通过与学生的直接在线交流，实现

对学生思想状况的了解。在以往的思政课堂中，教师进行直接提问的机会以及学生回答问题的机会都较为有限，限制了彼此之间的交流与沟通。而应用网络教育平台，对于一些课堂中没有解决的问题，教师可以选择通过课程回放的模式，对学生的问题进行再度的浏览。同时，这一过程也有利于教师对课程的效果进行综合观察与总结，根据观察结果进行课程的改进。为了使得教师的分析能力得到提升，可以在教师队伍内部应用网络交流的模式，使思政教师对各自的心得、体验进行总结、分享。

参考文献

[1]陈虹，孟梦，李艺炜.新媒体视角下的高校思想政治教育创新研究[M].天津：天津社会科学院出版社，2017.

[2]李梦青，李师.网络时代加强大学生思政教育工作的新思考[J].文存阅刊，2021（7）：8.

[3]赵晶.高校思想政治教育中的文化自信培育研究[M].长春：吉林出版集团股份有限公司，2019.

[4]吉秦雁.网络时代话语变迁对大学生思政教育的影响与对策[J].教育观察，2020（10）：141-142.

[5]刘建敏.论网络时代高校思政教育工作的机遇与挑战[J].黑龙江教师发展学院学报，2022，41（8）：86-88.

[6]秦伟.大数据时代背景给高校网络思想政治教育带来的机遇与挑战[J].科技风，2020（26）：105-106.

[7]谭利，刘波亚.互联网时代高校思想政治理论课教学创新思考[J].农家参谋，2020，657（11）：246.

[8]葛红梅.现代化视阈下思想政治教育的反思与构建[M].北京：研究出版社，2019.

[9]张兴华，张常英."概论"课由教材体系向教学体系转化论要[J].教育与教学研究，2019（7）：29-38.

[10]习近平.把思想政治工作贯穿教育教学全过程　开创我国高等教育事业发展新局面[N].人民日报，2016-12-09（1）.

[11]李明珠.大数据时代高校思想政治理论课教学：挑战、机遇与变革路径[J].教育与教学研究，2019（2）：11-18.

[12]姜树卿.高校"德育为先"的理论探索[J].现代远距离教育，2009（1）：3-4.

[13]姜媚姗.对高校"德育为先"的思考[J].教育探索,2009(4):110-111.

[14]王喜华.试论育人为本,德育为先[J].科技创新导报,2009(7):144.

[15]刘馨阳.高校要始终坚持以人为本 德育为先的教育理念[J].长春理工大学学报（高教版）,2009(5):21-22.

[16]李颖存.新媒体时代高校思想政治教育创新研究[M].成都:电子科技大学出版社,2020.

[17]洪涛.新媒体时代议程设置嵌入高校网络思想政治教育研究[M].北京:光明日报出版社,2016.

[18]李霓.新媒体时代大学生思政教育挑战与创新[M].天津:天津科学技术出版社,2018.

[19]董宇."三全育人"背景下高校思想政治教育资源整合研究[D].沈阳:沈阳师范大学,2020.

[20]曾玉真.高校思想政治理论课实践教学资源优化整合路径探析[J].湖北经济学院学报:人文社会科学版,2022,19(1):143-145.

[21]刘琳.高校思政教育"三全育人"资源整合路径探究[J].现代交际,2020(19):182-184.

[22]赵秀文,金锋.西部边疆地区高校思政课优质教学资源共享研究[J].天水师范学院学报,2020,40(6):7-11.

[23]樊平."微时代"视角下的高校思政教育载体探究[J].读书文摘(中),2020(5):1-2.

[24]王明颜,丽娟."三全育人"理念下智能手机在高校思想政治教育中的应用路径研究[J].东华理工大学学报:社会科学版,2022,41(1):57-60.

[25]肖伟华.微博对高校思想政治教育的影响及对策[J].智库时代,2020(5):190-191.

[26]蔡森.巧用微博文化提高高校学生思政教育管理的实效性[J].教育教学论坛,2020(24):46-47.

[27]马莉莉.新时代加强高校思政教育队伍建设探究[J].名汇,2020(4):81-83.

[28]王博潮.新形势下高校思政队伍素质能力提升研究[J].教育研究,2022,5(5):71-73.

[29]单文鹏.高校思政课教师队伍后备人才的角色定位及基本要求[J].学校党建与思想教育,2021(3):74-77.

[30]邬超,邵秀英.高校思想政治教育研究热点与前沿可视化分析——以2010—2020年《学校党建与思想教育》刊文为例[J].高校辅导员学刊,2021,13(1):74-81.

[31]高新莉,刘芳.新时代高校思想政治工作人才队伍建设的几个着力点[J].思想理论教育导刊,2020(10):152-155.

[32]刘志强.新时代高校思想政治教育工作队伍素质能力提升研究[J].青年与社会,2020(16):74-75.

[33] 杨哲.立德树人理念下新时代高校思想政治工作队伍建设问题研究[J].行政科学论坛，2019（11）：47-50.

[34] 赖凤,郑欣.移动互联网时代高校思想政治教育的系统化创新：基于复杂性理论[J].江苏高教，2020（6）：103-108.

[35] 张彦伶.互联网提升高校思政教育的实效性研究[J].下一代，2020（2）：1.

[36] 程智.移动互联网时代高校思想政治教育探析[J].时代报告：学术版，2020（12）：130-131.

[37] 饶浪."互联网＋"时代高校思想政治教育工作创新研究[J].教育研究，2021,3（12）：57-58.

[38] 董琛.互联网时代提升高校思想政治教育质量的思考[J].产业与科技论坛，2020（9）：269-270.

[39] 刘渊博.基于互联网思维的高校思想政治教育创新研究[C]//2020年教育信息化与教育技术创新学术论坛（昆明会场）论文集（上），2020.

[40] 张晓刚,陈念.移动互联网时代高校思想政治教育模式创新的逻辑理路[J].重庆理工大学学报：社会科学，2022,36（2）：153-159.

[41] 张雪霞,尤太生.高校思想政治教育进网络现状的调查报告——以河南科技学院为例[J].河南科技学院学报：社会科学版，2012（1）：112-115.

[42] 张雪霞.大学生思想政治教育系统性研究[J].河南科技学院学报，2010（3）：117-119.

[43] 张雪霞.信息化时代大学生网络政治参与的路径优化[J].河南科技学院学报：社会科学版，2014（7）：62-64.

后　记

网络时代，国外各种各样的文化、思维观念通过互联网涌入我国，学生极其容易被鱼龙混杂的网络信息误导甚至产生极端思想，从而产生厌学心理，失去其最初的目标，甚至走向极端。高校思想政治教育工作是立德树人的根本，是统一学生思想、保障学生思想稳定的关键。

以习近平同志为核心的党中央高度重视高校思想政治工作。在2016年12月召开的全国高校思想政治工作会议上，习近平总书记强调，高校思想政治工作关系高校培养什么样的人、如何培养人以及为谁培养人这个根本问题。由此可见，思想政治工作在高等教育中具有基础性和根本性的地位。习近平总书记充分肯定了高校思想政治工作者为中国高等教育发展所做出的贡献，并要求高校把立德树人作为人才培养的中心环节，把思想政治工作贯穿教育教学全过程，实现全程育人、全方位育人，努力开创我国高等教育事业发展新局面。

为了将网络时代所释放的有利于高校思想政治教育工作改进与创新的因子聚合起来，扩充高校思想政治教育工作的理论储备，搭建高校思想政治教育工作的创新机制，笔者撰写了此书。

本书在撰写过程中参考借鉴了许多相关学者的研究成果和资料，笔者在此对他们表示诚挚的谢意！

张雪霞
2022年12月